三一·創造·文化

根頓神學的詮釋

趙崇明 主編

▼

系統神學叢書

三一・創造・文化

根頓神學的詮釋

Trinity, Creation and Culture

An Interpretation of Colin E. Gunton's Theology

主編

趙崇明 Andy Chiu

責任編輯

蔡錦圖

裝幀設計

陳琦

■

出版／發行

基道出版社

香港沙田火炭坳背灣街26號富騰工業中心1011室

LOGOS PUBLISHERS

Unit 1011, Fo Tan Ind. Centre, 26 Au Pui Wan St., Shatin, Hong Kong

電話：(852) 2687-0331　傳真：(852) 2687-0281

網址：http://www.logos.com.hk

承印

海洋印務有限公司

●

12/2006 初版

Cat. No. LP235

ISBN-10: 962-457-322-0

ISBN-13: 978-962-457-322-0

Printed in Hong Kong

刷次	10	9	8	7	6	5	4	3	2	1
年份	2015	2014	2013	2012	2011	2010	2009	2008	2007	2006

封面說明：根頓的照片由楊慶球博士提供，謹此致謝。

主編序

二〇〇三年SARS肆虐，奪去了二百多名香港人的生命，同年五月又傳來根頓（Colin E. Gunton）心臟病突發的死訊，他們同樣死於疾病。對於這些突如其來、神秘莫測的疾病與死亡，我們能夠知道些什麼？儘管人們仍為自己理性的能力引以為傲，儘管人類的科學和醫學多麼發達，疾病及死亡卻依然為生命保留一份最後的神秘感，保存那最終不能被理性徹底征服的禁區。

桑塔格（Susan Sontag）也承認疾病的神秘性，她更認為疾病如果一旦在社會中被隱喻化，因而被冠以某些道德上或政治上的價值判斷的時候，那就更強化了疾病的神秘性。對於從癌症中病愈的桑塔格來說，她寫《疾病的隱喻》（*Illness as Metaphor*）的目的，卻是「盡可能消除或抵制隱喻性思考。」[1] 然而，在疾病中死去的根頓，也曾寫過一本研究隱喻的書，探討的是基督救贖的隱喻，從隱喻這套被視為非理性的神學語言出發，去聆聽基督生死復活這故事的奧祕，最終目的卻是促進或鼓勵隱喻性思維。[2]

隨著根頓的死亡已成事實，在其弟子楊慶球牧師的提議底下，我們一班直接或間接受根頓神學薰陶的神學人，決定將對根頓的思憶，轉化為對他的神學思考進行隱喻性的再思考，目的固然並非要如鏡子般反映根頓神學的真面貌，而只是帶著開放的心懷，聆聽根頓留下來的說話，跟他的文字相遇、對話，然後藉此思考而已。

這部文集分為三部份。第一部份是「懷念篇」，由根頓的三位弟子執筆，他們分別是 Dr. Graham McFarlane、楊慶球牧師和陳士齊博士。閱讀這些文章，既感受到他們對老師欣賞、敬愛與思念之情；又讓讀者從具體真實的師生關係中，認識根頓的另一面。另外，亦將一些訃文節錄翻譯出來，以反映眾人對根頓深切的懷念。

文集的第二部份是「神學篇」，合共收集了十一篇文章，按照系統神學的結構，介紹及詮釋根頓的神學思想。由於神學與文化的相關性可說是根頓生前最關心的課題，本文集便以此作為主線。

第一篇文章由編者執筆，首先為根頓的文化神學勾畫出一個整體的輪廓，探討他做文化神學的方法和進路。

第二篇文章〈神學如何可能？〉，由鄧紹光博士執筆，憑著他一直以來對根頓神學的深入瞭解，繼續幫助我們思考做神學的方法，而他卻集中討論在聖經和終末作為神學活動的界限之間，「傳統」所扮演的角色。

第三篇文章〈神聖與自然〉，由根頓臨終前所收的最後一位香港學生郭偉聯先生執筆，此文旨在介紹根頓有關「自然神學」(theology of nature)(亦即是其創造神學)的見解，並初步探討如何將這種神學概念應用於神學與中國文化相遇的課題之上。

除了創造論之外，三一論亦是根頓做文化神學最重要的神學基礎。跟著下來的三篇文章，便分別由李日堂博士和鄧紹光博士就著三一論這條主線，來探討根頓的三一神學如何受哥拿烈治(Samuel T. Coleridge)思想的影響，以及根頓三一神學的重要文化意涵。

再跟著下來的三篇文章，分別由李日堂博士、楊慶球博士和編者執筆，就著有關基督論與救贖論的教義去做文化神學的反省。首先李日堂博士透過反駁慕拿（Paul Molnar）對根頓基督論的批評，肯定根頓所強調基督人性的教義，對其三一神學和文化神學有何重要的意涵。至於楊慶球博士的文章，主要是介紹根頓的基督論，並探討其對現代文化的意義。編者所寫的文章，則從隱喻這種神學語言出發去處理基督救贖的問題，並從而指出隱喻跟世界的關係正代表了基督救贖事件的重要文化意涵。

根頓另一位學生謝正金博士所寫的〈三一論與本體論〉，主要是介紹根頓的教會觀，他認為根頓教會觀的優點，正正在於它是建立在三一神學這種本體論的基礎之上。

最後一篇文章由編者執筆，比較牟宗三和根頓兩人對人性論中「自由」的看法有何異同。一方面思考及評價牟宗三如何挪用亞里士多德的「目的論」的觀念，來貫通儒家的道德的形而上學中關於「自由」的論述。另一方面則討論根頓如何從終末聖靈論中開出「終成」的觀念，來詮釋人和世界的「自由」。

由於尚未有根頓的書翻譯成中文，為了使讀者能直接欣賞根頓的原作，於是在第三部份特意選擇了根頓其中一篇討論神學與文化關係的論文，譯成中文與讀者分享。

要出版這書確實不易，在此特別要感謝陳士齊博士、蔡錦圖先生、黃敍義先生、蘇明敏小姐、陳羣英小姐協助翻譯，多謝陳士齊博士搜集訃文及其他有關資料，亦感謝蔡錦圖先生在編輯工作上的協助。最後，更要多謝基道出版社願意出版這本未必暢銷的書，以致這類冷門著作有機會面世。當然，本書最終能夠出版，實有賴各篇文章的作者，因著對根頓教授懷念之情，用心用力結出這樣的成果，在此謹以這文集獻給已經安息在主懷裏的根頓教授。

趙崇明

註釋：

1 桑塔格著，程巍譯：《疾病的隱喻》(上海：譯文出版社，2003)，頁5。

2 參 Colin E. Gunton, *The Actuality of Atonement: A Study of Metaphor, Rationality and the Christian Tradition* (London/ New York: T&T Clark, 2004). 亦可參拙作〈隱喻與拯救——救贖論的文化意涵〉，此文已收於本文集內。

目錄

第三部　根頓原作選譯

附錄

第一部

懷念篇

根頓傳略

Graham McFarlane 著

黃敍義、陳士齊譯

北美福音派圈子最近出了一本書：《古代－將來的信仰：再思一個對應後現代世界的福音派主義》。[1] 韋伯(R. E. Webber)在書中陳詞指教會學習當代化之前，應先學習重視歷史。有趣的是，另一位北美的系統神學家威廉斯(D. H. Williams)同樣主張類似對早期教會歷史傳統的回歸。[2] 這些批判性的洞見一點都不溫和。作為一個英國的系統神學家，我既感興奮亦覺有趣地讀他們的作品。始終，他們反映在福音派系統神學內一個重要的發展。此外，他們也比得上當代英國系統神學中的地層式變動，正如那首名曲所言：「那時代正在轉變。」

面對如斯轉變，應問的問題是：為何這轉變會發生？得承認的是，存在著各式各樣社會學的支流因素使其匯流至如此情況：既有過去二十年的後現代轉向；以及當福音派選民在經濟政治上愈加靠近主流時，就會表現出穩定的擁護建制的取態。但還有重要的神學原因導致上述態度上的轉變，這種轉變前的態度曾一度用以形容福音派的思維，而從韋斯(David F. Wells)對福音主義的批判可以最恰當地表達出來，正如他說：「正統信仰所擁有，而當代福音主義卻通常欠缺的，就是讓神學成為福音信仰的核心，以神學來界定信仰，並規定這信仰應在這個世界上建立那種類型的智性及實踐上的關係。」[3] 韋斯的批評在上一個年代可能是恰當的，但這是一種有品質的教會人，在認真尋找神學身份並正在重新發現這身份的過程中之表現。

教人驚訝的是，在福音派神學內為此一神學復興作出重要貢獻者，是一位本能地不會將自己形容為「福音派」的神學家。當我們轉頭來看任職於聯合改革宗教會和倫敦大學英皇學院的系統神學家哥連．根頓(Colin E. Gunton)教授時，就能清楚看見一個人所能造成的影響有多大，以及他能造就怎樣不同的局面。

根頓繼承了高度自由派立場的英皇學院神學系的系統神學講座教授一職。然而，在短短二十年內，他改變了學院的情況，吸引了世界各地的學生成為英皇學院神學系的本科生及研究生，其中許多學生更會指認自己來自福音派。為簡單起見，我們就指出兩方面的主要影響：首先談到的是導致這種影響的方法論原理。根頓的博士論文研究巴特(Karl Barth)及哈桑(Charles Hartshorne)，從那時起他就已清晰闡明一套當代改革宗的三一神學，並尋求開出其系統性的含義。由於他的影響，英國系統神學從僅僅是一種純定規式(prescriptive)的神學，正如柏哥夫(L. Berkhof)那種好像鸚鵡學舌般學習的神學，[4] 轉變為一種更開放及流動的神學。正如根頓辯稱，這門學問在其陳述中須要有整體的一貫性，並要察覺一個人的神學與其週圍文化和聖經的關係。最終來說，系統神學並不在於硬性地要合乎邏輯，而是更重視其內在一致性及對外的適切相關性。

第二個被視為導致根頓之影響力的理由卻是神學性的，

那是指他神學的內容是嚴謹地三一性的，這是建基於主耶穌基督的父神藉聖靈而來的仁至性[5]啟示。一個有意思的按語是，當我個人開展自己在根頓指導下之博士研習時，整個三一論的課題正處於解構的狀態之中；而十四年後的今天，正正是三一論成為了嚴謹的學術課題。在英美的神學圈子內，這可以追溯到根頓及來自最貼近他圈子的人士的影響，而這些影響主要透過兩個渠道來進行。

根頓第一方面的影響，是關乎研究生進修方面的開闢性發展。在根頓還未做教授前，研究生進修是一樁很孤立無援的事情。然而，在英皇學院裏，根頓建立了一種研究生進修可以蓬勃發展的環境。他設立每週研討班，讓教授及研究生聚在一起，聆聽學術文章的發表，作二至三小時的討論。對學者來說，這是理想的研究環境。對作為博士生的我來說，就好比每星期都經歷死亡與升天！這裏有一班擁有一些最佳神學思維的大師：根頓、東正教主教施抒樂士(Metropolitan Zizioulas)、侯活士(Stanley Hauerwas)、贊臣(Robert Jenson)。不消說，這種學術模式現時對任何認真的研究生羣體來說都是絕對必要的。因著這研討班的成果，根頓出版了四本重要的著作：一、《位格，上帝與人：英皇學院論神學人類學文集》；二、《今日的三一神學》；三、《上帝與自由：創造論》；四、《成為教會：論基督徒社羣文集》。[6]

根頓影響的另一方面，在於他多產及可讀性高的著作。令他有別於其他福音派作者，如英國的麥格夫(Alister McGrath)或加拿大的葛倫斯(Stanley J. Grenz)的是，根頓為廣大但不明確是福音派的讀者羣來寫作，同時他是一位非常具創意的神學家，能將信仰的內容應用到當代教會面對的主要課題上去。在這方面，他的作品反映了需要作神學反省及創新的關鍵範疇。我們幾乎不用指出，以上列出的作品正正將這些方面的課題總結得很好。它們對時代的適切性令這些作品變得更有意思。

為簡單起見，我們會從五個關鍵範疇，説明根頓對系統神學的影響及沖擊。

第一方面的影響，就是根頓能夠找出需要致答的正確問題羣落，即我們對現代性及啟蒙運動愛恨交纏的關係。我恆常欣賞根頓的地方是：他能在最差的神學回應中指出好意見來。他指斥啟蒙運動留下來的遺產，但亦是第一個會捍衞他自己對基督教所提出的批判的人，以面對一個理應被文化審判的基督教。他的《啟蒙與疏離：朝向三一神學的論文》及受高度評價的《一、三與眾：上帝、創造與現代性的文化》，[7] 後者即是一九九二年之班頓講座，這兩本書勾劃了根頓日漸成熟的與現代世界的對話。最吸引讀者的是根頓對後現代概念近乎全然的鄙視，這可説是理當如此的：因我們在文化及教會中的弊病，乃出於我們與現代性的廝混，而非出於我們與那繼承現代性亦帶有瑕疵的「後現代性」的廝混。

第二方面的影響，根頓從不放棄從事純粹神學（pure theology）的工作。其流暢的寫作風格，使他能鶴立於眾多作者之聲音中。整體上他的著作是易讀的，他在關鍵的教義課題上也應用此風格。因此，我們毋須對能發現他著作的理路而感到驚訝，如從他關於基督論的《昨日與今日：基督論延續性的研究》[8] 至他現在的經典救贖論作品《贖罪的現實性：隱喻、理性與基督教傳統的研究》。[9] 後者更被形容為他應用對現代性的批判，將之用到耶穌基督之死的課題上，以達致如何了解基督之死亡。處於思想成熟期的根頓，轉而運用其影響力，創立了予人深刻印象的優秀的《國際系統神學期刊》，[10] 以英語媒介出版有質素的系統神學文章。

第三方面的影響，根頓是學者出版的優良榜樣。他將所教導的化為文字出版。最好的例子是他教授研究生的講義《簡明啟示神學》，[11] 在此書中，他將神學的系統性任務應用於現代神學的啟示難題中。這本書是系統神學的佳作。對有興趣的讀者來説，根頓其後出版的兩部作品更加強了上述的系統性，在其中根頓進一步琢磨他的溝通技巧。其中一本是非常具創意的《透過神學家來了解神學》，[12] 這是一本透過緊扣奧古斯丁(Augustine)、歐文(John Owen)至艾雲(Edward Irving)及巴特這班神學瑰寶的神學而生的大師級作品。在這大師之作上還冠以那必備的、根頓編纂的《劍橋基督教教義伴讀》，[13] 內裏有多篇系統神學、倫理及教義作品，可能是現成可得的一些最佳之作，這是任何神學院圖書館必買及必推介閱讀的書。

第四方面的影響，根頓對「非中介性／者」(the immediate)的感知，在他對一個長期被忽略的基督教思想範圍——即上帝作為創造主與其創造的關係——的不斷提昇的興趣中顯現出來。他在這方面的關注，最先表現於那本優秀簡短的《基督與創造》[14] 一書，那是一本微型的神學傑作。而表現達到高峯的要算是他的《三一創造主：一個歷史及系統的研究》。[15] 如果大家記得本文開頭時那句格言：若要切合當代必先記取歷史，那麼，這書是嚴肅的當代神學的學習者必不能錯過的另一巨著。根頓再一次顯示出信仰思考的早熟(或曰先知)本質。

最後，當與他對話時便會感受到，我們所遇到的根頓是一位對文化有認識及性格非常有趣的人。他的先見之明內塑了(inform)他的臨在或與人的相處。他對話時不單能深度緊扣教會的教父，而且也扣緊時下的大師及先知，無論他們是普羅人士或學術中人。在此我們會發現，根頓之作為神學思考者，乃在於他不怕迴避文化及知識論上的各個神壇，同時揭露它們錯謬的身份認同。某程度上説，加爾文（John Calvin）、歐文和巴特由合適的人繼承了衣缽。到了根頓繼承這衣缽，他以其方法及榜樣，讓新一代肯思想的基督徒壯了膽、增加了勇氣。無論男女、老幼、歐洲和亞洲人、資本主義和共產主義者，他們都接受挑戰去研讀、尋求認可、正確處理及捍衛信仰。當一個人這樣做時，他會被根頓的榜樣鼓勵，要堅持不懈及標示一個藍圖，以渡過不時的驚濤駭浪。

基於此，根頓配得成為二十世紀的最重要神學家之一。他不是另一個巴特，因為巴特已經拉下現代主義的圍牆。雖然如此，他卻有類似巴特及他論文導師贊臣那種頑強不走歪的焦點與決心。正因如此，根頓的影響並沒褪減，而且會繼續影響現今二十一世紀。基於這理由，大洋兩岸仍應閱讀他的作品。

註釋：

1 R. E. Webber, *Ancient-Future Faith: Rethinking Evangelicalism for a Postmodern World* (Grand Rapids: Baker, 1999).

2 D. H. Williams, *Retrieving the Tradition and Renewing Evangelicalism: A Primer for Suspicious Protestants* (Grand Rapids: Eerdmans, 1999).

3 David F. Wells, *No Place for Truth* (Grand Rapids: Eerdmans, 1992), 96.

4 L. Berkhof, *Systematic Theology* (Grand Rapids: Eerdmans, 1996).

5 譯者按：原文是"the personal revelation of the God and Father of our Lord Jesus Christ through the Holy Spirit"。文天祥於就義時在腰間繫帶寫上這句子：「孔曰成仁，孟曰取義，惟其義盡，所以仁至。而今而後，庶幾無愧。」筆者取句中「仁至」一詞以翻譯"personal"這一定性詞，而棄用一般的「位格性」這字眼。

6 *Persons, Divine and Human: King's College Essays on Theological*

Anthropology (Edinburgh: T&T Clark, 2000); *Trinitarian Theology Today: Essays on Divine Being and Act* (Edinburgh: T&T Clark, 1995); *God and Freedom: Essays in Historical and Systematic Theology* (Edinburgh : T&T Clark, 1995); *The Doctrine of Creation* (Edinburgh: T&T Clark, 1997); 以及 *On Being the Church: Essays on the Christian Community* (Edinburgh: T&T Clark, 1999)。

7 *Enlightenment and Alienation: An Essay towards a Trinitarian Theology* (Basingstoke : Marshall Morgan & Scott, 1985); *The One, the Three and the Many: God, Creation and the Culture of Modernity* (New York : Cambridge University Press, 1993).

8 *Yesterday and Today: A Study of Continuities in Christology* (London : Darton, Longman & Todd, 1983).

9 *The Actuality of Atonement: A Study of Metaphor, Rationality and the Christian Tradition* (Grand Rapids: W.B. Eerdmans, 1989).

10 *International Journal of Systematic Theology.*

11 *A Brief Theology of Revelation* (Edinburgh: T&T Clark, 1999).

12 *Theology through the Theologians* (Edinburgh: T&T Clark, 1997).

13 *The Cambridge Companion to Christian Doctrine* (Cambridge : Cambridge University Press, 1997).

14 *Christ and Creation* (Grand Rapids: W.B. Eerdmans, 1993).

15 *The Triune Creator: A Historical and Systematic Study* (Grand Rapids: W. B. Eerdmans, 1998).

二

我敬愛的根頓教授

楊慶球

我敬愛的根頓教授在二〇〇三年五月六日離世，翌日我得知這消息，感到非常意外和震驚。

根頓教授出生於一九四一年一月十九日。少年時在諾定咸(Nottingham)中學讀書，後進入牛津哈特福學院(Hertford College)修讀古典研究，一九六四年畢業後，轉往曼斯非爾德學院(Mansfield College)讀神學，一九六六年神道學學士(B.D.)本科畢業，一九六七年獲碩士學位，一九七三年憑論文 *Being and Becoming: The Doctrine of God in Charles Hartshorne and Karl Barth* 獲取哲學博士學位，這篇博士論文於一九七八年由牛津大學出版社出版。一九九三年他再獲倫敦大學頒授道學博士(D.D.)學位，一九九九年亞巴甸大學又頒他榮譽道學博士(Hon. D.D.)學位。

根頓於一九六九年(當年只得二十八歲)就任倫敦大學英皇學院(King's College of London University)講師，十五年後(即一九八四年)就任倫敦大學基督教教義教授席。英國大學的教授席(Professorship)是極難得的。每一個系(department)只設有一位教授。當時英皇學院的神學及宗教學院(Faculty of Theology and Religious Studies)分為四個系：分別是教會歷史系(Department of Church History)、基督教教義系(Department of Christian Doctrine)、基督教倫理學系

(Department of Christian Ethics)及宗教研究學系(Department of Religious Studies)。

我在香港曾跟隨楊牧谷博士讀神學碩士，他鼓勵我到英國進修，建議我研究杜倫斯(T. F. Torrance)。杜倫斯於一九八二年在愛丁堡大學退休，同年應邀來港主領講座，有人問他到英國那裏讀神學最好。杜倫斯教授說很難推薦那一間最好，但切勿到愛丁堡大學。聽者有點錯愕，原來在杜倫斯教授退休後，大學找了一位自由派的天主教神父代他的位置，他非常不滿意。後來他私下說，倫敦大學英皇學院是挺不錯的，他指的是根頓教授。

當時我對根頓教授一無所知，只申請了亞巴甸大學及倫敦大學，兩間都取錄了我，由於亞巴甸太偏遠，結果選了倫敦大學。一九八四年我剛到英皇學院，有幸參加根頓教授的就職演講，題目是"The One, The Three and The Many"，展示了他的關係神學。

第一天見根頓教授，他知道我有意研究兩個神學家及一個哲學家，分別是田立克(Paul Tillich)和杜倫斯，以及中國的哲學家王陽明。根頓教授對田立克及杜倫斯都有深刻認識，但他完全不懂中國哲學，他建議我到倫敦大學的東方及非洲學院(School of Oriental and African Studies)找人指導。後來發現難以處身兩個不同學院做研究，因此放棄了王陽明，最後也放棄了田立克，只研究杜倫斯。

根頓教授為人隨和、真誠。沒有美國人的熱情，有點嚴肅，前面一對大板牙，說話快而輕，有時會聽失一些字。他個子不高，臉上留有美髯。根頓教授非常照顧亞洲學生，當時神學系只有我從香港過來，另有一位是韓國牧師。他介紹我們認識，又提點我們參加系內舉行的酒會，與各老師同學交流。他每次見學生都有備而來，好像我把在香港撰寫的碩士論文的英文撮要給他看，內容是比較祈克果(S. Kierkegaard)和王陽明。他雖然不懂王陽明，仍是詳盡地表達了對祈克果的觀點，以及提醒我在做比較研究時應注意的地方。

一年級隔週五有研究生宣讀論文，根頓教授通常在學期開始以身作則宣讀自己的作品。他講解頗清晰，尤其是早期教會的教義。我把他教授早期教父思想的課都修過，他主要引述教父的著作，要求我們先讀原著，才讀別人的論述。他的思路與杜倫斯一致，重視亞他那修(Athanasius)的貢獻。

根頓教授非常忙碌，寫作不輟，很多學生都喜歡跟他做研究，所以他有最多的博士研究生。

一九八四年十一月底我與內子參加了愛丁堡舉行的「基督徒運動」會議(SCM Conference)，順道探望杜倫斯教授。杜教授非常熱情，很快把話題轉到中國四川，因為他剛從他的出生地四川回來。臨別時他對我説，根頓教授是一位年輕有為的學者，我很明白他的意思：你沒有找錯老師！

我第一本讀根頓的書是剛出版的 *Yesterday and Today: A Study of Continuities in Christology*，非常精采。不久另一本引起我注意的書是 *Enlightenment and Alienation*，這本書令我對西方文化有了深刻的反省，尤其過去曾沈醉於康德哲學，往往不能擺脱本體知識不可能的牢籠，如今有了新的反省。

在倫敦三年，第一年花了很多時間義務牧養一間教會，第二年的聖誕決定專心讀書。雖然那間教會曾邀請我作部分時間傳道，且給我獎學金。後經長時間禱告後，覺得應維持原來計劃，決定暫時不再兼職牧養。事後回顧，這事真有上帝心意。

一九八六年底論文接近完成，一次與根頓教授閒聊，他問我未來有何計劃，我告訴他希望教神學。他對我說，由學院到學院是容易的，如果能牧會，會對教神學有好處。他自己是一間改革宗教會(倫敦附近 Brentwood United Reformed Church)的副牧師，二十八年從未間斷，而且經常講道，二〇〇一年出版了他的講道集 *Theology Through Preaching*。他深深體會如果能在一間教會好好牧養，將來教神學必能更落實。

這番說話對我非常有用。這時我返香港教書的路有或大或小的困擾，結果我選擇了到加拿大首都渥太華牧會，一去便是八年。其間根頓教授兩次來加拿大主領神學講座，我到多倫多會見他，他仍是表現關懷與隨和，留心聽你講而少有談笑。

一九九〇年我有兩三次到訪英國，主要為了在倫敦開設華人宣道會的事，有一次約根頓夫婦晚膳，師母比根頓教授更健談，而且很幽默。

一九九五年到了建道神學院任教，希望邀請他來香港，他說遠東區最遠只到過新加坡，是三一神學院的謝正金(Roland Chia)邀請他，後因轉到中國神學研究院教書而將這計劃擱置。二〇〇三年郭偉聯弟兄往英國留學，在根頓門下研習，我與陳士齊博士商討，私人邀請他於二〇〇四年來港，誰知郭偉聯還未正式向他轉告邀請，他便撒手塵寰，真是人生奈何！

根頓教授在過去三十年，孜孜不倦地寫作和教學，他的思想成了英國主要神學流派之一。他推廣早期教父神學為重要的理智科目(intellectual discipline)。神學不必跟隨現代或啟蒙時代的尾巴走，反而應該作為一個學科去批判現代文化。

根頓教授的寫作圍繞著三一神學，三一神學成為他處理文化、生態、倫理及基督教教義的核心資源。一九九二年牛津 Bampton 講座之後所出版的 *the One, the Three and the Many : God, Creation and the Culture of Modernity*，奠定了他在神學界的地位。這本書處理了現代性的盲點：關係的割離，根頓以三一的位格重建現代人的關係性。一九九三年他又在普林斯頓的 Warfield Lectures 演講，題目是「重訪啟示」(“Revelation Revisited”)。後來將這次的演講結集成書，於一九九四年由愛丁堡 T&T Clark 出版，名為 *A Brief Theology of Revelation*，這書使他獲得了更高的國際聲譽。

根頓教授本來想寫一部系統神學的著作，以別於自由派的神學，二○○二年由 Blackwell 出版的 *The Christian Faith: An Introduction to Christian Doctrine*，成為他日後系統神學的管窺。而他真正動筆寫他的神學企劃，可算在二○○二年由 Eerdmans 出版的 *Act and Being: Toward a Theology of the Divine Attributes* 開始，此書可看作他的企劃的第一階段，可惜隨著翌年離世，這企劃便永遠不能完成！

從 *Act and Being* 我們可以稍為看到根頓的心意，他不滿很多神學著作太哲學化、太希臘化。他覺得神學必須回歸上帝的啟示——即聖經之上。上帝創造這個世界，這個世界是上帝啟示的平台，藉耶穌基督的顯現，聖靈的促成。上帝的存有就是祂的啟示行動。

別矣，根頓教授，作為你門下學生，特別遠在香港的我們，未能在你離去之前再聆聽你的教學，也未有機會讓你親臨這個英國最遠的親鄰，然而你所走的路我們也要走，在這漂流不定的後現代，堅守三一上帝的啟示。

三

憶吾師

陳士齊

二〇〇五年的六四前夕，我往倫敦東部郊區一個小鎮博蘭林(Brentwood)，探訪了根頓老師的遺孀，我的師母珍妮蘭頓(Jenny Renton[1])女士。這是自從根頓老師在二〇〇三年五月突然離世後，我首次探訪師母。

懷著戰競的心情，我與友人來到她及根頓住了十年的大宅。一九九七年七月回歸後一天，我往倫敦應博士生的口試，剛趕及在根頓老師出門往澳洲講學之前，來過這裏探過他倆一次，竟然也是最後一次見老師的面！雖然到訪前已在電郵聯絡過，但實在不肯定老師兩年前的突然離世，對師母造成多大的傷痛，也不知我這個昔日門生的到訪，會否挑起她許多不想回憶的種種遺憾。

情況比想像中好。師母來開門，請了我和友人進去，而且已經為我們準備了茶點及午飯。她還特地準備為我們親手做雪糕，只是那個中國製造的雪糕機她還是首次使用，很不好對付。我得研究了一番，才搞通它是怎樣安裝運作。還好，終於成功了，而我們也得嚐師母親手做成功的新鮮草莓雪糕。

我們坐到大宅後部，開向花園的一個半開放式休息間，一邊喝茶吃餅點，一邊聽她述説老師離世後她的生活，而我的思緒，回到了二十年前的一幕幕情景。

記得二十年前，一九八六年的九月，我和妻子從蘇格蘭的亞巴甸(Aberdeen)南下牛津，參加巴特誕辰一百週年的神學會議。剛抵達便首先認識了仁人君子的楊慶球，聽他說他也從香港來英一年，正隨倫敦大學英皇學院的哥連．根頓教授寫碩士論文。以巴特盛名的號召力，神學界大師雲集，這實在是全英國多年難得一見的神學盛會。[2]

面對這些大師，我這個剛讀完道學學士一年級的小子，自然帶點怯和卑的心情。那次會議也不乏一些火爆場面，也令我對根頓老師留下了印象。除了第二天因麥格夫在有關巴特基督論的論文表現太差，而被全會議的學者引為笑柄外，[3] 另一個火爆場面，就與根頓老師有關。那是在輪到他宣讀論文後，做回應的李察．羅拔斯，不知怎麼起來講了許多火爆的東西。由於對巴特神學太陌生，我根本不知道發生甚麼事，只見許多人也站起來回應羅拔斯。但見根頓老師站在那裏，如笑面佛一樣，撫鬚而笑，絲毫不以為忤。我自然對此情景也不明所以。後來有機會問他，他才告訴我，羅拔斯的批評對象，其實是之前做演講(講得非常快)的那位路文．威廉士，而非衝著他本人而來，所以他只是「站在那裏享受時光」(“I just stood there and enjoyed the time”)。[4]

好一句「站在那裏享受時光」！根頓老師與從美國來杜林大學教書的哈迪教授是好朋友，在會議期間見他們經常在一起，而根頓老師面上總帶著笑容，不似其他的英國教授有架子。從此，我認識了根頓老師，他有著典型的英國人的紳士風度，為人溫和、幽默，經常面帶笑容，很有泰山崩於前而色不變的氣度。可以說他是我一生所見最有氣度的神學家。

然而，他並非溫溫吞吞和稀泥的那種人，大家只要看過他對奧古斯丁的批評，就知道他的厲害。[5] 而他對一些神學家的批評，竟然也感染了他的妻子。有一次，我就曾聽到師母批評某位神學家的言論重覆冗贅。

然而，他對學生卻很有胸懷，而且經常給予肯定。若沒有他的這份肯定，我就不可能完成我的博士研究。記得在八八年往倫敦嘗試找他作論文導師，我跟他談及了一些我的思考，也忘了說到甚麼地方引起了他的共鳴，他就立即答應願意收我為徒。因為我的研究方向是文化神學，起初他曾提議我探究英國文學家，與詩人華滋沃斯(Wordsworth)齊名的哥拿烈治(Samuel T. Coleridge)的思想。但像我們這種習慣了閱讀神學式英文那種深受背後德文神哲學表達所影響，慣於系統性思考的人，對正宗道地的文學性英語反而不大適應，對哥拿烈治那些零散的《邊旁筆記》(*Marginal Notes*)更感吃不消，於是在大半年之後，我告訴他不想再循這方向探究下去。老師毫不以為忤，更隨即提議我研究法國神學家兼社會學家艾路爾(Jacques Ellul)。這對我來說簡直有點不敢置信。艾路爾是我們大學年代港大團契中好些人鍾情閱讀的基督徒思想家，然而大家卻對他不大了了，也從沒想過要深入研究他的神學思想。老師的提議，就恰如上帝給我的預備(God's providence)一樣。

根頓是一位非常信任學生、放手讓學生研究的老師，[6] 因此對一些亟欲渴望得到更清晰指導的學生，這樣的信任反而令學生不知所措。記得在追隨他之後不久，我便私下給他起了個渾名：「跟騰跟騰，跟他就騰」。但其實他有英國人一貫的含蓄，對於他給予的指導必需細加思索，才能領會箇中奧妙。一九九七年我到倫敦應付口試前探訪他，他特別提到我應花時間閱讀慶球師兄在他指導下完成的，有關杜倫斯的基督論化科學觀（Christological Science）的博士論文。這其實就是提醒我，只有一個在基督論的基礎上建立的科學觀，才能回應艾路爾對科技的神學分析。而這也同時是根頓老師對慶球師兄學術成就的肯定。另外，他也讓當時在英皇學院跟隨他的助手樹偉堡（Christoph Schwoebel）[7] 博士研究田立克神學的賴品超，協助他負責巴特神學的導修課，令品超在田立克神學以外更上一層樓，明白巴特神學的力量。同樣，當老師收到當年正在研究他的文化神學的趙崇明托我轉達的一些提問時，他的第一個反應是：「這個青年人問了一個很好的問題。」然後，他就非常樂意地仔細回答。而於最後一段日子與他相處的郭偉聯，也得到老師的器重，盡心盡力希望幫助他早日完成論文，而偉聯也就成了他在香港這片神學土地上的關門弟子。

正是基於他為人的和藹，對學生不加制肘，以及寬廣的胸懷氣量，令他桃李滿門，不少來自世界各地的神學生願意追隨他，也讓他羅致了一些最為精采的老師，除了來自德國的樹偉堡，及新約釋經學者華生（Francis Watson）[8] 之外，還有來自希臘的知名東正教學者施抒樂士（John Zizioulous），後期他還讓亞倫・杜倫斯（Alan J. Torrance）[9] 得以從新西蘭返英任教。這些人與他一同思考，一同辯論，互相沖激，一同譜寫各種神學與文化的課題，令他儼然成為自湯馬士・杜倫斯（Thomas F. Torrance）從愛丁堡大學退下來以後，以及自其弟詹姆斯・杜倫斯（James B. Torrance）從鴨巴甸大學退下來以後，成為英國第三個巴特神學中心的領導者。當年我得李思敬學兄的提點，遠赴鴨巴甸大學攻讀神學時，思敬兄也提到倫敦大學英皇學院因根頓老師的緣故，也是另一個理想的神學訓練場，想不到後來還有幸能到那裏跟他學習。

倫敦夏天和煦的陽光，照進根頓大宅的休息間，令我的思緒從對根頓老師的回憶回到現在，回到面前的師母，根頓老師的遺孀。當然，沒有了根頓的生活，為她帶來許多莫名的——林林種種，形形式式的——遺憾。

師母坦言，面對老師的突然離世，整個人感到非常痛苦，可幸老師生前作為義務牧師，長期參與牧養的博蘭林聯合改革宗教會（Brentwood United Reformed Church），成了她渡過這段人生黑暗時期的支柱。

如今她的生活主要圍繞著兒孫們。正如許多有博愛心懷的中產英國人，根頓老師收養了兩個兒子，連同他與師母所生的兩個女兒，共有四名兒女。當然，老師的突然身故，確也對他們的一些兒女造成打擊，比如師母就提到她的小兒子的離婚情況。這一切當然不好受，但也從中反映了一位典型英國女性的堅忍與毅力——關顧兒孫，成了她生存下去的動力，而她也為此而頗為忙碌。由於兒女分散各處，她需要經常遠行。如那次拜訪，剛巧就在她去了莎士比亞的故鄉史澤福（Stratford-upon-Avon）探訪她的大女兒之後。

吃過師母預備的午餐，交談愈加順暢，在舒坦的氣氛下師母娓娓道出更多的感受與遺憾。令她最不快的，是英皇學院並沒有珍惜老師留下的美好傳統，卻竟胡亂聘請一些不明瞭、不欣賞老師神學的人來填補他的空缺，英皇學院在神學界的領導地位也因而從此消失。她讓我看老師著作的許多外文譯本，也找出不少英國報章有關老師離世的訃文，還將一部分複本給我帶返香港。雖然英皇學院總算在老師身故後，給他頒發榮譽院士的身份。但最值得紀念的，還是一九九九年鴨巴甸大學給老師頒發的榮譽神學博士學位時，鴨巴甸大學的神學教授費格遜（David Fergusson）的稱譽文章。那是一篇寫得十分出色的文章，現將其中一段節錄如下，作為老師神學事業及其對人類文化所作貢獻的註腳：[10]

> 根頓作為一位著名的教授及作家，一位研討會的常客及一位講者，僅在曼徹斯特，牛津及普林斯頓就已傳授了三個知名的講座。他至今已寫了超過十本專題論著，其中數部，更是他那一代甚至超過他那代的英國神學家所能做出的最重要作品。這包括三位一體教義的探索、基督論、創造論及啟示論。在每一方面他顯露了對教會經典神學傳統的認識，同時扣緊當代的哲學與文化，也有一種尋求在改革宗、東正教及羅馬天主教思想中擷取精華的大公性。他的作品有說服力及創意，這點如今必須被確認，而他的海內外研究生將予以證明……這種廣泛的感染力，可以在根頓的著作中找到端倪，也許這就令他成為英國神學家的完美典範。他的作品，在一些至為關鍵的觀點上含有調解性；然而，在另外的觀點上往往帶著激辯性。當然，他不會為作為這樣的一個神學家而辯解。在最優良的英國神學傳統中，他是一位頭腦清晰，表達清楚又激奮人心的宗教觀念闡釋者。他看他的學問不單應扣緊思維而更應扣緊心靈。對他來說，神學同時是理論性及實用性的科學，是推論性的但亦可與文藝及音樂融和相

合。更高一層的是，他是一位自由及「仁至性」[11] 的上帝之恩典的倡導者。正是這恩典，使我們可以成為自由人，因此反映神性的樣式在我們的學問羣體中。在一個充滿「去人本位」的勢力及趨勢(depersonalizing forces and trends)的年代，他的著作肯定了信心的釋放能力，也見證了神學是一種具有生命力的學術訓練。

談話稍作歇息，我在大宅四處走動，到老師生前的書房參觀，也留意看四週的陳設。無意中見到地下大廳衛生間掛了一幅有關科技機械的圖畫，看見這畫，令我回想起我在英皇學院的那段日子，每週一次的研究生研討會，由不同的研究生輪流發表文章，間中是老師們發表他們近期的思考成果。主題非常廣泛，有一次老師還特地就混沌理論展開討論。老師就是這樣一個興趣廣泛、涉獵寬廣的人，連他家中的陳設，都表達出他為人眾多的興趣與關懷。他時常強調基督徒要在思想上超出周圍的社會(the Christian must out-think the society)，不然基督教的信仰對時代就失去了意義。

這兩三年間，陸續獲悉幾位當年的老師／師母身故的消息。鴨巴甸大學的詹姆斯・杜倫斯老師，馬素(I. Howard Marshall)老師來港時，又獲悉師母的早逝，能不教人痛惜。但最令人惋惜的，還是根頓老師的早逝。還記得從慶球兄獲悉老師的死訊，感覺上似沒有甚麼，只是覺得有點可惜。二〇〇三年五月，香港正從沙士疫症中喘息過來，因《基本法二十三條》的爭議，社會正蘊釀著重大的轉折，我們在香港這些窮於應付生活壓力的人，捉襟見肘的狼狽窘態，實不容你多想。不意有一晚，老師竟然出現在夢中，依然一臉閒雅的笑容，撫鬚而笑告訴我死訊是假的，是誤傳的。我還依稀記得夢中曾鄭重再三求証。然而，一覺醒來，胸懷就只餘南柯一夢之遺憾。

那天黃昏，與郭偉聯及璩理弟兄吃飯，偉聯談及老師離世的情況時提到，老師在離世前幾天，已經感到身體不適，但由於有一個神學會議即將舉行，老師很想參加，所以不以為意，只去找了一位普通科的門診醫生看病，而沒有到大醫院作詳細檢查。那位普通科醫生只當作一般感冒病狀看待，僅給他開了些止傷風感冒的藥，自然沒有效果。發病當天，老師感到身體特別不適，心知不妙，可待得救護車抵達時，情況已極之危急。更遺憾的是，老師因胃部大量出血，在送院途中已溘然長逝，而師母卻乘坐另一部救護車，至有兩人天人永隔之憾。

探訪將近結束之時，師母將我們帶進休息間外面的後花園。這個後花園我頗能記得，因為九七年那次探訪，已經特別感覺這後花園之大，與及用心栽種之美。師母特別指出，老師生前非常喜歡園藝，甚至心中常有一個願望，就是將來退休之後，每天以一半時間寫神學，一半時間作園藝。

遊走於花園之中，我盡情拍攝園中一切景物。微風拂過，心神一動，頓然悟到老師真不愧為一位神學界的天才園藝家。他忠心且用心於神學的志業，並且孜孜不倦栽培神學後進，就如他樂在園圃的栽種與培植一樣。他以其創意，為神學這一塊園地鬆土、除蟲、播種、澆灌，以樂觀及寬宏的心懷，來祈禱這園地的生長。如今他雖然突然離世，然而他所澆灌及栽種的，已然遍地開花。誠如經上所記主耶穌的話：「我實實在在的告訴你們，一粒麥子不落在地裏死了，仍舊是一粒；若是死了，就結出許多子粒來。」

註釋：

1 有關老師的訃文中提到她名 Jennifer Osgathorpe，但她給我的電郵則稱呼自己為 Jenny Renton.

2 從杜林大學來的有偉侯士(Whitehouse)、哈迪(Daniel Hardy)、西斯(Stephen Sykes)、羅拔斯(Richard Roberts)；牛津本地的有後來成了坎特伯里大主教的威廉士(Rowan Williams)；從北愛爾蘭貝爾法斯特來的有湯臣(John Thompson)；從愛爾蘭都柏林來的有麥肯 (John Macken)神父；從美國過來的有侯活士，當然還有慶球兄的老師根頓。

3 麥格夫發表完有關巴特基督論的論文，原被安排做回應的湯臣甫站起來，就說：「由於講者未能清楚闡明巴特的基督論，所以本人根本不能回應。接下來，本人只好將巴特基督論的要點申述一遍。」我這個神學初哥，自然摸不著頭腦，於是在一個休息時間，大著膽子向哈迪教授請教，哈迪教授一語道破：「有些人外間的名聲太大，過了頭，以致頭腦不清醒。這個人看來言過其實。」

4 按照老師的話："I just stood there and enjoyed the time."

5 參 Colin Gunton, "God the Holy Spirit: Augustine and his Successors", 刊於他的 *Theology through the Theologians* (Edinburgh: T&T Clark, 1996), 105～128。

6 英語謂"Hands-Off Approach"。

7 後來回到德國任海德堡大學神學教授。

8 如今轉到了鴨巴甸大學。

9 詹姆・杜倫斯之子，他與其父親都是我在鴨巴甸大學時的好老師。

10 原文："But it is as a lecturer and writer that he is best known. An indefatigable attender of conferences and a regular speaker, he has delivered distinguished series of lectures in Manchester, Oxford and Princeton to name but three. He has now written over 10 monographs, several of which are amongst the most significant to have appeared in British theology for over a generation. These include doctrinal explorations on the trinity, christology, creation and revelation. In each case they reveal a knowledge of the classical theological traditions of the church, an engagement with contemporary philosophy and culture, and a catholicity which seeks to draw upon the best in Reformed, Eastern Orthodox and Roman Catholic thought. His work is forceful and creative. It now has to be reckoned with, as research students here and overseas will testify...... Something of this breadth of appeal can be found in Professor Gunton's output. Perhaps this makes him a quintessentially British theologian. His work is conciliatory at crucial points, but often pugnacious at others. He makes no apology for being a theologian. He is a lucid, articulate and stimulating expositor of religious ideas in the best traditions of English theology. He sees his discipline as engaging not only the mind but the heart. For him, theology is both a theoretical and practical science. It is discursive but has affinities with art and music. Above all, he is an exponent of the grace of God which is free and personal. It is this

grace which enables us to be free human persons, and thus to reflect the divine image in our communities of learning. In an age of depersonalising forces and trends, his work affirms the liberating power of faith, and testifies to the significance of theology as a vital academic discipline."

11 文天祥於就義時在腰間繫帶寫上這句子：「孔曰成仁，孟曰取義，惟其義盡，所以仁至。而今而後，庶幾無愧。」筆者取句中「仁至」一詞以翻譯"personal"這一定性詞。

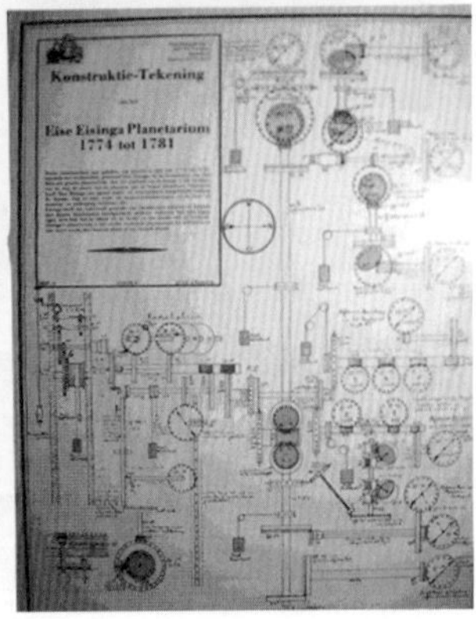
Konstruktie-Tekening
Eise Eisinga Planetarium
1774 tot 1781

キリストと創造
C. E. ガントン 著
須田 拓 訳
教文館

四

訃文選輯

蘇明敏、黃敍義譯

哥連・根頓──作家、牧師、神學家

「博蘭林(Brentwood)的一個教會羣體正為痛失一位牧者而哀悼，他也是英國其中一位頂尖的神學家。哥連・根頓教授是博蘭林聯合改革宗教會(Brentwood United Reformed Church)的助理牧師，也是倫敦大學英皇學院教授中的一員。居住於華里(Warley)的根頓教授上個月突然離世，享年六十二，留下太太珍妮花(Jennifer)、兩對子女、一對孫兒女，以及一個為之而心碎的教會羣體。

根頓教授是富於創作的神學家，其宗教著作十分豐富。他寫作的題材涉及創造論、啟示論、三一論及救贖論，而他亦已完成基督教教義學第一冊的初稿。他的神學造詣令他在全球廣受邀請，他生前是多間大學的客席教授及講者。根頓自一九七五年起居住在博蘭林，他的心便離不開博蘭林這個大家庭。他是聯合改革宗教會的按立牧師，作為助理牧師服事博蘭林會眾已有二十八年。博蘭林聯合改革宗教會的霍傑士(Lynn Fowkes)牧師說：『根頓是一位令人驚歎的人，他離世前的星期日仍在教會講道，他的逝世對許多人都是一大損失。』超過二百六十位遠自美國、日本、歐洲的人士來到博蘭林，參加根頓的喪禮。他曾任教的英皇學院計劃在本年九月為他舉行追思會。

霍傑士太太說道：『根頓所學習的神學，也是他宣講與實踐，並牢牢建基於基督教信仰的神學。最明顯不過的是他的家庭生活，包括他與珍妮花的家庭生活，以及他在博蘭林聯合改革宗教會內大家庭的生活。謙遜和服事他人是他的特質，不論是在講台或是在廚房的洗滌盆內，他都將此氣質活出來。很少教會活動是根頓沒有參與清潔的。每個人都能感受到他的活力與熱忱，而他的風趣感更經常顯露人前。』喜好園藝、音樂、戲劇及散步的根頓教授，他的家人、朋友和同事都認為他的智能是神所賜予的天賦，而他已將之大加運用以造福世界。」

博蘭林 (Brentwood) 教會

「令人尊敬的哥連·根頓教授，卒年六十二，是英國頂尖的神學家之一，在倫敦大學英皇學院任教超過三十年。

身為聯合改革宗教會的牧師，根頓的神學是非常忠於改革宗傳統的。他既是被公認為二十世紀最偉大的神學家巴特的忠實信徒，但亦不會對巴特的觀點毫不懷疑地照單全收。根頓亦如巴特一樣，認為需要以一種建基於正統及聖經範疇，以及理性有序的基督教信仰內容，來對質當時流行的自由神學。他認為許多現代的神學(主要指聖公宗的神學)，在理智上太薄弱，且太接受啟蒙文化的假設。在他眼中，他認為這現象解釋了神學現今在知識界所面對的困難。

他沒有多少空間去招呼聖奧古斯丁及他的追隨者，因他不信任這位大神學家；也沒有多少空間招呼聖阿奎那(Thomas Aquinas)的追隨者，因覺得阿奎那太重形而上學而不合自己的口味。此外，根頓對於哲學、宗教、與自然科學之間的相遇感到熱切的興趣。根頓堅持基督教信仰根本的啟示性，並認為這啟示完全能夠自己站得住腳，因此在他眾多的著作及教學中，他企圖展示正統教義的一貫性及合理性。

在這種進路上，他毫無疑問是保守派。在英皇學院內，尤其在國際知名的系統神學研究院中，他招聚了一羣年輕有為的學者圍繞著他，他們現在大多在英國及海外均持有具影響力的教席。有人認為這在在使根頓的追隨者走入一個神學的死胡同，然而根頓經常對新洞見保持開放態度，並進一步相信三位一體的基督教教義，應在真正的神學研究中佔核心地位，而東正教的三一論思想尤其令他特別感興趣。

根頓熱心及流暢的教學，吸引全球各地的研究生來跟他學習。作為一個不能遏止的交談者，他對思想、書本及人們的好奇，令他對英皇學院生活作出無可估量的貢獻，故經常有初露頭角的年青學者及年長同工尋求他的忠告、鼓勵及支持。

他文字寫作的產量十分豐富。他曾出版過十多本關於創造論、啟示論、三一論及救贖論的著作，以及兩本被廣泛使用的大學教科書、還有論文集、和眾多參與編訂的書冊，其中包括《劍橋基督教教義手冊》(*The Cambridge Companion to Christian Doctrine*, 2001)。他長久以來一直很想寫一套系統性的基督教教義巨著，這套巨著的初步概要已於去年出版，名為《基督教信仰》(*The Christian Faith*)。在普林斯頓休假期間，他已完成這巨著第一冊的初稿。可惜他意外地於五月六日逝世，可謂褫奪了對英語神學界發展將有重要貢獻的著作……」

每日電報（The Daily Telegraph）
二〇〇三年五月二十日星期二

暴露現代社會理性上之不連貫及道德困惑的傳統神學家

Stephen R Holmes　　　　二〇〇三年六月三日星期二

一位當代最優秀及具影響力的英國神學家，哥連・根頓突然離世，卒年六十二歲。他有超過三十年豐富的著作，以及在倫敦大學英皇學院富啟迪性的教學經驗，他開闢了傳統基督教神學的新視野，使之成為理智上可信賴的學問，並為現代思潮，提供了批判的資源。

根頓在開始他的學術研究時，他的進路是非常不合當時潮流的，然而經過他堅定的委身及學術研究，現在已成為英語神學界的主流。縱使有些人不太情願給他讚賞，但他卻以令人讚賞的活力及誠信來工作。

根頓專心致志於他的神學工作，他發表了大量專題著作、文章、演講及編輯書冊。所有基督教教義課題，根頓都有所探討，而三一論更是他神學思想的中心，是了解現代西方社會理性上之不連貫及道德困惑的重要思想泉源。

他的代表作《一、三與眾：上帝、創造與現代性的文化》（*The One, the Three and the Many: God, Creation and the Culture of Modernity*）是他於一九九二年在牛津班頓講座曾發表的文章。當中討論了神、創造及現代性的文化。一九九三年，他到普林斯頓神學院發表華菲德講座（the Warfield Lectures），這是他另一次重要的演講，顯示出他的名譽正在國際間不斷提升。直到他人生的最後十年，他都不斷受邀到世界不同地方講學。

然而，他的根卻仍留在他所屬之地方，不但在性情上，同時也在知性上，表現於對家庭及園藝的熱愛之中。如果不理解他那種根植於博蘭林聯合改革宗教會的委身關係，那是很難理解他的工作的。過去二十八年以來，他在博蘭林聯合改革宗教會擔任助理牧師，並定期講道，他的講道集於二〇〇一年被收集出版成書。

他的學術生活亦植根於地方羣體。他對學生很慷慨，視他們為傾談伙伴和朋友。倫敦大學英皇學院在他的帶領下，系統神學研究院成為國際知名的學府，在那裏令人側目的高水平知性交鋒，跟給人一種淵博深奧感覺的學術羣體結合起來。

根頓曾是神學研究會（Society for the Study of Theology）的主席，亦是該學會的中堅份子。三十年來從沒缺席過一次會議，他很享受工餘後的討論，亦主持多個資深美國教授們及剛畢業的研究生的小組。所有人都被他那因可以神學地思考而帶來的興趣與欣悅之情所感染。

在他的書本中，很少沒有對曾經幫助他獲得靈感的學生或同僚表示謝意。他近期也養成一個習慣，於研究班中與學生分享他的著作草稿，真誠地希望能夠聽取學生的洞見，那怕是最年輕或最遲疑不決的聲音。

《基督教信仰》（*The Christian Faith*）一書，正是第一部如此促成的著作，該書是基督教信仰的一個撮要，是一本多部頭巨著的前奏，於他離世前的那星期，他將該書的首數章在研究班中分享。

儘管他的文字著作十分卓越，但他最大的專業遺產可能是啟發了許多學生、同僚去看見神學的可能性。許多國家的大學、神學院及教會都有老師及牧者受惠於他的指導。他不喜歡如此比較，但的確自從紐曼(John Henry Newman)後，未有一位英國神學家如他般產生出一個學派的追隨者。

根頓生於諾定咸，受教於諾定咸的文法中學。隨後他贏得古典文學獎學金，到牛津的赫福特學院(Hertford College)就讀。在完成學位後，他轉到曼斯菲學院(Mansfield College)，也是牛津的自由更正教會(Free Church)的學術中心，攻讀神學直到完成博士研究。

一九六九年他被倫敦大學英皇學院聘任為講師，一九八四年更成為該學院的基督教教義教授，並出任學系系主任及學院院長。他亦在聯合改革宗教會主持崇拜及講道。一九九九年，他成為創辦《國際系統神學期刊》其中一位創刊主編。

根頓除了在學術及教會的服務外，他亦是一位精力旺盛的漫談者、熱心的詩班歌手及酷愛園藝的花匠。不少根頓的朋友，都知道他那份有深度的基督教信仰、對生命的熱愛、樂觀、和對自己召命的深度知覺。

他遺下太太、兩名兒子和兩名女兒。哥連・根頓這位神學家，出生於一九四一年一月十九日，卒於二○○三年五月六日。

第二部

神學篇

建構文化神學的方法與進路

趙崇明

一、引言

文化與神學的關係固然並非現代神學家才討論及注意的課題，早於初期教會第二、三世紀的時候，當殉道者游斯丁(Justin Martyr)提出其著名的「道種論」(*logos spermatikos*)，以及特土良(Tertullian)搬出「雅典與耶路撒冷有何相干？」這句名言來指責「雅典學園」之後，「文化與神學之間的關係」便開始成為神學建設工作中一個很重要的議題。在「文化與神學的關係」這課題上，游斯丁和特土良基本上代表兩種不同的觀點。游斯丁的「道種論」主要想指出，早在道成肉身之前已經存在的希臘哲學裏，其實一早已經蘊藏了有關上帝真理的啟示。這種講法等於承認，凡有理性的人均可在基督之外的世俗文化裏認識真理，固然這種認識還是間接的、模糊不清的，直等到基督的臨在才能清清楚楚地把真理表明出來。游斯丁所代表的明顯是一種試圖將神學與文化、或啟示與理性連繫在一起的進路，世俗文化可被看為上帝的普遍啟示(general revelation)，人可以用理性(包括經驗與想像)透過文化來認識真理。而特土良的看法剛巧相反，他卻極力指責那些像游斯丁般企圖訴諸世俗哲學或文化來認識有關上帝真理的人。儘管特土良如此說，他豈不是無可避免仍要借用希臘哲學的語言來表達他的「三位一體」的神學嗎？

雅典真的可以跟耶路撒冷各不相干麼？麥哥利（John Macquarrie）說得好：「無人能夠逃避其自身所處文化的知識氛圍和思維方式對他的影響。」[1] 根頓也有類似的看法：

> 文化所指的正是某一時代主流的知性和藝術性的生活型態，而文化的其中一部分又無可避免地必然為神學反省的工作提供一個場景或語境。神學作為一門知性的學問，跟所處的文化一樣採用一套共同的語言，這樣說來，神學是而且必需是文化的一部分。[2]

對根頓來說，根本不可能離開文化這個場景或語境來做神學，神學不應該是一種抽離世界所進行的抽象的形而上的玄思。神學必然與具體的文化處境有關，依此而言，則神學最終不可能不是一種回應具體文化處境的文化神學了。換言之，神學與文化之間有著不可分離的密切關係。

二、從根頓對士萊馬赫神學方法的批評說起

要談神學與文化的關係，自然不能忽略士萊馬赫（Friedrich D. E. Schleiermacher, 1768～1834）的觀點。他對宗教及神學的看法，基本上是出於對以康德哲學為代表的現代主義及啟蒙運動的文化精神所作的回應。自從康德（Immanuel Kant）提出純粹理性只能作用於現象界這種認知的界限之後，宗教便馬上被當時高舉理性的啟蒙精神邊緣化，當時不少受理性主義影響的知識份子，自然便對宗教（尤其是基督教）採取蔑視的態度，認為宗教與代表科學理性的文化是兩碼子事，更嚴重者會認為基督教的教義內容含有很多非理性及不道德的成

分，覺得基督宗教並非一個理性的宗教，有導人迷信之嫌，在他們心目中，基督教神學不能跟其他文化知識擁有同等的學術地位。

就在這種背景底下，士萊馬赫在一七九九年出版了一本帶有護教目的的書《論宗教：對那些有文化的蔑視宗教者的講話》(*On Religion: Speeches to Its Cultured Despisers*)，從這書的副題可見，它針對的對象主要是當時社會上一班有文化的蔑視宗教者，而這班知識份子部分正是士萊馬赫任職慈惠醫院(Charité Hospital)院牧期間所認識的好朋友，他們是當時在德國盛行的浪漫主義(Romanticism)的重要代表人物。[3] 值得留意的是，士萊馬赫並非批評這班文化人以浪漫主義精神來反宗教，事實上他的神學思想(包括《論宗教》)正深受浪漫主義哲學影響。他最終是想指出當時蔑視宗教的人其實對宗教的本質有誤解，他們所批評的根本不是宗教本質的核心，而且他們亦未能體會宗教對社會文化的積極功能。

正如深受啟蒙精神影響的詩人波普(Alexander Pope)所言：「知汝自己，不要假設上帝會細察，對人類最適切的研究正是始於人自己。」[4] 士萊馬赫的神學方法，正正反映他如何受這種啟蒙精神影響，他同樣從人出發去思考宗教本質的問題。不過，他認為宗教不等同於理性的形而上學，也不等同於道德倫理的實踐，理性和道德只是宗教的外殼。有別於理性和道德，他選擇了從人的宗教經驗出發去闡釋宗教本質的核心，他稱這種人類普遍共有的宗教經驗為「對無限者絕對倚靠的感受」，這種「感受」或稱「敬虔」(piety)，就是宗教本質的核心。由此可見，宗教就是人性的一部分：「人是生來賦有宗教的性能，像一切其他性能一樣。」[5] 如果人類文化認同理性和良知是人性中重要的組成部分，則沒有理由貶低構成人性的另一重要部分——「感受」或「敬虔」，因此士萊馬赫主張：「敬虔向人顯現出，它本身乃是科學和道德之外不可或缺的第三成分，是它們自然的配對，配得與後二者同樣的尊崇地位。」[6]

對士萊馬赫來說，人的宗教性表現出來就是一種具有意向性的直接的自我意識，因此宗教不但有助於實現真正的人性，人也最終需要回到這種人性的宗教性去獲得對上帝的意識（God-consciousness），如果神學是要言說及認識上帝，它就不可能是言說上帝之在其自己（God-in-Himself）的屬性，神學之言說上帝，其實乃是言說人對上帝的宗教經驗而已。如果按照歌普爾斯頓（Frederick Copleston）所說：「也許浪漫主義的特徵正是對無限的感受和渴求。」[7] 則士萊馬赫正正就是從這種浪漫主義哲學出發重構宗教的核心本質，試圖向當時的知識界重申宗教與人類文化其實絕對可以對話，基督宗教可以有很大的文化相關性，最終目的無非是要在知識界重建宗教（尤其是基督教）在人類文化上的價值和地位。

根頓在二○○二年出版了一本書，這書可說是他多年對系統神學的思考、授課[8] 及研究的一次總結性的反省和整理，被命名為《基督教信仰》（*The Christian Faith: An Introduction to Christian Doctrine*），這本書不但在書名上跟士萊馬赫的系統神學著作相同，甚至結構也有點相近。當然這絕不是如有雷同，實屬巧合，而是根頓刻意的安排。他在序言及結論（第十章）中清楚交待，這本書是為了回應士萊馬赫對人類宗教經驗所做的神學反思而寫的，目的是要建立一條有別於士萊馬赫的神學方法的進路。[9]

正如上文所述，當士萊馬赫拒絕將神學的基礎建立在上帝之在其自己的屬性之上，而改以人的「感受」這種具普遍性的宗教經驗作為宗教本質的核心的時候，他這種將宗教經驗看為一種前反思(pre-reflective)、超理性(suprarational)的直觀(intuition)，似乎是有意把「感受」這經驗置於理性之上。不過，這正是根頓對士萊馬赫其中一點的批評，根頓認同巴特的講法，士萊馬赫的問題正在於他以人的宗教經驗代替上帝的啟示作為神學的基礎，而且他又排拒了神學的理性(rationality)，否認神學是一門理性的學問。根頓如此說：

> 神學的對象既不是非理性的，也不是超理性的，而是理性的。意思是說，神學的基礎是建立在上帝之在其自己，以及上帝在世界中啟示其自己的真理之上。[10]

根頓既指出士萊馬赫以「感受」來取代理性其實是一種漠視神學之理性的做法，他又批評士萊馬赫本來以為用「感受」來取代「純粹理性」及「實踐理性」這種反康德的做法，最終仍是逃不出康德式的哲學思維。其實根頓和士萊馬赫一樣，同樣重視宗教經驗，不過士萊馬赫的問題卻在於，他從普遍人類自我意識的主體性作為起點，去建構一種具普遍性和絕對性的宗教經驗。根頓卻認為不存在一種所謂普遍的宗教經驗(experience *simpliciter*)，只存在一種來自具體現實世界萬物在其獨特性中所給予的經驗。根頓同樣講經驗，但他反對像士萊馬赫般從普遍性的人的宗教經驗結構出發來經驗上帝，正如根頓所言，它不是「一種內在於人的動力，而透過這種動力上帝〔的知識〕被給予於人，相反，卻是上帝自己在世界裏，並賜予世界的客觀經驗。」[11] 由此根頓便批評士萊馬赫的神學方法，最終其實跟康德那種知識論上的「哥白尼式的轉向」[12] 的方法分別不大。[13]

根頓批評士萊馬赫這種轉向以主體主義來詮釋傳統各項教義的做法，一方面只會漠視那位自由和超越的上帝自身的存有及其經世活動；另一方面亦會貶低被造世界作為經驗上帝的基礎的重要性，他堅持人的獨特經驗只能建立在三一上帝的啟示性及創造性的行動之上。[14] 因此，在《基督教信仰》一書內，根頓開宗明義地說不講信仰主體的向度（subjective dimension），卻另闢信仰客觀的向度（objective dimension）。所謂信仰的客觀性的意思，乃在於神學是上帝在這個客觀的世界內啟示其自己的一門理性的學問，[15] 正如上文所說，神學的理性基礎正是建立在這種客觀性之上。

三、對現代性和後現代性的文化診斷

眾所周知，現代啟蒙運動的精神，其實也是意欲要找尋一些能放諸四海而皆準的具普遍性與客觀性的基礎，以致更能科學地認識和思想這個世界，這就是啟蒙運動所倡導的基礎主義（foundationalism）。而這種基礎主義又以兩種形式出現，一種是以笛卡兒（R. Descartes）為代表的純粹理性主義，另一種則是以洛克（John Locke）為代表的經驗－理性主義。[16] 不過，兩者都只是想宣告一件事：「人成為萬物的尺度」。[17] 正如伽達默爾（Hans-Georg Gadamer）批評現代主義的知識論是「屈從於技術思維之下的。這種技術思維根植於主體性（subjectivity）——即它把人類的主觀意識，以及基於這種意識的理性確定性，當做人類知識的最終參照點。」[18] 科學真理不能離開主體意識而存在，一切真理無不以主體為中心、為基礎。在根頓的神學議程裏，這種「轉向主體性」的現代主義精神一直都是他批判的對象，他一直以來都反對啟蒙運動或現代主義將人的主體性作為知識論的基礎（foundation）的做法。[19] 在根頓較早期的另一本著作《啟蒙運動與疏離》（*Enlightenment and Alienation*）中，他也曾提過由於啟蒙精神過於高抬人類理性主體的優位性，不但呈現一種主體與客體二元式的對列格局，更進一步以主體的認知結構及方式去決定客體世界的內容，因而導致分隔（disengagement）與疏離（alienation）的出現。

在根頓心目中，現代主義除了因高舉人的主體性而導致上帝被替代（the displacement of God）這事情的出現之外，他又批評現代主義表面上崇尚個體與自由，實質卻充滿同質性（homogeneity）與全權主義（totalitarianism）的傾向，正因如此，他也認為現代性對關係性（relationality）和獨特性（particularity）有非常不足的理解。[20] 歸根究柢，現代主義就是一種一元主義。[21] 到了後現代主義的出現，雖然試圖以多元解構一元，但根頓卻認為，（後）現代文化裏的多元主義只是表面多元，深層裏卻仍有一元的傾向，他說：「在現代生活裏，表面上存在多樣化與差異性，但深層裏卻存在一種趨向同質性的壓力，最終這種同質性會抵消了多樣化和差異性。」[22] 此外，後現代多元主義亦只是表面上追求開放與包容，但實質對某些觀點（例如基礎主義）卻持封閉和不能容忍的態度。[23] 也許後現代的多元最終也只不過是一種萊布尼茲式各自封閉、互不溝通的眾多「單子」（monads）而已，同樣講不上有充足的關係性。由此可見，貶抑關係性和獨特性，傾向同質性和全權主義，不僅是現代主義的特色，同樣也是後現代多元主義的表徵。

根頓又批評，後現代主義者以非基礎主義（non-foundationalism）來批判現代主義中的基礎主義（foundationalism）

這種方法其實有問題，問題在於後現代主義者跟(前)現代主義者沒有分別，都是僅從基礎主義這種形而上學的立場來定義「實體」，當前現代及現代均將「實體」視為位於現象界之下或之後的形上(或本體)基礎時，後現代主義者為了要反對全權主義，而又認定全權主義乃起源於這種高舉形上實體的基礎主義的時候，就自然變成反全權等於反基礎，在後現代主義者看來，以為惟有採取一種「反基礎」的觀點才能保證相對性、多元性與開放性的存在。根頓卻認為後現代主義者其實錯判了現代主義的問題癥結，他診斷現代主義的問題時說：「(現代主義)那問題不在於對基礎的探求。」[24] 真正的問題只在於「它從錯誤的途徑去探尋那錯誤的基礎。」[25] 而所謂「錯誤的途徑」和「錯誤的基礎」，乃指到誤以為可以離開從上帝而來的啟示，而能在俗世上探求一種內在於人這個主體之內的理性經驗作為具永恆普遍性的知識及道德價值的基礎。[26] 故此，對根頓來說，若要批判現代主義的全權傾向和同質性等文化問題，要走的不應是非基礎主義的路，反而是要重尋一個堅固的基礎。

況且根頓更質疑後現代碎裂式(fragmented)的相對主義或多元主義，是否真能帶來溝通上的開放與包容？他反而認為：「我們跟友鄰溝通和討論彼此的差異時，往往是建基於人性上或理性上具普遍性和共同的標準之上，但如果我們實際上放棄追求上述任何這類的標準，則一種聾人的對話最終可能會發生。」[27] 根頓斷言，人與人之間惟有建立在一個共同的基礎上，才有真正的溝通可言。

四、文化神學就是一套三一論式的創造神學

故此，根頓指出，後現代主義對基礎的質疑，最終會使

我們陷入一種信仰危機，我們似乎愈來愈難相信，上帝已經為這個世界建立了很堅固的根基，以致這個世界能夠成為各種不同的人類文化事業可以發展的理想地方。如果這種信仰危機一日存在，我們文化的根基就難免不受動搖。因此根頓主張：「現代性就正如所有的文化一樣，均需要福音真光的治療，這福音就是藉著**聖靈**而道成人身的那位**上帝的兒子**，使整個**被造世界**邁向完全。」[28] 這段說話，一方面既肯定了福音需要不斷跟現代的文化狀況對話，神學家需要不斷做文化神學的思考。另一方面則簡單地提供了一個做文化神學的藍圖，按照根頓的意思，文化神學思考的基礎，也許離不開一種三一論式的創造論，事實上緊接上一段引文，他馬上直接提到文化神學根本就是一套創造神學。[29]

根頓亦提過：「神學要處理的，是關乎基礎(foundations)和合一性(unity)的事情。」[30] 前者是關乎上帝創造萬物並使之是其所是(things are what they are)的問題，這明顯屬於創造論的問題，而創造論要回答的也正是關於基礎的問題。後者是關乎萬物為何能合而為一而成為一個世界的問題，這問題則有待上帝論來回答。總括而言，根頓指出：「萬物的基礎和合一性建立在耶穌基督之上，聖父藉著這位上帝的道創造、護佑和救贖萬有。從另一方面而言，三一論關注的就是在多元中的合一，而不是絕對的多元主義。」[31] 根頓斷言，惟有重新肯定基督教的三一論式的創造論(包括護佑論)，才是對現代文化危機一個正確的神學回應。[32] 再說得直接一點，創造論可以為人類文化提供一個共同的基礎，如根頓所說：「創造論已為所有我們稱之為文化的一切人類事業提供了一個共同的基礎，這些文化事業不單指神學，還包括了科學、政治、倫理和藝術諸如此類。」[33] 此外，從下面根頓對自然和文化所作的定義，也可以解釋為何對文化作神學反省的時候，必定要回到創造論作為神學回應的起點上。他如此說：「如果自然是出自創造主的手所作的工，則文化就是人類在這個被造世界裏，或跟這個被造世界一起，或對這個被造世界所成就的一切事物。」[34]

五、三一上帝的創造是一個企劃

也許沒有人會反對從創造論出發去講文化神學，問題究竟是一套怎樣的創造論而已？傳統的講法認為上帝在六日裏已完成了創造的工作，隨著始祖的墮落，跟著開展的是一段救恩的歷史，如此，創造論和救贖論便成為兩項各自獨立的教義。跟著整個福音的核心就自然落在後者上面，教會最關心的只是罪人的靈魂如何藉著基督得救的問題，卻漠視了上帝在創造世界時給予人應負的文化使命。

根頓卻追隨愛任紐(Irenaeus of Lyons)的觀點，主張上帝創造的工作還未完結，還在繼續進行，直到終末才完成，創造是在時間中發展並朝向未來的一個企劃(project)。而這個創造的企劃正是聖父藉著聖子及聖靈兩隻手作為中介者，三個位格共同參與去完成的。如此根頓便提出一套三一論式的創造神學，或稱三一論式的中介神學(a trinitarian theology of mediation)。

根頓這樣做的目的，一方面是要將創造與救贖連成一體，將救贖論重新安立在三一論式的創造論這個基礎之上，從而凸顯其創造－救贖論所包含的文化意涵，三一上帝的救贖不應僅限於個人靈魂得救與否的問題，而應該包含對整個物質世界、文化世界的救贖，這救贖也就是體現上帝創造企劃的完成。另一方面，亦說明了上帝創造工作是持續不斷地在具體的歷史時間與空間裏發生的，罪與墮落使企劃的成就離開應有的軌道，救贖並非回復原初狀態，而是聖靈從終末帶來對墮落世界的轉化更新，以致萬物最終在基督裏面同歸於一，到時基督的創造工作終於完滿實現。根頓特別用「完成」、「終成」或「完滿實現」(perfect)這個帶有終末性意味的觀念來闡釋他的創造救贖觀，他如此寫道：「聖父上帝透過時間並在時間裏使祂的創造完滿實現。」[35] 換言之，上帝的創造就是一個在時間中促使萬有能夠各自完滿實現其所是的過程，在這個萬有最終各自完滿實現其所是的創造過程中，聖父既藉著聖子臨到這時間的世界，並成為此時間世界的一部分。同時聖父又藉著作為「創造的終成因」(the perfecting cause)的聖靈[36] 去完成創造－救贖的工作。簡而言之，根頓乃從三一上帝在時間中邁向將來的終末論的角度來形構一種三一論式的終末創造論或文化神學。如此說來，文化既是人在具體歷史時間中建構的產物，同時又是那位將其終末將來的時間帶進人類時間的上帝不斷轉化更新的創造成果。

六、普遍啟示與自然神學

一般而言，福音與文化或神學與文化的關係可以有兩種對反的觀點。其中一種是以游斯丁、阿奎那和士萊馬赫等為代表的看法，大致主張被造世界和世俗文化可被視為上帝的普遍啟示(General Revelation)，人可以藉著自身內的理性、經驗、想像、良知，透過上帝的普遍啟示來認識真理，這種文化神學也被稱為自然神學(Natural Theology)。

根頓解釋，中世紀的自然神學，不僅是關乎柏拉圖與亞里士多德之爭，或觀念實在論與唯名論之爭的問題，而且是關乎它們在理解中世紀的創造觀時所扮演的兩種不同的功能。

首先是本體性的功能，柏拉圖式的理型逐漸代替了上帝或基督為這個創造秩序扮演結構性和關係性的架構或中介。另一個是關乎知識論的功能，柏拉圖－亞里士多德式的觀念為上帝的理性和人的理性之間帶來一種非中介性的直接關係，人的理性已代替了基督和真理的聖靈，成為認識創造主和被造界的知識的中介者。[37] 簡而言之，這兩種功能是建基於存有的類比（analogy of being）這前題之上。

巴特卻代表對立的觀點，他極度反對這種建基於存有的類比上的自然神學。由此可見，如何理解普遍啟示的角色和功能，便決定了建構文化神學所採取的進路。

在上述兩種對反的觀點中，根頓藉著其三一論式的中介神學嘗試開闢第三條道路。正如上文提過，根頓以聖子和聖靈作為聖父與被造世界之間的中介者，這種做法在本體論上既否定了世界從上帝的本質直接流出的講法，切斷了上帝與世界本體上的連續性，也等於否認上帝和被造世界之間存在著一種非中介性的直接關係（immediated ontological relationship），從而保留了創造主和被造世界各自的獨特性和他性；同時又以由上而下的聖子和聖靈，代替了由下而上的人的理性經驗作為認識上帝的接觸點或中介者。如此，便否定了上帝和世界之間存有的類比關係，因而他跟巴特站在同一立場：拒絕了從自然神學的進路去建構文化神學。

不過，根頓又並非完全同意巴特的觀點，他們的分歧主要在於彼此對普遍啟示有不同的理解。對巴特而言，普遍啟示跟自然神學不能分割，若反對自然神學，就應該一併反對普遍啟示在認識上帝真理上的合法性。根頓卻認為巴特的問題正是混淆了自然神學與普遍啟示兩個觀念，根頓反對自然神學，卻支持普遍啟示在文化神學上有其存在的必要。

七、具中介性的普遍啟示與自然的神學

當然根頓的普遍啟示觀必須被安置在三一論式的中介神學的基礎上去理解，他所講的是一套具中介性的普遍啟示（mediated general revelation）。意思是人不可能直觀啟示，人這認知者必須透過另一中介者（或他者）獲得啟示。

說得清楚一點，根頓其實是想透過具中介性的普遍啟示去建立一套自然的神學。自然的神學和自然神學不同，根頓認為巴特縱然有一套創造論，然而卻欠缺一套自然的神學，由此看出巴特未能區分自然神學（Natural Theology）與自然的神學（Theology of Nature）之間的差異。[38] 自然神學在本體上建立在存有的類比之上，在知識論的層面上則建立在人類的理性經驗之上。然而，自然的神學卻是來自從上而下的啟示觀，並且以三一論式的創造神學為基礎，以聖子和聖靈（而不是人內在的理性經驗）作為上帝與世界之間本體論與知識論的中介者。

何謂「自然的神學」？根頓下了如此的定義：「首先關注的是那通常被稱為自然的神學：它是對萬物按它們的受造性（createdness）而本然地成為其所是的一種解釋。」[39] 既然「自然的神學」所關心的是被造物的受造本相，而受造物的受造性固然不可能跟創造主的本性相同，故此，「自然的神學」就必然不會建立在「存有的類比」這前題上。事實上在根頓的心目中，自然的神學就是一套來自具中介性的普遍啟示的創造觀。在這種強調上帝與世界的本體相異性的創造神學底下，具中介性的普遍啟示並非如自然神學般用來作為上帝存在的證明。具中介性的普遍啟示首先要啟示的是被造世界自己的受造性，也就是作為每一被造物本身的真正獨特的他性，而這真正獨特的他性就是被造物的本來面目或稱本相。

當然，它也可以進一步去啟示那創造萬物的主，不過其啟示的方式不是建立在「存有的類比」之上，正如根頓說：「上帝也許可以透過自己所創造的事物來啟示其自己，但不等於由此而推論説，我們能夠單單藉著獨力而為的理性（unaided reason）而識別出這真理。」[40] 正正由於被造物與上帝的本質相異，因此人永不可能僅憑自身的理性經驗，就可以從有限的現象世界推論及證成出一位超越的上帝及其屬性出來。對根頓而言，最多可以説只能從有限的受造世界的獨特性及他性中，啟示上帝就是那完全的祂者，正如根頓說：「故此，世界之所以能夠啟示其創造者，並非由於它和上帝（在本體上）有一連續性，卻是因為世界是獨特的、有差異的。」[41]

話説回來，「自然的神學」或「具中介性的普遍啟示」的首要任務，還是落在被造世界自己的受造性（或受造本相），在本體論及知識論上如何實現及開顯而被人認識的問題上。

毫無疑問，根頓必須承認這個被造世界之受造本性就是一切人類文化事業賴以建立的共同基礎。若然如此，剩下來的選擇就只有二擇其一：究竟應該順應世界之受造本性？抑或偏離、甚至扭曲世界之受造本性而建構人類的文化呢？根頓明顯作了如下的選擇：

> 創造論中跟我們有關的那一面，是關乎它在建立意義的普遍性結構上所能扮演的功能。就此而言，世界應是按著下面的方式被創造：在世界存在的方式，和人類理性與文化會令世界成為其所是的方式之間，最低限度有一種潛在的相符性（correspondence）。[42]

> 世界借助其成為建構文化的框架之能力來啟示上帝的存有，意思是，讓所有不同類型的人類思想、行動和藝術在世界內發生。事實如此，文化能夠成為世界的受造性的標記：「神看著一切所造的都甚好。」換言之，我想指出的是，世界存有的俗世面貌跟我們所關注的那些明顯具有宗教性的事物是相關的：好的藝術同樣地就是「具宗教性」的藝術。那些跟上帝本體上沒有連續性的事物，同樣可以因著他們受造的本性之是其所是，而述說上帝的權能和神性。[43]

根頓的意思非常清楚，人類文化應該朝著順應或實現世間萬物的受造本性這目標去建造和發展，如此才能彰顯上帝的愛和祂的榮耀。

八、朝向三一論式的文化神學

跟著下來的問題自然是：「世界上所有被造物的受造性是甚麼？」按一切被造之物的受造本性而言，毫無疑問，根頓絕對肯定它們各自都是獨特的，因此毋須否認這個世界的多元性。然而，根頓仍然深信：「在世上任何地方，還有一個相同的存有和理性結構存在。」[44] 根頓又引述杜倫斯的觀點，在創造主和被造物之間有一種平行或類比性的理性結構(analogous structures of rationality)，[45] 根頓這樣地形容這種理性結構：

> ……不是柏拉圖式理型或亞里士多德式因果性的樣式，而是三一論式的關係性。後者為上帝的存有和

> 世界的存有之間賦予類比性的關係提供可能性。世界啟示了創造者的手，如何將世界創造於合一與多元、關係性與獨特性這種不平凡的組合之中，而這種組合正正成為一些標記，從它們的類比中彰顯了三一上帝的合一與多元。[46]

> 正如我們曾經所提過的，並非要迴避理性給我們的挑戰，而是將它們建立在它們正確的根基上：不是要建立在非位格化的柏拉圖－亞里士多德式的結構上，而是要建立在上帝藉著祂的兒子和聖靈跟世界所構成的那種自由的位格化關係之上。正是這種三一論式的創造神學，讓上帝成為上帝，讓世界成為世界，儘管彼此各自是獨特的存有，卻透過創造主和被造物的位格性的中介作用而建立位格性的關係。[47]

如果三一上帝是整個受造世界(同時是自然世界及文化世界)存在的基礎。即是說，三一上帝內在自身的存在結構理應跟三一上帝在經世活動中的存在結構相符，既然三一上帝以上述的存在結構與這個世界發生關係，這個世界就理應自然地被賦予這種存在結構，三一上帝亦期待這個世界按照這種存在結構去運作。這個受造世界在本質上雖然與上帝本體相異，但在存在的結構上應該帶有三一上帝存在結構的痕迹或印記(marks)，根頓稱這種存在結構的痕迹或印記為三一式的超越性(Trinitarian transcendentals)：包括互滲互存(*perichoresis*)、從獨特性所理解的實體性(substantiality in particularity)和關係性(relationality)。[48]

這種從三一論觀念引申出來的三一式的超越性，不但解答了「受造萬物的被造性是甚麼？」這一問題。由此亦指出了俗世文化若能朝著順應或實現這三一式的超越性這目標去建造和發展的話，就是合乎上帝心意的「具宗教性」的文化。

此外，這種三一式超越性的存在結構，對神學如何與文化對話這課題也起了啟迪的作用，它為神學與文化對話提供了下列態度和原則：首先應肯定及尊重對話雙方各自的獨特性和彼此的差異性，一方面必須堅持基督教神學自身的獨特性；但同時亦要持開放尊重的態度去聆聽認識非基督教文化思想(他者)的獨特性。正正對話雙方充滿差異，觀點不同才需要溝通理解，才要對話。對話的目的並非為了要妥協或達成共識而消弭彼此之間的差異，對話除了讓我們了解認識對方之外，也包括要互相學習，彼此交流看法，甚至批判對方的觀點，當然包括讓自己更深入反省信仰，甚至進行自我批判。當然在尊重差異、開放與多元的同時，卻不能忽視在多元中的合一，否則就跟世俗的相對主義和多元主義分別不大，也許這就是三一論式的文化神學在回應後現代碎片式(fragmented)的多元世界時能作出最大的貢獻。

九、以語言為載體的文化神學

必須留意的是，當我們將文化神學扣著被造世界(尤其是人)的受造性和存在結構來討論的時候，就不能忽視「話語」在當中所扮演的重要角色。因為上帝正是藉著「話語」或「道」來創造世界，而且上帝的道更成為人身，成為受造世界的一部分來進行救贖及完成創造的工作。

事實上如何看待語言與知識論、語言與存有論的關係，成為今日研究文化哲學和文化神學必須要處理的課題。基本上所有進行文化研究的社會學家、文化人類學家、哲學家及文化分析的學者，都會一致贊成人類的語言在文化的塑造、交流和傳遞的過程中扮演不可或缺的角色，人對一切的認識必須依賴語言的幫助。伽達默爾說：「語言是聯繫自我和世界的中介，或者更正確地說，語言使自我和世界在其原始的依屬性中得以表現。」[49] 他又說：「在所有關於自我的知識和關於外界的知識中我們總是早已被我們自己的語言包圍。」[50] 可以說，人的存在和世界的存在，是透過語言來開顯和呈現其自己的。

根頓亦同樣意識到語言與知識論、以及語言與存有論彼此之間的關係。他如此說：

> 在各種現世的載體之中，說話是其中一種我們藉著它可以在我們與別人的人際關係中使我們成為我們如其所是的人。某程度上我們將自己視為本質上屬於對話的一部分也是說得過去的，我們也許會期待於我們成為怎樣的人之過程中，說話扮演著中心的角色。這樣說來，在各種媒介中，書寫文本是我們賴以塑造我們生命的一種媒介，它們或在言說，或不能成功地言說，都在塑造我們的真實性。[51]

在重申文化與神學的關係時，亦反映了根頓對「語言」的重視，他如此說：

> ……文化的其中一部分又無可避免地必然為神學反省的工作提供一個場景或語境。神學作為一門知性

的學問，跟所處的文化一樣採用一套共同的語言，
這樣說來，神學是而且必需是文化的一部分。[52]

根頓提到神學和文化的關係時，正正從語言入手去講它們的關係，神學與文化不能分離正在於大家都採用一套共同的語言。即是說，任何神學思考或神學反省的工作，都是以某一種具體的文化語言作為神學的載體，或者說上帝的言說(啟示)必須要以某一種具體的文化語言(人言)去表達及詮釋，換言之，任何神學家必須要在某一具體的文化語境上面去做神學。也可以這樣說，文化神學就是在神言和人言兩種不同視域(horizons)發生辯證或對話關係中不斷形成的。

十、具體性的知識論與基督論

既然神學家必須要在某一具體的文化語境上面去做神學，自然就需要談論神學的具體歷史性和文化處境性，正如根頓所言：「基督教神學乃建基於歷史之內，由此便為一種能整合而不是分離獨特性與普遍性、想像性／具體性與理性的知識論提供基礎。」[53]

按照根頓的意思，上述這種具體性的知識論(an Epistemology of the Concrete)必須建基於上帝的道(即基督論)之上。由於道成人身是一件獨特的歷史事件，這事件將代表普遍性的上帝和代表獨特性的人連結在一起，於是能夠成為整合獨特性與普遍性的具體性的知識論的基礎。

再者，上文提過的類比性的理性結構固然也不會以人的理性作為基礎，而必然以耶穌基督為基礎，因為上帝藉著祂使被造的萬有連結在一起，這種連結可以從基督的創造和救贖這兩方面的工作去理解。根頓堅持，聖父不但差遣聖子參

與救贖的工作，祂也藉著聖子（道）來創造世界。如此説來，聖子耶穌基督作為聖父創造及救贖工作的同一位中介者便將創造與救贖連成一體。根頓所謂透過基督將創造與救贖連成一體，他的意思是想表明聖父透過基督展開了創造的工作，但創造最終需要透過同一位基督的救贖工作方能真正完成。正如他説：「根據新約，創造透過基督進行，亦朝向基督而完成，意思是要説明創造是透過那位道成人身，以及成為創造秩序的一部分的基督來組織安排的。」[54]

道成人身的耶穌基督，完全投身及參與在這個具體的歷史時空的世界之內，成為這個具體世界的一部分。真人耶穌活在具體的時間及獨特的文化處境中，藉著具體的生命歷程來啟示上帝。故此，由這種獨特而具體的基督事件的啟示觀所建構成的知識論，很難不會是一種具體性的知識論了。

十一、情格性知識

上文亦曾經提過，事實上根頓批評過現代文化的其中一個問題是表面多元，但深層裏卻是對個體性或獨特性的壓制，因而呈現一種同質性。從知識論的角度去分析，上述這種現象乃源於希臘的理性主義，然後過渡到啟蒙運動以至於黑格爾的德國唯心論這一哲學傳統所強調理性的普遍化及抽象化的認知功能。[55]

針對這現代性知識論所導致的文化問題，根頓便借用科學哲學家波蘭尼（Michael Polanyi）的情格性知識（personal knowledge）的理論來思考基督教知識論的問題，從而試圖建立一套強調獨特性的具體性的知識論。

根頓借用波蘭尼「情格性知識」中「內住」（indwelling）這觀念來代替傳統知識論上「鏡式反映」（mirroring）之觀點。主張個人作為一個情格性的存有(personal being)「內住」於語言當中而與世界建立起一種認知溝通的關係，就好像耶穌「內住」於世界之中而與世界建立起一種認知溝通的關係一樣。這種「內住」的語言觀，正要提醒我們關於人－語言－文化世界及人－語言－上帝之間的認識關係，絕對不是各自抽離然後如實反映的客觀關係。任何理解的活動(包括神學反省這種理解活動)都不應該是一種從文化世界或從上帝中抽離出來的抽象活動，相反，它必須是投入具體變化的時序世界中的一種關係性行動。情格性知識正要告訴我們世界上沒有一種完全抽離肉體世界的非具體性知識(disembodied knowledge)。因此，「投身」(commitment)就是情格性知識的一個不可缺少的元素。「內住」根本就是一種「投身」的認知活動。

從詮釋學的角度而言，一種「內住」或「投身」的認知活動，必然牽涉「前理解」(pre-understanding)在認識活動上的影響力和有效性的問題。沒有「前理解」，人基本上就不能認識及理解任何事物。神學和文化之間的關係亦如是，任何一個做神學反省的人，不能避免的是他一直以來必定受他所身處的文化處境所用的語言來塑造，而這套盛載著某一獨特文化意識的語言基本上就是他需要「內住」於其中從而進入神學反省活動時的「前理解」。

如果說認識或理解必須是一種內住於具體偶然世界(contingent world)的一種情格性關係的活動，則這具體世界的偶然性必然成為理解活動的一部分。換句話說，偶然理性(contingent rationality)必然是所有知識的一種內在特性。正如根頓所說：「所有知識都是偶然的。」[56] 這種主張，正好幫助我們對啟蒙運動以來那種高舉人的理性可以獲得絕對無謬誤的知識(infallible knowledge)或普遍真理(universal truth)

這種全知觀點作出反省與批判。如果我們承認人需要依賴某一知識上的立足點才能認識外在世界，而人作為一個有限的存有，他也只能站在某一立足點上而不能同時站在無限的立足點上去認識外在世界。這就是伽達默爾的「偏見」(prejudice)的意思。這種「偏見」也就是任何人進行認識活動時無可避免的一種「前設」(presupposition)或「前理解」(pre-understanding)，當然這種「偏見」所提供理解的視域只能是有限的、偶然的、可錯的。因此，在認識的過程中，語言只是有限性及偶然性的痕迹或記錄。帶有「偏見」的理解因而要求我們認清人永遠沒有可能以上帝的全知觀點去完全掌握外在世界，更遑論能認識終極的實體。這樣説來，西方的基督教神學也可以理解為只不過是站在西方某些獨特的文化脈胳或語境中去認識上帝而已，同樣是帶有「偏見」的理解，同樣是有限的、偶然的、可錯的。

同樣道理，在神學與不同文化的對話過程當中，任何一方(包括神學家)都需要承認自己只能站在某一立足點上而不能同時站在無限的立足點上(或以全知觀點)去進行認識理解的活動。而神學家的「偏見」所為他提供理解的視域也無可避免只能是有限的、偶然的、可錯的。於是在神學與文化對話的過程中，人可否謙卑下來，帶著自己的「偏見」去開放地聆聽及尊重他者的聲音，在這種聆聽及尊重對方的溝通過程中，各自的「偏見」便得以互相修正，知識就在這種以他者為首出的溝通關係中孕育出來。

十二、聖靈作為終成因的文化意涵

根頓追隨愛任紐的觀點，主張聖靈是聖父創造行動的中介者。同時當他説聖靈「是上帝終末性的超越，是祂的將來，祂作為神並以解放世界的他者之角色臨在於世界之中，按照父神預先所決定而透過子來成就與實現的計劃，帶領世界朝著目標前進」[57]時，他其實是繼承該撒利亞的巴西流(Basil of Caesarea)的講法，主張聖靈是創造得以完成的終成因(the perfecting cause)。[58]

由此可見，根頓是從聖靈作為整個被造世界的終成因這觀點出發，從時間的向度，從上帝終末的將來來講被造世界所邁向之是其所是，即是世界如何在時間中實現其受造性。為何一定要從時間的向度來思考呢？海德格(Martin Heidegger)和伽達默爾這些思想家已向我們說明，人在時間中存在，表明人並不是一個靜態的存有，人在歷史中的存在是一個動態的過程，而人在歷史中存在時的活動，正正促使人類文化的出現，因此我們是通過人在時間中存在的活動來了解人類文化的歷史，正因如此，伽達默爾便認為歷史對於人之成為一個怎樣的人具有決定性的作用或影響力。

根頓也同意，根本就不可能有一種可以離開歷史傳統而存在的文化，當我們講文化的溝通、傳承或發展之時，就無可避免不牽涉過往的歷史傳統。正如根頓所說：「真理實在是時間的女兒。」[59] 事實上每一個人都屬於某一獨特的歷史傳統，傳統是構成人性不可或缺的元素，因此，人必須返回歷史傳統中去聆聽傳統的聲音。

然而，對根頓來說，不僅歷史傳統決定人之是其所是，或決定世界萬物之是其所是，或決定人類文化之是其所是。因為人類文化必然要建立在三一上帝在時間中的創造工作及成果之上，所以最終決定和塑造一切的是上帝，如根頓所言：「創造的意思就是上帝促使被造世界在時間中存在，而且是在時間中或藉著時間去引導世界朝向圓滿而實現，就好像一位藝術家要完成一件藝術作品一樣。」[60] 對根頓來說，創造工作是持續不斷地在歷史時間裏發生，而且是朝向終末性的將來才完成的。在這個過程中，聖靈作為一個獨特的位格(person)，作為一個超越時間卻並非跟時間對立的神聖他者，帶著將來終末性的應許臨到這時間的世界，這應許就是促使萬有在終末的將來最終各自完滿實現其自性或受造性。這就是上帝創造的目的，所以說聖靈就是使創造完滿實現的終成因。就此而言，就不僅是過去的歷史時間或傳統，更重要的還是上帝那終末性的將來，以上帝的時間轉化及更新人的歷史時間，從而決定這世界萬有的受造性。

基於此，在上帝的經世活動中，聖靈的工作或行動原來並非要貶抑當下這個具體的時空世界而高舉非時間性的他世彼岸，而是「在時間中實現將來要臨到的日子所需的各種條件。」[61] 聖靈成為此世時間與終末永恆貫通的中介者，在此時此地，聖靈已不斷對墮落的受造世界的文化進行轉化與更新的工作，藉以迎接那應許在終末的將來整個受造世界全然成聖的完全實現(perfection)。

註釋：

1 John Macquarrie, *Principles of Christian Theology* (London: SCM Press, 1994), 13.

2 Colin E. Gunton, *Yesterday and Today* (Grand Rapids: Eerdmans, 1983), 205.

3 這班人包括詩人歌德(Johann W. von Goethe)、赫爾茲(Henriette Herz)、施萊格爾(Friedrich W. Schlegel)等。

4 轉引自 Stanley J. Grenz & Roger E. Olson, *20th Century Theology: God & the World in a Transitional Age* (Downers Grove: IVP, 1992), 43。

5 士萊馬赫著，謝扶雅譯：《論宗教》，收於《士萊馬赫：宗教與敬虔》(香港：基督教文藝出版社，1967)，頁142。

6 士萊馬赫：《論宗教》，轉引自葛倫斯、奧爾森著，劉良淑等譯：《二十世紀神學評論》(台北：校園書房出版社，1998)，頁52。

7 Frederick Copleston, *A History of Philosophy: Modern Philosophy*, vol. 7 (New York: Doubleday, 1994), 17.

8 其中關於基督論部分 (即第四至第六章) 便是將二〇〇〇年 Sheffield Lectures 的講稿經修改後放在書內。

9 Colin E. Gunton, *The Christian Faith: An Introduction to Christian Doctrine* (Oxford/Massachusetts: Blackwell Publishers Ltd., 2002), iii, 175.

10 Gunton, *The Christian Faith*, 175.

11 Gunton, *The Christian Faith*, 176.

12 對康德來說，「一切我們的知識必須符合於對象」這種實在論的觀點必須受到批判。他主張應該反轉過來，認為「感取的對象必須符合於我們的直覺機能之組構」，即是「對象符合於概念」而不是「概念符合於對象」。從此，一切科學知識和客觀真理的可能性條件均訴諸於理性主體的先驗範疇(a priori category)和先驗原則。這是牟宗三先生在他所譯注的《純粹理性之批判》的第二版序言內，對康德「超驗觀念論」的核心思想所作精簡的詮釋。參康德著、牟宗三譯：《純粹理性之批判》(上)(台北：學生書局，1986)，頁32～33。

13 Gunton, *The Christian Faith*, 176.

14 Colin E. Gunton, *The Actuality of Atonement: A Study of Metaphor, Rationality and the Christian Tradition* (Grand Rapids: Eerdmans, 1989), 15.

15 根頓所講信仰客觀的向度包含兩層意思，除了正文所講的之外，另一意思乃在於信仰是經過歷代教會這信仰羣體公開辯論，然後將共同宣稱為真的信仰內容以信經或信條的形式表達出來，這也正是《基督教信仰》一書的結構跟隨初期教會信經的結構的原因。參 Gunton, *The Christian Faith*, viii～ix。

16 Colin E. Gunton, 'The Trinity, Natural Theology, and a Theology of Nature', in *The Trinity in a Pluralistic Age: Theological Essays on Culture and Religion* (Grand Rapids/Cambridge: Eerdmans, 1997), 90.

17 這句說話原本是古希臘哲學家普羅泰戈拉(Protagoras)的一句名言。

18 帕瑪著，嚴平譯：《詮釋學》(台北：桂冠，1994)，頁192。

19 在根頓其他的著作中有詳細討論，例如 *Enlightenment and Alienation*; *The One, the Three and the Many: God, Creation and the Culture of Modernity* 等。

20 參 Colin E. Gunton, *The One, the Three and the Many: God, Creation and the Culture of Modernity* (Cambridge: CUP, 1994), 6, 13。

21 參 Gunton, *The One, the Three and the Many*, 34, 38。

22 Colin E. Gunton, 'Knowledge and Culture: Towards an Epistemology of the Concrete', in *The Gospel and Contemporary Culture*, Hugh Montefiore ed. (London: Mowbray, 1992), 84.

23 參 Gunton, *The One, the Three and the Many*, 33～34, 103, 105～106。

24 Gunton, *The One, the Three and the Many*, 135.

25 Colin E. Gunton, *A Brief Theology of Revelation* (Edinburgh: T&T Clark, 1995), 50.

26 Gunton, *A Brief Theology of Revelation*, 50.

27 Gunton, 'The Trinity, Natural Theology, and a Theology of Nature', 91.

28 Gunton, *The One, the Three and the Many*, 1.(黑體字為筆者所加。)

29 Gunton, *The One, the Three and the Many*, 2.

30 Gunton, 'The Trinity, Natural Theology, and a Theology of Nature', 88.

31 Gunton, 'The Trinity, Natural Theology, and a Theology of Nature', 89.

32 Gunton, *The Christian Faith*, x.

33 Gunton, 'The Trinity, Natural Theology, and a Theology of Nature', 98.

34 Colin E. Gunton, 'The Spirit Moved Over the Face of the Waters: The Holy Spirit and the Created Order', *International Journal of Systematic Theology* 4, no. 2, (2002): 200.

35 Gunton, *The Christian Faith*, 119.

36 Gunton, *The Christian Faith*, 119.

37 Gunton, 'The Trinity, Natural Theology, and a Theology of Nature', 93～95.

38 Gunton, 'The Trinity, Natural Theology, and a Theology of Nature', 90.

39 Gunton, 'The Trinity, Natural Theology, and a Theology of Nature', 98.

40 Gunton, 'The Trinity, Natural Theology, and a Theology of Nature', 98.

41 Gunton, 'The Trinity, Natural Theology, and a Theology of Nature', 102. 固然，也可藉此而啟示出這完全的祂者對受造世界的愛，事實上惟有願意包容獨特性和他性的愛才是真正的愛，因著這種愛，而願意在其經世活動(economic act)中去與跟祂本質相異的被造他者建立關係。

42 Gunton, 'The Trinity, Natural Theology, and a Theology of Nature', 99.

43 Gunton, 'The Trinity, Natural Theology, and a Theology of Nature', 102～103.

44 Gunton, 'The Trinity, Natural Theology, and a Theology of Nature', 99.

45 Gunton, 'The Trinity, Natural Theology, and a Theology of Nature', 103.

46 Gunton, 'The Trinity, Natural Theology, and a Theology of Nature', 103.

47 Gunton, 'The Trinity, Natural Theology, and a Theology of Nature', 103.

48 參 Gunton, *The One, The Three and The Many*, 129～231.

49 伽達默爾著，洪漢鼎譯：《真理與方法》下卷(上海：上海譯文出版社，1999)，頁605。

50 伽達默爾著，夏鎮平等譯：《哲學詮釋學》(上海：上海譯文出版社，1994)，頁62。

51 Colin E. Gunton, 'Using and Being Used: Scripture and Systematic Theology', *Theology Today*, vol. XLVII, no. 3 (1990): 256.

52 Gunton, *Yesterday and Today*, 205.

53 Gunton, 'Knowledge and Culture: Towards an Epistemology of the Concrete', 93.

54 Colin E. Gunton, *The Triune Creator: A Historical and Systematic Study* (Edinburgh: Edinburgh University Press, 1998), 10.

55 參 Gunton, 'Knowledge and Culture: Towards an Epistemology of the Concrete'。

56 Gunton, *Yesterday and Today*, 143.

57 Gunton, 'God the Holy Spirit: Augustine and his Successors', 122.

58 巴西流在《論聖靈》中如此說：「聖父是一切受造物的根源性原因；聖子是創造性原因；聖靈則是那終成因。」引自 Colin E. Gunton, 'The Spirit Moved Over the Face of the Waters: The Holy Spirit and the Created Order,' *International Journal of Systematic Theology*, vol. 4, no. 2, 2002, 195。

59 Gunton, *A Brief Theology of Revelation*, 104.

60 Colin E. Gunton, *The Triune Creator: A Historical and Systematic Study* (Edinburgh: Edinburgh University Press, 1998), 12.

61 Gunton, *The Promise of Trinitarian Theology*, 50.

二

神學如何可能？

——在傳統與終末之間輾轉而生

鄧紹光

一

神學活動是一種怎樣的活動？英國神學家根頓（1941～2003）指出：「所有神學活動，都要受到聖經的測試，以及要來的時代所審判。」[1] 即神學活動是在一定的界限裏面活動的，這就是聖經和終末的限制（biblical and eschatological proviso）。這涉及了神學活動如何開始的問題。當然，這裏的開始並非時間意義的。無疑神學活動是在歷史時間中進行的，但在歷史時間中的神學活動如何可能是一種認識和言說上帝的活動？根頓指出了聖經和終末作為神學活動的界限，這中間含有的意思乃是，由界限而有空間，這空間正正是神學活動得以可能的條件。

值得注意的是，「傳統」在這裏扮演了十分重要的角色。神學活動是透過傳統來認識聖經的，聖經也是以傳統為中介而規限神學活動的。正如根頓所說：「之所以有神學，……全在於這樣的事實：福音以連續的傳統來表達其自己，如果這傳統太破碎，則是一可〔在破碎中〕被辨認出其連續性的傳統。就是說，這活動的空間並非一無所有的。」[2] 可是，另一方面，必須注意到這傳統並非已經言說徹盡真理的一切。否則，神學活動即不可能，因為這空間已經為傳統所填滿而成飽和，更嚴重的是，這背後隱含的立場乃已然實現的終末論(over-realised eschatology)，[3]認為真理已經全然朗現或實現而可徹底無遺地掌握及表達。這就涉及了神學活動向終末開放這一特性。本文嘗試以根頓的神學為焦點，探討神學活動的兩個面相：向傳統與終末敞開。從另一角度來看，正是傳統與終末使得神學活動得以可能。

二

神學活動為甚麼要回到傳統中去？為甚麼不直接回到聖經去？特別當我們說聖經乃神學活動的界限之一。一個簡單直接的答案是，傳統累積了豐富深厚的資源，值得我們參考、吸收，這樣的看法基本上視傳統為對話的伙伴，根頓亦有類似的表達。

> ……我們要嚴肅對待我們教義的過去，視之為活的聲音，要與之進行神學對話。嚴肅地對待的意思是，有時同意也有時不同意他們的看法。……因此，可以這樣辯說，歷史神學應該是一門神學的學科，不在於我們事先決定在其中尋找甚麼，而是因為我們所要接觸的先輩神學家，他們有些東西可以教導我們。[4]

在這裏，我們與傳統的關係是較為平等的，兩者之間的連繫只在於對話，在對話中聆聽和學習先輩的教導。但這卻不是必然的。即是說，我們與傳統之間的對話本身不是必然的，因為兩者之間不必然存在一種內在的關聯，從而要求我們不得不與傳統對話。然而，我們的傳統卻跟聖經有密切的關係，以致我們必需要跟傳統對話，甚至必需透過傳統來接觸和了解聖經。這樣，傳統就具有中介的身份，把我們跟聖經連接起來。根頓指出聖經之後的傳統具有一種後起、第二序的性格（secondary character），這是因為傳統是不斷倚靠先知和使徒的話語而活動的。[5] 傳統跟啟示的關係與聖經跟啟示的關係並非完全一樣，[6] 後者的關係是內在的，但前者的關係卻不是內在的。可是，根頓表示在傳統與聖經之間卻存在一種內在的關係，「因為沒有在傳統中的先輩，我們就不可能獲取先知和使徒所傳遞（mediate）的。藉著活在他們傳遞給我們的話語之中，透過他們，我們變成能夠接收他們所傳遞的。」[7] 因此，傳統乃中介，具有把聖經所傳遞的傳遞下去的功能。如根頓所言：「先知和使徒**所傳遞的**（*mediation*），必然要透過人類的給予和接收的過程來**傳遞**（*mediated*）。」[8]

在這樣的理解底下，神學活動就必然包含接收傳統的舉動，並且轉過身來成為傳統而繼續傳遞。這種接收的舉動必然是開放的，神學活動若非對傳統敞開則不可能接收傳統。離開了傳統，我們就失去了領受真理的可能。這裏涉及了真理與時間的關係。根頓清楚表明：「傳統的問題乃時間的問題。」[9] 一方面，傳統所傳遞的真理要靠將來才能證實的，因而真理乃永恆的女兒，[10] 但另一方面，真理「也是時間的女兒，因為時間的流轉、傳統的修剪為我們留下了問題的暫時答案，這些問題就是我們所接收的事情是否真確、在甚麼意義上是真確的」。[11] 前者要求傳統開放自己、並不具有權威去解釋自己，[12] 後者要求真理在時間中啟示其自己，並敞開讓繼後的時間和歷史去了解、解釋。[13] 因為獨特及不能重複的歷史，即歷史的啟示，其意義並非透明的，[14] 所以就有需要解釋。根頓自己明言：「……然而，有可能讀過之後卻不明白，不能確定和明白寫的是甚麼。聖經需要被解釋。」[15] 一個對歷史中啟示的真理進行解釋的傳統，就變成為必要的了。

要注意的是，在歷史時間中的傳統並非真理本身，而只是對真理暫時的解釋，因而不是絕對的，雖然是必要的。這就要求傳統具有開放性，而不能以為傳統能夠傳遞「全部的」上帝的話語，[16] 否則，就是對傳統的**內容**有著早熟的信心，[17] 結果出現了扭曲的情況，使傳統成了封閉的、靜態的、鐵板一塊。就神學活動而言，則只需重複傳統所講的一切，在接收傳統之餘毋須作出任何解釋。這樣就把神學活動化約為教條的宣稱，因為傳統在這裏成了僵硬的教條。反之，傳統跟信仰的真實並沒有一種一一對應的關係，根頓甚至指出先知和使徒跟啟示之間的關係亦只是相對的權威，在形構(formulation)與實在(reality)之間並無任何「一一對應」的關係。[18] 根頓更進一步引用杜倫斯來確定傳統教義與信仰實質內容(the substance of the Faith)之間的分別，因為我們只愛慕地尊敬在耶穌基督裏所啟示的上帝的真理。[19] 然而，正因如此，神學活動方才得以可能。我們可以這樣說，傳統因真理的歷史性而成為必然的，但傳統也因真理的終末永恆性而成為暫時和相對的，而在這必然與開放之間所形成的空間之中，就是神學活動的場所，或者換另一種說法，神學活動之所以可能，乃在於傳統的必然性與開放性。

三

上一節論到傳統必須是必然的和開放的，那麼神學活動方才可能。如果我們認為「教會中的傳統是一個賜予與接收的過程,在當中信仰的沉積(the deposit of faith)——基督羣體的教導和倫理——被接收、解釋並透過時間而傳遞下去」,[20]那麼就必須重視其開放性,然而,這開放性如何可能呢?怎樣才能避免陷入封閉僵硬之中呢?我們必須重視「真理乃永恆的女兒」這一看法。這裏的永恆乃指終末的將來。換句話説,在終末的將來面前,一切對上帝的言説、對信仰的解釋,都不是最終的,這就產生兩種效果。首先,這終末的界限否定了教義傳統的絕對性和終結性,開啟了神學活動的可能。再者,這界限也同時為神學活動劃下界限,否定其有可能建立一無所不包的系統來闡釋淨盡上帝在基督裏所啟示的。它起著防止神學活動建立知識偶像的作用。事實上,也只有這終末性才能保證傳統及神學活動的開放性。

根頓曾經從另一角度來探討這一問題,就是系統神學的系統性格。他特別舉出黑格爾(G. W. F. Hegel)為例來表明系統的僭越性。黑格爾基本上認為他的同輩士萊馬赫虧蝕了傳統對啟示與理性的重視,他強調「基督教是啟示的宗教(revealed religion),在本質上乃理性的精神(rational Spirit)這一上帝所啟示的,他以啟示為規劃的基礎進而闡述神聖的真理為高級的理性的真理,而事實上,這乃普遍的真理」。[21]黑格爾崇尚理性,以理性為上帝的內容,因而上帝乃理性的精神,其啟示的舉動乃理性精神的自我揭示,然而,亦只有精神才能掌握其內容。是以,「看來十分合理,甚至毫無異議地堅持:系統神學是人的精神的工作,我們本性中這一精神的官能或向度應對上帝的精神(the Spirit of God)」。[22] 因此,根據祈克果,黑格爾的罪行乃是嘗試把不能化約成系統的加以系統化,因而就證明其為偽假的。[23] 根頓就此提出了反問,並申論系統神學的特性:

> 我們是否可以說，黑格爾太早實現終末論，而祈克果可說是拒絕實現這一切？……系統神學的問題乃終末論的問題，我們的知性建構究竟可以預期這給予我們的終末圓滿的知識有多深遠？[24]

撇開這種把啟示置於理性之下而任其擺布的僭越行動不談，就其對神學活動來說，即產生了終止思考的結果。當上帝的精神可以在理性中全然開啟其自己而為理性的精神，那人的理性即因其為理性的緣故而可以完全充分掌握上帝的內容。神學活動如果就是這一理性的活動，那麼它就是一成永成的，它就已是終末完成的。一方面真理已經全然展現而為終末的，另一方面人類理性亦已經全然掌握此一真理而為終末的。終末就表示圓滿實現，再無虛欠。這樣一來，神學活動即臻圓滿之高峯，毋須再對傳統進行任何接收、閱讀、解釋，它終結了傳統；不單如此，它也終結了以後一切的神學思考，而毋須任何開放，因為在其面前已經再無空間開放讓其進入，它自己為自己劃下了圓滿的句號。

是以，根頓表示系統神學家其中一個試探就是想要較所保證的知道更多，[25] 即嘗試在上帝的經世啟示所劃下的界限之外知道更多上帝的內容，這也就是否定了神學活動中的終末性界限，並由此也否定了神學知識的信靠和期盼特質。[26] 根頓提醒我們不能逃避基督教系統神學其內容所具有的經世結構，但這卻是許多神學嘗試的做法。[27] 上帝的經世啟示正正表示了上帝的可知性和不可知性，並劃下了終末性界限，而神學活動之所以可能就只在這上帝的可知性與不可知性之間，並在這終末性界限之內。

> 上帝透過揀選以色列和道成肉身而可知，這可知是在祂自己所設定的界限之內的。……祂在人身上所作的事〔引按：指道成肉身〕表示他事實上是可知的，……人的知性不能也不可以擠過這〔道成肉身的〕化裝，以及不可以繞過道成肉身所決定的可能性，道成肉身因而同時決定了人對上帝的認識其實在(reality)及界限。……這種對上帝的認識的界限是基督論式所劃定的教義，而非哲學式的。道成肉身因此也置定了終末的界限，因為主再來(*parousia*)的應許乃是那普世及不可避免對上帝的知識，但仍然是基督論的中介式知識。[28]

根頓上述一段說話，清楚表明了上帝在基督的道成肉身的經世活動中，劃下了認識上帝的終末界限。這裏的終末界限乃一由可知的上帝知識來設定的，因此它同時劃分了可知與不可知的界限，而神學的活動則必然是在這界限之內進行的。終末的界限使得在歷史時空中的神學活動成為可能，終末的界限使得道成肉身所開啟的真理並非封閉的，而聖經與信經等傳統亦是開放的。由於終末界限乃真理的經世活動本身的結構，是以，若要對應此一真理的實在本相，則神學活動必然要對真理的終末性開放其自己。

四

神學活動固然並非憑空臆測，但也不是處於一種全然掌握對象的情況之中。憑空臆測的神學活動意味著無任何界限限制之，全然掌握對象的神學活動則表示活動的空間是狹窄而封閉的。本文主要介紹根頓對神學活動的了解，指出其空間乃由兩方面的限界來決定，從而使得神學活動乃一顧後瞻前的敞開性活動。

就傳統來說，其作為信仰羣體，即教會，對上帝在基督裏的經世活動的閱讀和解釋，是神學活動所不可少的，雖然是相對的而非絕對的。這種必要性乃在於上帝的歷史活動本身所具有的奧祕或是多層面性，[29] 換句話說，真理的經世性並非完全透明亦非全然徹盡，這就進一步涉及真理的終末性。在終末的界限底下，神學活動得以不斷開展並累積沉澱而成傳統；同時亦因為在終末的界限底下，一切的傳統雖然是了解真理的必然中介但卻不是絕對的真理，所以神學活動得以持續不斷。因此，根頓說：真理乃永恆的女兒，也是時間的女兒。而神學活動，乃是在終末永恆的界限及由其所開展累積而成的傳統這界限之間所形成的空間之中，不斷瞻前顧後，以對應真理的歷史經世性與終末永恆性。

註釋：

1 Colin E. Gunton, 'Dogma, the Church and the Task of Theology', in Colin E. Gunton, *Intellect and Action* (Edinburgh: T&T Clark, 2000), 2.

2 Gunton, 'Dogma, the Church and the Task of Theology', 17～18.

3 Gunton, 'Dogma, the Church and the Task of Theology', 18.

4 Colin E. Gunton, 'Historical and Systematic Theology', in *The Cambridge Companion to Christian Doctrine*, ed. Colin E. Gunton (Cambridge: CUP, 1997), 5～6.

5 Colin E. Gunton, *A Brief Theology of Revelation* (Edinburgh: T&T Clark, 1995), 101.

6 Gunton, *A Brief Theology of Revelation,* 101.

7 Gunton, *A Brief Theology of Revelation,* 101.

8 Gunton, *A Brief Theology of Revelation,* 102.

9 Gunton, *A Brief Theology of Revelation,* 87.

10 Gunton, *A Brief Theology of Revelation,* 88.

11 Gunton, *A Brief Theology of Revelation*, 88.

12 Gunton, *A Brief Theology of Revelation*, 94.

13 Gunton, *A Brief Theology of Revelation*, 101.

14 Gunton, *A Brief Theology of Revelation*, 93.

15 Colin E. Gunton, 'I know that My Redeemer Lives', in Colin E. Gunton, *Intellectual and Action* (Edinburgh: T&T Clark, 2000), 51.

16 Gunton, *A Brief Theology of Revelation*, 96.

17 Gunton, *A Brief Theology of Revelation*, 97, 103.

18 Gunton, *A Brief Theology of Revelation*, 101.

19 Gunton, *A Brief Theology of Revelation*, 101.

20 Gunton, *A Brief Theology of Revelation*, 103.

21 Colin E. Gunton, 'A Rose by any Other Name?', in Colin E. Gunton, *Intellect and Action* (Edinburgh: T&T Clark, 2000), 33.

22 Gunton, 'A Rose by any Other Name?', 33.

23 Gunton, 'A Rose by any Other Name?', 34.

24 Gunton, 'A Rose by any Other Name?', 35～36.

25 Gunton, 'A Rose by any Other Name?', 32.

26 關於這方面，參 Gunton, 'I know that My Redeemer Lives', 55～57。

27 Gunton, 'A Rose by any Other Name?', 39.

28 Gunton, 'I know that My Redeemer Lives', 56～57.

29 Gunton, 'A Rose by any Other Name?', 43.

三

神聖與自然

——根頓的「自然神學」

郭偉聯

一、巴特的「不」與「自然進路神學」的懸念

現代神學巨擘巴特的著述，毫無疑問為神學在「去魅化」(de-enchanted) 的現代社會中找著立足點。可是，他在駁斥卜仁爾 (Emil Brunner) 有關「自然進路神學」(natural theology)[1] 的討論時，對這進路的可能性強烈地、直截地說了「不」(*Nein*)。[2] 巴特的「不」令人懷疑他的神學系統是否隱藏著上帝啟示與自然及理性的深層割裂，令他的神學成了一座關於形而上、虛無飄渺、與造物無關的三一上帝的「空中樓閣」。[3]

根頓教授的神學是以巴特研究起家的。[4] 如此，他如何處理神學與自然的關係，其方法及論點與巴特有何不同，這本身便是一個值得注意的神學議題。本文旨在介紹根頓有關「自然神學」(theology of nature) 的見解，評述其貢獻，及初步討論將這種自然神學概念應用於思考基督教與中國文化相遇可產生的作用。

二、「自然進路神學」與「自然神學」

當神學家談及神學與自然的關係時，常常會將傳統的自然進路神學作為最重要的課題。根頓分析，「自然進路神學」

關注上帝在自然中的「普遍啟示」(general revelation)，它的核心乃認定人本身的理性能認知上帝。[5]只是，它所提及的「理性」其實帶有強烈柏拉圖式「理型」(forms)的色彩。它認定「理性」乃存在於上帝對造物的設計之內，而人擁有「上帝的形象」則是指他具有「理性」的能力，上帝則被視為「最高的理性」(supreme rationality)。因著這哲學傾向認定人的理性及物質世界，都反映著永恆上帝理性的「理型」，故它繼而相信人的理性有其自然而然認識上帝的能力。[6] 可是根頓指出，自然進路神學所倚重的希羅式思想在啟蒙運動以後已遭受嚴重挑戰；而且主張某種事物乃知識絕對的根本，必然會被人批評為「知識基礎論」(foundationalism)，也無法面對後現代知識論強調「個殊性」(particularity)的挑戰。[7]從這些言論中，我們可知根頓絕不會對自然進路神學說「是」。

根頓不認同自然進路神學，並不表示他對神學與自然的關係撒手不管。他認為若我們想弄清「普遍啟示」及其有關的問題，我們不應重返「自然進路神學」的舊路，而是需要發展「自然神學」論述。根頓的自然神學可說是他對基督教思想自奧古斯丁以來，神學與自然之關聯的發展與斷裂的反思與回應。他的自然神學差不多涉及教義學所有的重要範疇：創造論、救贖論、啟示論及三一論。本文將首先介紹根頓對創造論的見解。值得注意的是，「自然神學」對他來說，其實與創造論並無二致：「自然神學(theology of nature)：一個有關事物——按著其受造性(createdness)——自然而然是甚麼的論述。」[8]

三、神學、創造與自然

1. 根頓對聖經中創造經文的分析——中保神學

根頓指出，聖經中的創造敘事其實早已包含著一個精妙的「中保神學」(theology of mediation)。[9] 在他的著作中，他曾分析了新舊約聖經多處經文：創世記一章、詩篇三十三、一〇四、一三九篇、約伯記三十八至四十一章、以賽亞書四十章28節、羅馬書四章17節、歌羅西書一章16節、希伯來書一章2節、十一章3節，以及啟示錄四章11節。[10] 根頓認為，聖經的記載明確地指出，造物本身並沒有任何內在的必然性、永恆性或結構支持其存在。即或是古代異教神話具有永恆性(神性)的太陽與月亮，它們在聖經中其實都只是上帝意旨下的造物。如此，一切造物之所以存在，乃是由於上帝超越的(transcendental)自由旨意(free will)而造成，造物其實是彰顯著上帝的自由與統管。造物世界是上帝藉聖子及聖靈「從無到有」(*ex nihilo*)創造而成：「創造就是建立(establish)，是將某些先前並不存在的東西使之存在」。[11] 因此，從其本體(ontological)而言，它並不能在脫離上帝的情況下，找出其自己存在的理由與結構。[12]

造物是上帝自由旨意及統管所造成，它是透過聖子及聖靈的「中保」(mediation)而達成的。根頓指出，新約聖經中有關上帝的「道」與創造的描述，將舊約創世記的創造敘事指向基督，保羅書信及希伯來書更明確地描述世界是藉著聖子耶穌基督造成。根頓認為，聖經說上帝「藉」(through)聖子創造萬有，萬有「靠」聖子「而立」(upholding)，其實表明基督教的創造觀，並不能接受造物是一個由「理性」啟動後便能自然運作的「機械」式論述。相反，造物從開始到如今都是在聖子的「中保」下運作，它是「藉」聖子而造成，到如今仍然「靠」聖子「而立」。[13] 同樣，他認為聖經的經文表明造物是活在聖靈的「中保」之下。聖靈是生命氣息的賜予者，造物如沒有了上帝的靈的照管，它們便會滅亡。到新約，聖靈是新生命的賜予者，祂也在轉化著造物，並引導萬物進入世界終末的更新，重新與上帝建立緊密的關係。因著聖靈賜予、維持與轉化生命的工作，及造物因祂而與上帝保持著的聯繫，我們可説造物是透過聖靈的「中保」而造成及存活的。[14]

2. 創造、人的「上帝形象」與關係性

聖子與聖靈在創造中的「中保」，讓根頓有著一個立足點，從創造觀念進一步反省人作為擁有「上帝形象」的造物的意義。根頓反對傳統以來，以「理性」(reason) 作為人的「上帝形象」的觀點。[15] 他認為，有關「形象」的討論，其實是與「位格」(person)[16] 的概念有關。因為從本體而言，上帝是「完美契合的三位格」(three persons in communion)，而且祂是真真實實的存在。從這角度出發，我們會發現三一上帝的位格其實是從其密不可分的關係性 (relatedness) 中，彼此賦予其他兩位格個殊性 (particularity) 與自由而來的。同樣，從創造工作裏，我們可看到創造的重點也是在於上帝從其密不可分的關係性 (relatedness) 中，賦予造物個殊性與自由，同時又維持著祂與它們的關係。[17] 根頓依此進一步斷定，從創世記的經文來看，人的「上帝形象」其實是指人活在一個「關係性」的實在中：

> 按上帝的形象被造是被賦予某種獨特的主體實在 (personal reality)。成為主體 (person) 便是按上帝的形象被造——這是問題的重心。若上帝是密不可分地彼此相關的完美契合主體 (persons in communion)，那麼……説人的本體 (being) 是存在於我們與他者的關係性之中肯定是正確的。[18]

根頓進一步指出，人具有上帝的形象——「關係性」有著兩個指向。在「縱」的層面，人的上帝形象在於他／她與上帝的關係。人與上帝的關係性展現在他／她是藉著聖子和聖靈而被造。同樣，因為人犯罪墮落，這關係性也展現於人藉著聖子和聖靈而來的救贖。因著救贖，人的「上帝形象」才能得以更新與重造。在「橫」的層面，上帝造男造女及設立家庭令人與人之間有緊密的契合關係，而人對世界則有著「管家」的關係：「作為上帝的形象是與上帝在一個跟祂與其他造物不同的關係之中，因而其與其他造物的關係，是與造物彼此之間的關係不同。」[19] 這些關係——「形象」，讓我們看到人其實是肖似上帝般，活在一個彼此相愛及互相服侍的實在之中：[20]「成為人是被上帝所言及(addressed)，被呼召進到與祂、與同儕、與造物的獨特關係中。」[21]

因此，我們可發現，根頓認定造物是活在一個「中保」(mediation)的境界之中。有趣的是，「中保」的狀況亦展示了上帝與造物之間的「關係性」，這關係性又展示人的「上帝形象」正是在於他／她活在類似的「關係性」中；最後，關係性又顯示著三一上帝自身內在位格的契合(persons in communion)。如此，根頓的神學論述在「中保」及「關係性」兩個概念底下，整理出一個獨特的神學信念：造物與上帝之間雖然迥然不同，但造物卻是活在上帝賜下的關係之中，它們與祂也並非彼此割離——自然與神聖並非分割對立的。因此，根頓說：

> 上帝藉著祂的子和靈的力量(energies)，同時保持與越過了〔創造者與受造物間的〕那空間；並藉著它們致使並容許世界按其本身自然存在……全宇宙——所有並非上帝的事物——是真真實實地按其本

身被造的，是一個與上帝迥然不同的領域，因為它是由上帝中保的(mediated)及主體的(personal)關係所建立。[22]

3. 創造、救贖與三一

上帝創造的工作展現造物與祂的「關係性」。因著這關係是藉著聖子和聖靈而來，而子和靈在創世與救贖工作裏，同樣在上帝與人之間發揮著「中保」的作用，故此創造與救贖並不是兩不相干的。

根頓讚揚巴特以「約」(covenant)來將創造與救贖連接起來，是巴特神學對二十世紀神學的重要貢獻。[23]但他認為巴特的進路，最大的缺點是他仍重複著西方神學的趨向，將創造的重要性置於救贖之下，以致危害整個物質世界內在價值及地位。根頓認為我們必須確立造物世界——這個上帝施行救贖的場所——其本身之善何在。[24]他引用費爾巴哈(Ludwig Feuerbach)的說話來形容這問題：「對基督徒來說，自然及世界是了無價值及意義的，基督徒只是關注自己，關注他自己靈魂的得救。」[25]他認為費爾巴哈的說法雖然誇張，但無疑指出了西方傳統神學創造論的弱點。不過，我們並不可單純地以為，只要用創造來代替救贖在神學的位置便能糾正這問題。他認為如將創造與救贖割離，繼而強調創造的重要性，最可能出現的情況便是將造物某程度地「神聖化」，引人敬拜造物而非造物主。[26] 根頓提議，我們如要一方面肯定創造的價值，另一方面認定造物需要上帝的拯救，我們便應強調創造為上帝的企劃(project)這概念的重要性。

根頓說：「創造乃上帝的企劃，是一塊待琢的璞玉，由上帝與那些被祂託付與賦予能力的，將之塑造成美、真、善的東西。」[27] 創造是一個「企劃」，它並不是「樂園」(paradise)——一個已絕對完美的境地，它需要時間去完成上帝賦予它的目的：榮耀上帝。西方傳統神學常視人類墮落前的被造世界為「樂園」，以致墮落後的物質世界被看成失去價值，而有價值的部分只是人的靈魂。但根頓認為，創世記的經文顯示伊甸園是「園圃」(garden) 而非樂園。造物就如園圃裏的植物或一件藝術品，本身已有其價值，這價值涵蓋它們的物質及屬靈部分：

> 創造就如一件藝術作品，是一個企劃。上帝是因它本身的緣故而定意創造它，而非祂需要它⋯⋯因此，宇宙是上帝的愛的結果，但這結果並非必然。它的存在並非必然，而是偶然的(contingent)。這意味著⋯⋯世界是因為它本身就是一個存在的領域(realm of being)而被賦予意義。這正如創世記所言，它是「甚好」，而非只得部分是好，或只是達到某個目的的手段。它是好的只單單因它的是(is)及應是(shall be)——創造秩序。[28]

從「園圃」的角度去理解創世記的經文，讓我們明白創造之工是在時間內進行的。創造本身並非永恆(在時間以外)的作為，是永恆主進到時間、在時間內的作為。「園圃」的類比顯示，造物需要時間及養護／雕琢來達至園丁／藝術家企劃中的模樣。在這類比下，創造並不需與救贖對立，創造與救贖其實可以是上帝整個企劃內的不同部分。亦如此，救贖並不是單單關於靈魂，也不是單關於人類，而是整個天地萬物與上帝的復和與更新，使造物能榮耀祂。[29]

如我們能正確地看待創造論，我們便能發現聖經教導基督不單是救贖的主，祂也是創造的主。進一步來説，如我們能正確地闡述基督論與創造論的關係，我們便能糾正那認為人類的救贖是與其餘造物無涉的誤解。以弗所書一章10節告訴我們，上帝不單藉著聖子的救贖與人復和，祂也是與天上的、地上的及一切的都復和。[30] 基督的道成肉身更告訴我們，罪並不是上帝的造物有所缺陷，而是造物本身背離上帝產生的後果；因為那個成為人的基督耶穌，正正能超脱罪惡。另外，道成肉身亦表明上帝的救贖，是成全造物而不會使造物本身受到扭曲；因為那個能救贖造物的基督，是不折不扣的上帝，也是不折不扣的人，而更新萬物的聖靈，同樣是那使萬物獲得生命的靈。聖子及聖靈在創造及救贖中都是造物的「中保」，使上帝創造的「企劃」得以完成。認定創造是上帝在時間以內的企劃，我們便能重新明白上帝其實從創造至救贖都在時間以內的造物界中，藉著聖子和聖靈的「中保」施行祂的作為：創造、護理、救贖與更新萬物，使它們能成為合適的祭物，獻與並榮耀造它們的上帝。[31] 如此，創造與救贖並不會斷裂，人從救贖認識上帝，與他／她從創造認識上帝並不會是截然兩樣的東西，因為無論是創造與救贖，人都是活在聖父的掌管，並聖子和聖靈的「中保」之下。

根頓的自然神學不單將創造與救贖連結起來，也教導我們三位一體的真理。自然神學強調上帝透過聖子和聖靈的「中保」，顯出父上帝在創造與救贖中對造物的掌權。我們正正是因著「中保」的工作，可以認信上帝是三位一體的。因此，根頓説：「三一神學是建基於相信父上帝與世界的關係是藉子和靈(即愛任紐所言父上帝的『雙手』)創造與拯救的工作而成的。三一論……是由上帝在創造、復和與救贖裏的參與而引申出來的。」[32]

總結而言，根頓的自然神學指出，人及造物的「自然」狀態就是他／她們活在三一上帝「中保」而來的關係中，「自然」並非某些與上帝完全無關、與「神聖」相對立的結構或事物。

四、自然神學與信仰

1. 自然神學與啟示

對現代人來說，「神學的」(theological) 或「啟示的」，與「自然的」(natural) 或「非啟示的」／「理性的」常常被視為對立。[33] 根頓指出，神學與自然現今斷裂，其實與創造論的希羅化及其在中世紀以後遭受到嚴重的挑戰有關。根頓的自然神學嘗試重建一個能展示神學知識與自然知識彼此關聯的創造論。他認定造物由始至今，都是在三一上帝的「中保」之下，活在上帝賜給造物的關係性之下。他由這關聯指出，所謂普遍啟示 (general revelation) 或自然啟示 (revelation of the nature) 其實是由創造論引申出來。普遍啟示並非是一種與特殊啟示或聖經啟示互不相干或平衡的啟示，反之，它是由聖經的啟示衍生出來的。[34] 這種有關自然與神學之關聯之所以可能，是因為根頓認定世界是上帝的造物。創造如能啟顯上帝，並不是它自己本身擁有任何柏拉圖式的內在永恆結構，而是由於上帝是創造的主。人是透過聖子及聖靈工作的「中保」(mediation)，看到上帝在自然中的啟示。因此，我們並不需要一套自然進路神學。更值得注意的是，揚棄希羅式自然進路神學而轉向自然神學的「中保」觀念，其實與當代哲學反省的發現十分符合。根頓指出，維根斯坦 (Ludwig Wittgenstein) 後期的哲學便主張知識是透過主體彼此互動和中介 (mediation) 而來，「知識」的限制——包括神學知識的限制（上帝的「不可知」〔unknowability〕），並不是如自然進路神學所設想般，由於人內在理性的能力少於上帝特殊啟示的能力所造成，而是主體在彼此關係中互動的自然結果。[35] 因此，當我們突破自然進路神學對柏拉圖式「理性」的迷思後，便可以發現無論自然知識、神學知識，甚或人的自我認識，其實都是一個主體彼此互動的過程。[36] 如此，神學知識與自然知識其實並不割裂，它們都在展現創造主與造物之間的關係與中保。

2. 自然神學與受造倫理

根頓認為他的自然神學不單能重整神學知識與自然知識的關聯，也能建立一套受造倫理（ethic of createdness）。根頓認為，現代人類的生活態度，或是過分相信其能操控物質，或是視宇宙為一個龐大的機器，因而生活在一種決定論（determinism）的思想下。相反，自然神學強調造物乃上帝的企劃，強調物質具有價值，也強調宇宙的發展是朝向上帝所計劃的完美進發（重要的是，上帝的計劃是充滿恩典及愛，祂藉聖靈及聖子的「中保」，使造物能不違反其造物性而臻至完美），而非步向死亡，人類因此並不是操控著物質或被物質所操控。由「自然神學」出發，人類便不須活在宰制或被宰制的倫理底下，人的活動都是在上帝那充滿恩典、盼望的企劃之內。[37]

除此以外，根頓嘗試以他的自然神學來回應當代有關神學創造論貶低或扭曲生態倫理的指責。他認為當代有關生態環境的討論有將自然界提昇到神聖的趨向，因此對基督徒來說並非選項。[38] 並且，當代神學家有關「生態危機」的討論，其實有著兩個問題：首先，他們忘記了從神學而言，造物的「護理」（providence）其實也是上帝的工作，而並非人的努力而成。其次，生態神學那種相信人的能力能力挽狂瀾於既倒的氣慨，與人任意剝奪生態資源的心態並無異樣，它們都是一種以人類行動為至上的心態。[39]

根頓相信有關造物的倫理並不能以單一的範式或理念涵蓋之，因為造物本身是多樣化的。例如「生命」這概念，人類的生命、動物的生命或植物的生命便有所不同，亦有一些造物並不能說它們擁有生命，但卻存在於自然界中。根頓認為自然神學指出，造物其實是上帝的企劃，上帝對造物有祂的旨意與目的，造物本身亦是好的，而人則有其管家責任，最重要的是，因著人的墮落，「苦罪」(evil)是存在造物之中。因此，受造倫理的重點在於展示創造秩序——上帝藉聖子及聖靈的中保。它並沒有一套無所不包的方案來指定人如何對待造物，它卻要求人在各種各樣的活動中，以榮耀、敬拜上帝為中心，並且坦誠面對「苦罪」的存在，提醒人需要活在聖子及聖靈的中保下，以使造物能在人類的管理下趨於完美，成就上帝終末的旨意。[40]

這論述的優點是保有創造秩序的豐富與多元，這是泛神論或機械論宇宙觀所無法比擬的，因為兩者最後皆會成為一元式霸權論述。[41] 當然，我們可以批評根頓並沒有處理具體的生態倫理議題與方案，但他其實正在嘗試將創造、救贖與倫理三個範疇加以整合論述，這整合正是我們值得注意的地方。

3. 自然神學與自由

根頓曾說，他的自然神學論述的「王牌」是「自由」。[42] 根頓指出，後現代思想所鼓吹的多元其實最終只會引來霸權，並不會帶來真正的自由。[43] 相反，他這套強調「關係」及「中保」的自然神學，一方面能保持知識能有其統一性（unity），但不失其多元（diversity）。同樣，上帝與造物之間，彼此有著關係性（relationality），但不失其個殊性（particularity）。並且，上帝的中保工作讓造物按著其本身的受造性存在，而且被上帝視為祂的「他者」（others），因此保障了它們的自由。[44] 除了回答後現代思潮有關多元的訴求外，我們可看到根頓其實在嘗試處理改革宗神學，有關上帝主權與人的自由的矛盾。改革宗神學因強調上帝主權，令人究竟有沒有自由成為一個難題。根頓的自然神學嘗試指出，上帝的主權並不會破壞造物的自由，因為上帝的主權是透過符合造物受造性的中保工作而來；而且由於中保，上帝在與造物的關係互動中，視造物為實在的他者，為實在的個體，造物因此保持了自身的自由。

不過，我們值得注意，根頓其實將自由這概念放在「關係」互動的框架下思考。他說：「自由是由相交引申出來的⋯⋯我們的自由其實是由我們的個殊性所賦予。但除非我們是在與鄰舍的愛與團契中，我們並沒有人能真真正正成為個別的主體。總的而言，自由與失去自由都是由我們與他者的關係而來，特別是與那神聖他者——創造主而來。」[45] 因此，我們是自由的，對根頓來說並不是指我們具有自由意志來作出某個決定，而是我們擁有真正的個殊性。而我們是否擁有真正的個殊性，則端視乎我們是否活在一個恰當的愛與相交的關係中。

五、自然神學與文化

在討論根頓的自然神學的思想梗概後，我們將分析他的自然神學對基督教與中國文化互動可帶來的影響。對華人基督徒來說，基督教與中國文化的關係常常是一個令人困惑的問題。長久以來，成為基督徒與成為中國人被視為一個對立的選項，如某人選擇了基督，便意味著他／她揚棄了中國文化，是「『中國』的罪人」。[46] 但根頓的自然神學卻提供了一個新的反省向度。根頓將造物置於三一上帝的「中保」之下，因此人類文化其實是上帝聖靈持續的恩賜：「所有正直的文化，無論它是由誰建立，都是聖靈上帝藉基督而來的恩賜，因此是上帝使造物完美的工作的禮物。」[47] 如此，我們並不需要將基督教與中國文化視為對立；相反地，我們應探問當我們活在中國文化場景時，如何發揮它當中的精髓。筆者進一步大膽推論，根頓的自然神學提示我們，對華人基督徒而言，中國文化本身更可被視為上帝給予我們的恩賜。如此，我們的課題並不需再是基督教與中國文化如何會通，而是我們如何將我們已有的創造禮物（中國文化）在聖靈及聖子的中保下，發揮我們管家的責任，令它臻至完美。

六、結語

根頓的自然神學與三一論、創造論、救贖論、啟示論及倫理，可說是環環相扣。在根頓的自然神學論述中，上帝、造物與人類，既獨特又彼此相關，自然與神聖也不會是對立及衝突的。因此，根頓雖然並不認同自然進路神學，但他的神學論述卻展現著他以神學整合自然與文化的氣魄。

註釋：

1 “Natural theology” 一般被譯為「自然神學」，但為了與本文討論的 “theology of nature” 有所區別，故筆者將之譯為「自然進路神學」。

2 Karl Barth, ‘No! Answer to Emil Brunner’, in Karl Barth and Emil Brunner,

Natural Theology (London: Geoffrey Bles, 1946), 67～128.

3 這評論見 Richard H. Roberts, 'Barth's Doctrine of Time', in S.W. Sykes, ed., *Karl Barth: Studies of His Theological Methods* (Oxford: Clarendon, 1979), 88～146。

4 他的博士論文為：*Becoming and Being: The Doctrine of God in Charles Hartshorne and Karl Barth* (Oxford: Oxford Univ. Press, 1978)。

5 Colin E. Gunton, *A Brief Theology of Revelation* (Edinburgh: T&T Clark, 1995), 55.

6 Gunton, *A Brief Theology of Revelation,* 43～45; Colin E. Gunton, *The Triune Creator: A Historical and Systematic Study* (Grand Rapids: Eerdmans, 1998), 117.

7 Gunton, *A Brief Theology of Revelation,* 46～50.

8 Gunton, *A Brief Theology of Revelation,* 56。創造論的重要性可從他的系統神學綱要——《基督教信仰》(*The Christian Faith*)以創造論而非神學導論(Prolegomena)為起始點，可見一斑。

9 "Mediation" 在本文中譯為「中保」，但根頓著作中 "Mediation" 一詞所指的，並不單指聖子，也包括聖靈："The Spirit works through the Son, paradigmatically as Jesus, ministry was empowered by the Spirit. All is the unified action of the one God, the one God of Old Testament confession, mediated in this twofold way"(參 Colin E. Gunton, *Father, Son and Holy Spirit: Essays Toward a Fully Trinitarian Theology* (London: T&T Clark, 2003), 80)。

10 Colin E. Gunton, *The Promise of Trinitarian Theology,* 2nd ed. (Edinburgh: T&T Clark, 1997), 178～192; *The Triune Creator,* 14～24; *Father, Son and Holy Spirit,* 107～112; *A Brief Theology of Revelation,* 43.

11 Colin E. Gunton, *The Christian Faith: An Introduction to Christian Doctrine* (Oxford: Blackwell, 2002), 3.

12 Colin E. Gunton, 'The Doctrine of Creation', in *The Cambridge Companion to Christian Doctrine,* edited by Colin E. Gunton (Cambridge: Cambridge University Press, 1997), 142; *The Triune Creator,* 18; *Father, Son and Holy Spirit,* 113; *The Promise of Trinitarian Theology,* 148; *The Christian Faith,* 4.

13 Gunton, *The Triune Creator,* 21; *The Christian Faith,* 7～10。參西一16～17；來一2～3。

14 Gunton, *The Triune Creator,* 22～24; *Father, Son and Holy Spirit,* 107～112; *The Christian Faith,* 8～10.

15 Gunton, *The Triune Creator,* 194～195; *The Promise of Trinitarian Theology,* 101～103.

16 "Person" 在這裏譯為「位格」其實並不理想，因為它要表達的，並不像傳統西方神學中，由靜態的 "essence" 或 "attribute" 組成的「位格」，而是在關係的互動所展現的「個殊性」，並本身具意志與行動力的「主體」。不過，筆者注意到將它譯為「主體」的危險性，就是容易將根頓的思想被人誤解為三神論。但如要保留其動態表述，筆者始終認為在此將 "person" 譯為「主體」會較清晰。因此，筆者除了在某些用於三一的表述按傳統而將 "person" 譯為「位格」，其他的地方會將之譯為「主體」。

17 Gunton, *The Promise of Trinitarian Theology*, 109～110.

18 Gunton, *The Promise of Trinitarian Theology*, 113.

19 Gunton, *The Christian Faith*, 42.

20 Gunton, *The Promise of Trinitarian Theology*, 113～114；另參 *The Triune Creator*, 210。

21 Gunton, *The Triune Creator*, 206.

22 Gunton, *The Christian Faith*, 11.

23 Gunton, *The Triune Creator*, 162; 'The Doctrine of Creation', 153.

24 Gunton, *The Triune Creator*, 165.

25 Gunton, *The Triune Creator*, 166.

26 Gunton, *The Triune Creator*, 167; 'The Doctrine of Creation', 155.

27 Gunton, *The Christian Faith*, 7.

28 Gunton, 'The Doctrine of Creation', 142.

29 Gunton, *The Promise of Trinitarian Theology*, 187; *Father, Son and Holy Spirit*, 139; *The Christian Faith*, 7.

30 Gunton, *The Triune Creator*, 169.

31 Gunton, *The Triune Creator*, 207; *Father, Son and Holy Spirit*, 136～137, 140～141; *The Promise of Trinitarian Theology*, 186～192; 'The Doctrine of Creation', 143～144.

32 Gunton, *The Promise of Trinitarian Theology*, 142.

33 Gunton, *A Brief Theology of Revelation*, 32。有關啟示觀念如何被視為與自然經驗或科學格格不入，可參 Avery Dulles, *Models of Revelation* (Maryknoll: Orbis, 1992), 6～8。

34 Gunton, *A Brief Theology of Revelation*, 61.

35 Gunton, *The Promise of Trinitarian Theology*, 194; *The Christian Faith*, 15～16.

36 Gunton, *A Brief Theology of Revelation*, 24.

37 Gunton, *The Triune Creator*, 227～228.

38 Gunton, *The Triune Creator*, 167.

39 Gunton, *The Triune Creator*, 228.

40 Gunton, *The Triune Creator*, 229; *The Christian Faith*, 48～51.

41 Gunton, *The Triune Creator*, 34.

42 Gunton, *The Promise of Trinitarian Theology*, 148.

43 Colin E. Gunton, *The One, the Three and the Many: God, Creation and the Culture of Modernity* (Cambridge: Cambridge University Press, 1993), 69～70.

44 Gunton, *A Brief Theology of Revelation*, 62; *The Promise of Trinitarian Theology*, 148～154.

45 Colin E. Gunton, *Act and Being* (London: SCM, 2002), 105.

46 邢福增：《文化適應與中國基督徒：一八六〇至一九一一年》(香港：建道神學院，1995)，頁47。

47 Gunton, *The Christian Faith*, 51.

四

根頓與哥拿烈治的三一論

李日堂

一、引言

對於許多基督教學者而言(尤其在東南亞),哥拿烈治(Samuel T. Coleridge, 1772～1834)的名字不為人熟悉,不過最近情況稍有改善。透過根頓的著作,英國以外的基督教神學家也開始對這名字不見經傳的文學詩人並宗教思想家,有了多一點的認識。根頓嘗試透過哥拿烈治的思想,重新建構一套三位一體的神學,用以對抗啟蒙運動及現代化社會所創造出來的那種支離破碎的神學。[1] 本文的目的乃在於評估根頓的三位一體教義,尤其是關於英國傳統三位一體教義那部分,並會特別討論浪漫主義詩人兼宗教思想家哥拿烈治。本文認為,詳細解釋哥拿烈治的哲學系統,尤其是他那從多角度展現出來的三位一體概念,實有助於我們更準確地明白根頓的三位一體教義。

二、哥拿烈治及其哲學脈絡

哥拿烈治是位重要的詩人、文學評論員並英國神學家。他那種寫作風格對讀者的要求極高。另外,讀者若要明白他其中一個範疇的作品,就必須一併研究他其他方面的著作。評論家指責哥拿烈治誤解或曲解了德國的唯心論者,卻又同時把他們其中一些意念兼收到他的宗教思想裏去。好像根頓這類的支持者卻對他加以維護，認為他跟啟蒙運動理性主義的重要交戰，強化了基督教的正統信仰。近期學者經常引用哥拿烈治那些尚待出版的後期作品。[2] 雖然過去一般都沒有把哥拿烈治視為重要的宗教思想家，但近期學術圈子內卻逐漸接受他的地位，承認他是憑自己的資格成為有公信力的思想家。[3] 誠然，哥拿烈治不是條理分明的人，而且他的「哲學著作又常是欠缺組織，不拘一格，而且是格言式的」[4]，可是，他卻被推崇為浪漫時期英國最具啟發性的其中一位思想家。[5] 我們務要注意，哥拿烈治的哲學背景是源自德國唯心論。他出訪德國之時，曾研究康德、謝林（Friedrich von Schelling）及其他人的著作。

德國唯心論（一七七〇年代至一八四〇年代之間）回應了當時歐洲所出現的主要巨變，包括啟蒙動運、法國革命和浪漫主義的興起，並同時迎接這些劃時代的事件。在這期間，康德的思想被歸類為批判或超越觀念論（critical or transcendental idealism），在他以後出現的哲學家費希特（Johann G. Fichte）、謝林和黑格爾則被歸類為絕對唯心論者（absolute idealists）。費希特、謝林和黑格爾三人分別對康德的超越觀念論中的懷疑主義及物質主義（就是宣稱一切事物，包括人的理性，都是在特定的時間和空間裏，由物質力量所產生的）作出回應。[6] 費希特以其倫理式唯心論來回應，謝林和黑格爾則以其絕對唯心論來回應。無可否認，哥拿烈治幾乎沉緬在這些德國唯心論者的神觀之中。

鑑於哥拿烈治受到謝林的神觀及創造論的影響，以及曾對後者的思想作出過回應，故此我們有需要稍為解釋謝林的唯心論。謝林並沒有把本性（nature）看作單純是「被自我所設定，有道德發生在其中的場域……卻視之為客觀的、極其重要的，可以在我們對它意識之外而存在的，而它自身又具備目的性的。」[7] 此外，雖然表面看來，真際(reality)存在衝突和分化，但謝林卻視之為統一的。而支持他那統一概念的，就是那同一性原則(principle of identity)。「我們大家都會同意這基本的觀念：在(絕對)觀念裏，所有對立的不但是統一的，更是純粹的全然相同；所有的對立不但被取消了，更是彼此之間完全沒有分離。」[8] 因此，謝林的原理把思維的客體和潛意識的客體繫在一起，成為辯證過程的兩極。即是說，這是一種本性既朝向意識移動，而有意識的存在同時又尋找具體的表達方式的移動過程。[9]

我們需要凸顯謝林那同一性原則的兩方面。首先，謝林把真際理解為充滿創造力的有機體(這方面影響了哥拿烈治)。他以其同一性原則，取消了神與世界之間的二元區分，世界變成絕對的神的彰顯。神藉著祂朝向世界移動的過程跟祂的創造統一起來，而祂卻同時仍是其創造者。同時，世界亦是神具體的表達。威爾肯斯(S. Wilkens)及帕杰特(A. Padgett)給我們以下一段精闢的概述：

> 神在自己裏面同樣包含了人類和自然所具備的張力和對立……於是，那些神性的純一性的傳統觀點，紛紛被謝林那種表徵人類和大自然存在特色的動態複雜性的觀點所取代……然而，一切對立所達致最終的和諧，不會在我們自己和自然界裏完全實現，惟有在神裏面才能臻於完全。[10]

第二，謝林的同一性原則引申出神的自由這概念。神是絕對自由的；這自由也同時是絕對必須的。啟蒙運動解釋，律法管轄本性，並把本性跟自由所在的思維領域分隔。謝林的同一性原則一方面協調了客觀性及主觀性，自然律不會脫離思維而獨立運作的。「因此，由於神主要的特徵是自由，而世界是神的思維，所以，沒有任何一套法規可以裁決無限的神在歷史中的作為。」[11]謝林以這種觀點看神，難怪他主張人類為了反映神的自由，因而渴望從事各種如詩歌、藝術和宗教等的創意活動。

1. 謝林與哥拿烈治

很多學者均注意到，哥拿烈治受多位思想家的影響。正如上文提過，他的哲學思想不拘一格，分別受到柏拉圖、新柏拉圖主義者和德國唯心論者的影響。有些學者則聲稱哥拿烈治受謝林的影響最大。[12] 麥法蘭不同意，並斷言「兩位學者之間的關係較靈活，即：我們應視他們的關係是逆向性的；他們哲學性結果的路線……在一八一五年左右於哥拿烈治的確切陳述中相遇，又在謝林翻譯的《傳記式梗概——我的文學生涯及見解》(*Biographia Literaria*)中相交，繼而開始分道揚鑣。」[13] 據麥法蘭所言，哥拿烈治抄襲了謝林的意念，因為第一，謝林「似乎將哥拿烈治個人思想中衝突之處協調起來」。[14] 第二，謝林為哥拿烈治提供了有用的浪漫主義式的口號，例如：過程、互惠(reciprocity)、兩極性(polarity)、有機體、活力和自由。研究哥拿烈治的學者都一致同意，自一八一五年後，後期的哥拿烈治變得跟謝林截然不同。

鮑格(James Boulger)注意到，一八一八年以後的哥拿烈治，並不滿足於謝林那潛伏於同一哲學(identity-philosophy)裏的泛神論式的一元主義(pantheistic monism)。哥拿烈治認為，「謝林學說裏的我(*Ich*)不是有生命的主體(智力、情感、意志)，卻只不過是一個規範著一套虛假和絕對的一元主義的無生命的抽象概念」。[15] 謝林的系統排除了位格神存在的可能性。對哥拿烈治而言，他的哲學是「我是」(I am)，是以意志的行動，是以自我實現開始的，而謝林的則是「它是」(it is)，始於存在。[16] 坡堅絲(Mary A. Perkins)為「謝林有關絕對的神裏的我是」而爭辯，力稱謝林「繼而把絕對的神跟自然界混淆，將塵世、甚至是地獄等同天堂。」[17] 根據哥拿烈治的看法，謝林的錯謬乃在於他以存在來開始他的哲學。存在是無理性的意志，或純粹是自發的能量。哥拿烈治甫開始即認為意志是位格性、聖潔和永恆的統一體。「哥拿烈治堅持，那絕對的——**我是 (I AM)**——是惟一可能讓人理解的存在和理性的根源。」[18]

哥拿烈治在三位一體神的概念上跟謝林也有所不同。謝林的三位一體教義從較早期的經世性的三位一體轉變成內蘊性的三位一體。中期的謝林「發展出一個明確而詳細的三位一體形而上系統，基督在其中身為宇宙的道，扮演中心的角色。」[19] 哥拿烈治一方面為之著迷，卻同時拒絕接受其中某些主要觀念。後期的謝林否認，神在歷史中的作為跟祂的本性有關。他認為至高的原則是絕對的自由，所以，神就是「那預先不能想到的」，是「超越存在」的原則。[20] 更甚的是，他把自由看成了良善和邪惡的自由。[21] 我們必須注意，謝林縱然一面熱切的論及自由，他卻看自由是形式化的自由(formal freedom)，而人類的自由又只是在有限的處境中才存在的。謝林的自由不是屬於道德層面的，而是以那絕對的「它是」卻非「我是」的範疇來作支柱。難怪哥拿烈治拒絕接受他的看法，認為他不應在絕對的神裏設立兩極性(polarity)。「哥拿烈治深信，兩極性在神的存有的層面是不足夠的：光明與黑暗、愛眷與憎恨之間的區分，將這種有限的對立投射進神的生命裏實在是不合法的。」[22] 謝林認為，在神性(Godhead)裏有區分或兩極性；哥拿烈治卻認為，在神性裏有絕對而永恆的自我肯定。對他而言，神是位格性的，神的中心概念是自我肯定的意志(self-affirming will)。[23]

2. 哥拿烈治的哲學

正如根頓指出，在哥拿烈治的思想中，有三方面是互相關連的，目的是為了要給真際一個合理的說明。首先，哥拿烈治沒有採納思想和經驗之間存在著二元論的觀點。他反而認為「想像」(imagination)是這兩個領域之間的連繫。哲學家們不喜歡「想像」這詞語，因為它是理性的敵人，是幻想的源頭。不過，身為詩人的哥拿烈治卻為這詞語重新定義，把胡思亂想和想像二者作出區分。他認為前者導致幻想，後者卻是指「那些較有深度的行動；藉著這些行動，人類既富創意又忠誠地回應神那創造的作為。想像如是者把意識與理性、主觀性與客觀性接連起來。」[24] 巴德(J. Robert Barth)亦以近似的方式為哥拿烈治對想像的理解定義。

> 人類創意性行動的本質，跟神那延續中的創造性作為是統一的。所以人類透過悟性(基礎的想像)，就是我們藉以把自己與周遭被造的世界連繫起來的橋樑，並我們行使的較高層次的創造(第二層的想像)，以新的形態和創意豐富的模式，美輪美奐地把世界的統一性展現出來。[25]

根據巴德所言，一方面哥拿烈治肯定人類和神之間確實擁有可能存在的最緊密的聯合；另一方面，他卻又確定兩者之間那不能忽視的區別。

第二，據根頓所言，哥拿烈治也把理解(understanding)與理性(reason)作出區分。啟蒙理性擾亂了「純粹」的理解('mere' understanding)，後者是一種使事實跟理性得以匯集的官能，理性能滲透進真際的更深層裏去。所以，理解跟胡思亂想並行，而理性則類似想像般較為深入。哥拿烈治企圖把理性和想像聯繫起來，產生出理念(idea)的修正觀念。理念被理解為思維跟真際打交道時那開放的可能性。[26]

第三，哥拿烈治用了意志的觀念，為我們提供進路，叫我們明白神跟世界之間的自由關係。哥拿烈治身為詩人兼哲人，只是把他使用的術語的定義擴闊了而已。按根頓所言，哥拿烈治為自己對三位一體的概念申辯。

> 三一神按自己的意志使他人存在，然而，祂所使用的方式卻讓世界和其中的人類這行動者，仍可按自己的意願存活。世界的他性(otherness)的基礎，是建立在神自身存在的結構裏所擁有的他性之上，正如聖靈將父與子聯繫起來。哥拿烈治認為，三位一體是「眾理念中的理念」(idea of ideas)，是基督化了的柏拉圖主義(Platonism)。人類能藉著這核心觀念，運用想像和理性，也許能夠探明人類罪性、救贖和自由的奧秘，就正如受教於歷史上的基督宗教一樣。[27]

3.哥拿烈治對三位一體的理解[28]

哥拿烈治對三位一體的理解是個合適的起點，讓我們從而識別他的方法，因為哥拿烈治認為，三位一體是「眾理念中的理念」。[29] 對哥拿烈治而言，三位一體實在是最基本的理念，一切其他理念都是從它進化而來的。[30] 三位一體的教義不但是神本質的特徵，而且又道出神的本質的內涵。[31] 重要的是，哥拿烈治的三位一體說，是植根於他對兩極性原則（principle of polarity）的理解之上。[32] 哥拿烈治給兩極性原則的定義，說明「每種力量為了要自我顯彰，都必定會以對立的形式出現；然而，由於這對立的雙方均以同一性作為其基礎，因此它們便恆常地努力要重新連合；可是，因為它們不得退返原來的狀況，否則會導致全然毀滅，因此只有力爭向前而使兩者形成第三種東西。」[33] 卡星雅（J. Cutsinger）在他的具獨創性的文章裏主張，哥拿烈治那兩極性的理念是重要的，而且藉著這理念，足以改變神學家看神學上的真際（theological reality）的方法。「哥拿烈治將道本身看為一切兩極性的原則，這道本身正是跟父處於兩極性關係之中……因為在這首個真實又可理解的區別中，所有其他的區別均可在這不可分割的聯合裏得以存在。」[34] 從這形而上的兩極性原則中，哥拿烈治孕育出多個抽象和哲學性的圖象，包括十點三角形（tetractys）、五元素圖組（pentads），[35] 以及偶爾有的七元素圖組（heptads）。[36] 傑斯伯（D. Jasper）亦留意到，後期的哥拿烈治大量專注於「前正題（Prothesis）或同一性（Identity）上，令所有的兩極性彼此連貫：例如自我（Ipseity）與他人（Alterity）、主體與客體、個體與教會，以及歷史性的與觀念性的事情。」[37]

按傳統而言，三位一體通常是以「三而一」（triad）的形態構想出來的，就是父、子與靈永恆地並存著。這「三而一」同時又是「單一」（monad），意思是指「在合一中的三位一體，並在三位一體中的合一。」哥拿烈治卻踏出重要的一步，跟既三而一又單一的模式背道而馳。他寧可透過「十點三角形」(tetractys)來解釋三位一體的學說。[38]十點三角形的一般模式，包含同一性、自身、他人及社羣。[39]哥拿烈治認為，十點三角形是個象徵符號，表徵具普遍性的理念性的真際(universal ideal reality)，而且表達出一種在合一中既有區別性又具有因果性和動態的關係。[40]神藉著關係而達致的自我實現，正是以十點三角形來象徵。哥拿烈治用這十點三角形的模式來說明，三怎可能成為一。如是者，十點三角形模式把三位合一呈現而成為互滲互存(*perichoresis*)的永恆過程；在其中，神性乃是父跟子的關係，而兩者均與聖靈相通。

誠如哈定(Daniel Harding)的見解，有些學者誤解了哥拿烈治的三位一體說。[41]我們必須注意，哥拿烈治拒絕把時間應用到前正題(prothesis)上去。[42]另外，哈定斷言，哥拿烈治的十點三角形模式，沒有就位格作任何聲明，反倒只是談論絕對主體的運動；也就是說，十點三角形模式詳細說明的，是神的內在動態(interior dynamics)；在另一層面上，它亦道出了令這些動態保持不變的基本條件。這些動態是按三一神的意志建立的。哥拿烈治認為，是十點三角形模式裏的前正題或同一性，幫助他維護那在區別中的聯合，以致避免墮入三神論(tritheism)的危險。哥拿烈治的十點三角形模式，及他對神本身那互滲互存特性的理解，令他能為神那真實的關係性特質斷言，並給這樣的關係提供源頭和基礎。雖然哥拿烈治以抽象的哲學理則(即：兩極性原則)開始，但卻能從動態的和富關係性的角度來理解他的圖象性符號(例：十點三角形及五元素圖組)。然而，哥拿烈治透過神性存有的意志，及祂跟其十點三角形的關係，究竟要表達甚麼意思呢？

4.哥拿烈治：意志的首位性

a. 哥拿烈治關於人類與神聖意志的觀念的發展

巴布(Barbeau)細心檢視了五份哥拿烈治後期的著作，察覺到他有關人類自由的觀念，並自由與意志之間關係的發展。按巴布所言，哥拿烈治在一八一五年的《傳記式梗概——我的文學生涯及見解》中，表現出他如何倚重康德的思想觀念，他並把自由僅僅描述為一個自由及道德的人的官能。在一八一六的《政治家手冊》(*A Statesman's Manual*)中，他離開康德的思想，對人類的官能採納了心理學的概念，愈來愈轉向正統基督教，並肯定了聖經的權威。哥拿烈治因為鴉片毒癮而不能自控，發現其「自我」(self)無法作出任何真實自由的抉擇，個人意志(the will of the individual)需要藉著贖罪來得康復，就是要遵從宇宙的至高理性(supreme reason)。〈論意志〉(“On the Will”)一文是在一八一九年左右寫成的，哥拿烈治宣稱，至高的理性不可能是次要的。「由於在神以前或以外空無一物，祂必定在自身之內包含祂存在的基礎。」[43] 另外，哥拿烈治開始以類似謝林的語言，把絕對(absolute)與有限(finite)的意志區分，卻同時糾正了謝林的泛神論傾向。[44] 哥拿烈治跟謝林不同之處，就是他不承認邪惡的根源存在於絕對的神裏面。在一八二〇年的〈論信心〉(“Essay on Faith”)一文中，哥拿烈治再次借用了康德的世界觀，發展他自己的意志觀。「哥拿烈治在神聖與自我意志之間創造了兩極性；他不但沒有取消它們……反而把它們區分開來，並要求有限服膺於絕對之下。」[45] 在一八二五年的《對反思的輔助》(*Aids to Reflection*)中，他在絕對與有限的意志之間作出區分。[46] 人類有限的意志，「不是自己決定的，卻是服膺於神的絕對意志之下的。」[47]

> 相反而言，我們理解有限的意志是跟絕對對立的。只有當有限的意志順服神的絕對旨意，美善才會被實現……哥拿烈治進而主張，任何希望從神的原則分離出來的，「從那行動者（the Agent）的特殊意志的虛假的中心裏出來的」，就是邪惡的。由於邪惡不可能源自神的意志，它必定存留在人類有限的意志中……對康德而言，選擇美善的行動不是自決的，自決其實只是有限的意志的幻象而已；只有當有限的人類意志，藉著攀附最高的理性而臣服於絕對時，我們才會發現真的自由。[48]

b. 哥拿烈治意志概念的邏輯

哥拿烈治身為哲學家，以邏輯開始，尤其強調兩極性邏輯及概念的次序。他主張「在必要性思維的次序中，意志（the Will，大寫）必須首先被設想為位列於所有意念或那承托存在（being）的思想之前。」[49] 我們必須強調，哥拿烈治沒有把絕對的意志解釋為非位格化的，或將之等同於自然界。[50] 為要給神的位格賦與特別的重要性，哥拿烈治甚至創造了"personeity"這個新詞語來標示神、人位格的區別。[51] 神的位格（personeity）以位格化的關係來談論神的實在性。哥拿烈治對絕對意志的強調達到兩方面的功能，就是既保存了神的絕對性，又保存了祂的位格性。

根據哥拿烈治的十點三角形模式，絕對的意志就是前正題（prothesis），是在神裏面以自我實現的意志的形態被實現和具備的正題。聖子作為被生的意念和存有是反題。聖靈就是那綜合（synthesis），是愛的社羣。這十點三角形模式可按以下說明：

前正題
（神、
絕對意志、
那絕對的非源頭（the Absolute Originless）、
那同一者（the Identity）
超越相對性（Super-relative））

正題
（父、
自我實現的
源自自我的
自身
相對地客觀）

反題
（子、
在永恆中被生的、
源自另一位的
他人
相對地主觀）

綜合
（聖靈、
不是被生的，乃是源自另一位而出的、
愛的社羣
對主觀而言相對較客觀
對客觀而言相對較主觀）[52]

鮑格（J. Boulger）宣稱，哥拿烈治的三位一體説的特色，就是其關係性的特質。神在歷史中的行動揭示了三一神的內在特性。「把神的本質或彰顯強調為絕對或純全，對一位透過事件被人認識，而非一位供人作默想對象的神來説，會必然引發出一種行動和生成變化的神學（a theology of doing and becoming）。」[53] 克德理（Douglas Hedley）在早前亦有類似的看法，哥拿烈治的「三位一體的神性是一種類似人類有限思維的關係性聯合：三個位格之間的分別只能透過祂們的**關係**表達出來，正如父與子、子與靈的關係，而並非按**實體**(substance)而論。」[54] 這三一神中三個位格的內在關係的動態，按神的旨意在救贖歷史中揭示其自己。尤有進者，哥拿烈治就三位一體的關係性動態，為英語世界作出貢獻：他把互滲互存定義為互相延伸(interpenetration)。[55] 哥拿烈治創造了「互相延伸」這詞語，用以表達對立雙方的和諧。[56]

> 我們可用甚麼術語來指明這動作？我們只可肯定永恆地從父而出到子，又從子而出到父。然而，這種流出本質上是循環不息的，一旦開始就一直是倒流甚至順流著的，希臘教父們因而稱之為「互滲互存」，或說是神性最基要、絕對而永恆地並存的循環。[57]

所以，這關係性和聯合性(unitary)的特質，是被那支配一切的絕對意志的原則所決定的。我們把那關係性的動態理解為互滲互存。哥拿烈治重覆的強調，意志的前正題是「列在思想次序、位格性存有之前的絕對本質……是一切存在(甚至祂『自己的』存在)的基礎，並永恆地在他們前面。」[58] 絕對的意志是源頭和能力，只在三一神裏，以三一神的形態實現，就是父、子和靈。「那意志，絕對的意志，必須是因應實存而生的，是必須和絕對的……從裏到外、從外到裏都是無邊無際的。這是我們首要的原則。這立場是完全包含在意志(大寫)的真際這假設中的。」[59]

總括而言，哥拿烈治早期的哲學思想受康德和謝林的影

響很深，後期的著作卻顯示他的進程，是朝向更正統的基督教觀點的，特別是在三位一體及神與世人之間的關係上。明顯地，後期哥拿烈治的宗教思想並非如康德般凸顯道德，亦非如謝林般變成泛神論。哥拿烈治的三位一體概念無可否認是抽象的，然而，他卻意識到三位一體教義的核心位置與功能。

三、根頓在神學上的重構

根頓在審視多個基督教神學的主題時，常常以嚴厲的眼光來評論現代主義，因後者令今天西方的神學支離破碎。傳統福音派傾向把三位一體和創造觀歸類於上帝觀之內，根頓研究基督教神學的方法卻跟傳統有別。他創新地重新建構其系統神學，以三位一體作基礎架構，承托他整個神學方法。他重新建構神學的目的，是為了辨識我們文化的基礎，然後診斷出現代文化的危機。他的貢獻是運用三位一體來支撐其整個系統神學的架構，為當代扭曲了的世界觀和支離破碎的文化，重新建構合乎情理而能予以實行的解決方法。他認為合適的起步點，就是重新肯定創造的教義。因此，根頓的三位一體教義是總體建築的結構，而開始重建的第一塊石就是創造的教義，其目的乃是要在基督教基本已確認的信仰跟現代文化之間，盡上神學上的努力，以架起橋樑。他的重構始自一九八五年的《疏離與啟蒙運動》(*Alienation and Enlightenment*)。至於他就「一與多」(One and many)這課題而主持的「班頓講座」(Bampton Lecture)的授課時，已經顯露出他在判斷問題和提供解決方案的能力上表現其創新性的思維。一九九八年的《三一創造者》(*Triune Creator*)則是根頓寫作的高峯。他在二〇〇〇年所著的《基督教信仰》(*The Christian

Faith），讓我們清晰地預嚐到其系統神學的輪廓。[60] 本文在這部分的焦點，乃是解釋根頓的三位一體教義，並簡略地附以哥拿烈治的神學作為參考。

現代西方文化，包括神學方面的探究，面對許多迫切的挑戰。在這現代或後現代時期，全球化的文化互動愈來愈頻繁。在這樣的互動中，多元化興旺發達，並削弱和動搖了傳統觀念或教條的合一性。根頓認為，西方思想已飄流進入到要取替神這種帶有毀滅性的航道，而現代生活就因越發澎脹的自我意識，愈發凸顯疏離與碎裂。如此疏離之所以出現，乃是因為人性沒有基礎。然而，作為一欠缺基礎的存有，卻未嘗停止試圖活得像有基礎般；然而，我們卻只是荒唐地撲個空。根頓的解決方法，是要從三位一體的關係中擷取教訓，重新為合一性和多元性作出構想；這三位一體的關係性能幫助在各樣背境中的基督徒，構築跟文化打交道的方法。根頓對三位一體的理解，為一元與多元提供了存在的基礎。

根頓的神學是借助幾位對談的夥伴來建構而成的。他們是愛任紐、哥拿烈治、艾雲和浦蘭耳。浦蘭耳是位自然科學的哲學家，根頓靠賴他作橋樑，連接起他自己的神學和現代主義的知識論的發展，以致令信仰與文化在意義明確的基礎上展開對話。運用了這樣的橋樑，從三位一體獲得的有關神的知識，遂可被應用到這世界上。神學再次獲得其立足點，得以合法地批判文化。然而，在上述多位根頓的對談夥伴中，哥拿烈治的地位卻凌駕眾人之上。哥拿烈治的貢獻是其絕對意志、互滲互存和三位一體的概念。他從謝林的意念向外擴展，並且以容納多元性、豐富及複雜性的，既位格化又三位一體化的理解，來取替了謝林的同一性原則。在三位一體的合一性和區別性之內，哥拿烈治根據在基督裏所啟示的神的知識，既找到跟支離破碎的世界銜接的鑰匙，又能成為存在的基礎。根頓既從哥拿烈治的三一神和關係性的位格並列的做法，又借助浦蘭耳的方法發展其神學，如此，他便更完滿地清楚表達他那建構性和神學性的命題。

1.三位一體及超越性(Transcendentals)

哥拿烈治的浪漫主義哲學，讓根頓明白三位一體及關係性這些觀念如何能夠用來處理統一性及多元性的思想。根頓捨棄從巴門尼得斯(Parmenides)相對於赫拉赫利特斯的對立性觀點，反而借助哥拿烈治的統一性原則，不但去思考世界的一元性及多元性，同時又思考世界的一元與多元的關係。哥拿烈治的著作，令根頓充份地以三一神作為存在基礎去處理被造的世界。根頓以哥拿烈治作為起點來超越巴門尼得斯和赫拉赫利特斯。他容讓客觀主義與主觀主義之間的對話；在啟蒙運動那個絕對確定的世界並其傳統中，這種以神學及文化用語來交流的情況是沒法出現的。而支持根頓作出這樣努力的，是從哥拿烈治那理念的觀念而生發的開放超越性(open transcendentals)。根頓亦步亦趨，聲稱哥拿烈治的三位一體觀念，是眾多理念中的理念(idea of ideas)，即：基要的理念(primary idea)。他繼而仿傚哥拿烈治慣常作區分的方法，把三位一體和超越性劃分開來。

> 如果超越性被理解為一切存有的標記，則三位一體就不能被視為一種超越性(a transcendental)了。我們寧可說，三位一體的教義首先必須是用來言說神

> 的存有的一種講法，也就是論到神是怎樣的存有。所以，三位一體是意念而不是一種超越性，三位一體教義之所以重要，是由於它是揭露有關所有存在的真、善、美之源的特質。然而，雖然它不是超越性，不是一切存有的標記，它卻生發出超越性，就是觀看世界的普遍特質的方法。我們屬這世界，也居於其中。我們的期望是，若三一真神是一切存在、意義和真理之源，那麼，我們就必須相信，一切存有於某些方面自然會反映那位創造它，並令它繼續存在的本質。[61]

根頓認為三一神生出超越性。由此而引申出以下的觀點，即我們可透過那些被稱為上帝的創造和救贖的經世行動及作為中，無論是以前所作的或現今所作的，我們便可知道上帝永恆存有在關係中的位格這一般的特徵。[62] 我們可把從三位一體得來的教訓，應用到經驗中未經整理的資料上。這種應用以後會有助於產生一切存有的標記。三一論帶給我們的期望，是在獲得神的知識作為實存的本體論基礎，這知識會於不同的存在層面結出果子來。根頓開展他對啟蒙運動和現代主義隱憂的批判之際，他也以三一論作為鏡子，去創造和領悟開放超越性，並它們在不同領域中的含意。如是者，在根頓的超越神學的方法中，便能夠將那些批評性和建設性的元素結合在一起。新的思想方法固然已被開發出來及使用；然而，那過程卻必然開啟更多需要處理的處境。

2.創造、文化及社羣性

根頓的創造論不但從哥拿烈治的三一論獲益，同時也受惠於愛任紐的同歸於一論(concept of recapitulation)及艾雲的基督人性說。啟蒙運動及其傳統，威脅到創造中的位格化和非位格化元素之間的關係。依循愛任紐對神創造自由的強調，根頓指出神是創造者，我們是祂的創造。除此以外，「把事物維繫在一起的不是某物，而是某一位格：藉著這一位，在聖父和聖靈的聯合裏，所有事物都得以存在。」[63] 根頓受愛任紐那「神的雙手」(the two hands of God)的概念影響很深，這雙手就是指基督與聖靈。另外，他也從哥拿烈治的作為統一原則的道(Logos as the principle of unity)裏得到啟發。耶穌基督是完全的神和完全的人；祂為救贖而成為肉身的使命，在我們位格化的創造者和救贖者的工作裏，維繫著神跟創造中那位格化和非位格化元素的關係。神和世界的關係不但應該是基督化的，更應是三位一體化的。三位一體化是指繼續由聖父在聖靈裏藉著聖子承托著這世界。神對世界所施行的創造過程，就好像把角色「創造」出來的編劇家，然後任由角色在劇中自由創作及發揮。[64] 根頓極力主張這種看法，在他的文化神學中表明，三一真神是所有存在、意義和真理之源頭。

> ……一種追求文化的合一性的神學，並不剝奪它其中各向度內具特色的方法和根據；就這方面而言，我們的概念令我們能最少考慮到的可能性，就是人類思想、行動和經驗都各自具備特色，而且有一定程度的自主性，所以，我們若要理解它們，就不能不參考它們以外的東西，因為它們的領域全部彼此互相影響。[65]

所以，從三一論式的創造觀的角度而言，就是那創造的合一性的本體性關係將這世界支撐起來，從而整合和相關性實在是真有可能的。[66] 根頓對創造的理解不但告訴我們關乎上帝的經世性，也讓我們知道它們對人類的含義。持著這樣對文化神學的理解，被贖的羣體可跟世俗的環境主義者共築橋樑，透過基督，對自然世界有真正的尊重。整合的工作，則可靠賴那創造及給我們自由意志的那一位，以合適的方法來運用。由於我們是以那位在施予和接受中成為團契的三一神作為存在的基礎，基督徒遂可肯定自己跟環境之間的關係，而這關係性是相對於三位一體之間的關係的反照。

回應我們對創造者三一真神的認識，我們乃「被召發展各種行動：科學、道德和藝術（換言之，就是文化）。這些行動能生發出讚頌的祭，就是所有事物在精通熟練後所獻上的甘心祭。」[67] 所以，這遠象包括了現在和將來。它靠賴在愛中施予和接受而立，是全面的，而且為創造中的所有多元性帶來整體的合一性。因為基督的贖罪，這整個見解是可能的，而基督也是所有包含信仰與文化的不同網絡的聯繫及統一的原則。

根頓根據社羣性（sociality）的觀念，對教會生活作出了建設性的評論。這觀念是以在關係中存在的互滲互存這種三一論觀念作為基礎。根頓認為，社羣的內容包括神、人類和非人的受造物。三位一體的知識，向世界展示了神在永恆中互滲互存的真際。無論如何，這觀念卻提醒我們，在我們的生活裏和教會中，有很多形態需要復和。持平地處理一元與多元，能同時避免專制式（authoritarian）教會論及個人主義。這等惡事的根源，也是由於一元對抗多元，或是同質的一元把多元吞噬了。教會的使命是作聖靈引導的信心羣體，其末世的功能是以見證來世的生命，召喚全人類悔改和加入真正的社羣來服事。[68]

四、評估與欣賞

1.聖經中的三位一體論

根頓分析了啟蒙運動造成現代文化那種支離破碎與上帝被替代的狀況。他嘗試以三一論來為這僵局提出解決方案，為統一性與多元性作出協調。根頓的解決方案是取材自三位一體的社羣性理念。因此，三一論被當作為一面透鏡來理解創造的秩序。

從福音派的觀點而言，根頓的方法其中一個優點，就是他決心要其三位一體論合乎聖經。根頓不但改進了哥拿烈治那抽象的三位一體概念，也在其他基礎的基督教觀念方面，比哥拿烈治優勝。他認真的看待基督教那以歷史為中心的救贖規劃，強調其展現的歷史詳情。他常按道成肉身的方式來思考，也能充份發展出一套聖靈論。然而，當他一方面試圖清楚表達出一個基督教的哲學方案，並處理現代文化在知識方面的隱憂的同時，卻未能提出一些如何改善的實踐性的可行方案。對於怎樣在基督教信仰和實踐中，如何在三位一體的神性生命裏面協調一元與多元，以致我們可以透過令人滿意的神學透鏡來解釋我們的世界，而且用信心以顧慮周詳和負責的態度來跟世界談話這幾方面，他能提出的洞見也不太多。

2.整合三位一體、位格與自由

對根頓而言，三位一體的教義是神在耶穌基督裏為我們開啟的途徑，讓神和人一起談論這行動的世界。這教義也容讓我們談論一元與多元，而沒有令它們變成互相排斥的對立面。三位一體是多元性的語法，開啟了兩方的自由，讓神和人也許藉此得自由，並暢快地共處。結果，自由並非被定義為離開他者的自由，而被理解為為了成全他者而有的自由。根頓不但依循哥拿烈治，以三位一體為核心，他更緊隨後者的結連論（Coleridgean connectedness）。根頓按著這種結連論來思考，以致主張各教義之間是彼此相連有關的。

根頓主張從關係來理解人，並把位格（person）和個體（individual）作出區分。人的合一不是人自己的成就，乃是神的作為。每個人的身份都是整個人類位格關連系統的一部分，由各人互相組成和彼此承托。這不是那個人、那個羣體的問題。這種定義的神學基礎，就是父、子與聖靈的位格。後期的哥拿烈治拒絕接受德國唯心論的泛神論傳統。根頓偶爾也會批判唯心論者。根頓對神的超越性和內蘊性的強調，在其《三一創造者》一書中很清晰地展示出來。神透過祂的雙手創造和救贖世界。根頓正確地指出，神一方面以關係中的存在（being-in-relation）的姿態存在於創世之先，但祂又並非跟世界沒有關係，祂實在參與其中，祂自由地創造了一個能成為其自己的世界。

五、結論

根頓是世界知名的三一論神學家。他的傑出表現，部分歸功於前人的智慧，部分則是由於他創意豐富地運用了這些思想傳統。根頓使愛任紐、奧古斯丁、加爾文、康德、哥拿烈治及巴特等，成了自己的神學對談的夥伴。本文的前半部，解釋了哥拿烈治的哲學和其基督教思想，而他對根頓的影響肯定是重大的。依次而言，我們若要明白哥拿烈治的回應，尤其是他後期在基督教正統上的進展，我們就必須連同其德國唯心論的背景來研究他。本文的第二部分，評估了根頓的三位一體教義，跟其他基督教義（如文化、基督論、自由等）的關係。本文説明了認識哥拿烈治的浪漫主義哲學背景的神學，尤其是他對一與多的統一，及以基督作為統一的原則的觀點，實有助於對根頓的三位一體教義的理解。

註釋：

1 Colin E. Gunton, *Enlightenment & Alienation: An Essay towards a Trinitarian Theology* (Basingstoke: Marshall Morgan & Scott, 1985), 85～88; Colin E. Gunton, *The Promise of Trinitarian Theology* (Edinburgh: T & T Clark, 1991), 108～113; Colin E. Gunton, *The One, the Three and the Many* (Cambridge: Cambridge University Press, 1993), 143～185; Colin E. Gunton, *The Triune Creator* (Edinburgh: Edinburgh University Press, 1998), 137～138; Colin E. Gunton, 'Coleridge, Samuel Taylor (1772-1834)', in *The Dictionary of Historical Theology*, ed. Trevor A. Hart (Carlisle: Paternoster Press, 2000), 133～134.

2 Mary A. Perkins, *Coleridge's Philosophy* (Oxford: OUP, 1994)。坡堅絲（Mary A. Perkins）詳細檢視了哥拿烈治的道的四方面：道作為話語、光並生命的本質、神的理性及人類的原則。她的研究是集中於哥拿烈治後期的著作，和之前尚未出版的作品上的。Ronald C. Wending, *Coleridge's Progress to Christianity: Experience and Authority in Religious Faith* (London: Associated University Presses, 1995); Ron Schwartz, *That Reconciling and Mediating Power: Love, Will and Imagination in the Theology of S. T. Coleridge*, PhD thesis (London: King's College London, 1998); Douglas Hedley, *Coleridge, Philosophy and Religion. Aids to Reflection and the Mirror of the Spirit* (Cambridge: CUP, 2000)。

3 D. Jasper, *Coleridge as Poet and Religious Thinker* (London: Macmillan Press Ltd, 1985); J. Robert Barth, *Coleridge and Christian Doctrine* (New York: Fordham University Press, 1987 (revised edition))。克德理（Douglas Hedley）曾斷言，人們拒絕承認哥拿烈治是可信的思想家，乃是由於「某些不明瞭其思想特色與氣質，並其思想來源的解釋者，持續的在發揮影響。」Hedley, *Coleridge*, 3。

4 M. Moran, 'Coleridge, Samuel Taylor', in P. Edwards (ed.), *The Encyclopedia of Philosophy, Vols. 1&2* (New York: Macmillan Publishing Co. Inc. & the Free Press, 1967), 134。莫仁（M. Moran）稱，哥拿烈治是其中一位最早和最能解釋康德的英國解釋學者。

5 一些跟從哥拿烈治的人可能看見他的影響。繆爾（John S. Mill）説，哥拿烈治是

「他們的時代中兩位思維創新者裏的一位。」阿諾特(Thomas Arnold)公開承認，他「是個十分偉大的人……我在英國找不到第二位。」紐曼雖然一方面對哥拿烈治很嚴厲，他卻認為後者是位自成一派的思想家。莫理斯(Frederick D. Maurice)承認，他欠哥拿烈治極大的情份，並學習到「最崇高的真理就是那些超乎經驗的界限者。」參 Bernard M.G. Reardon, *Religious Thought in the Victorian Age: A Survey from Coleridge to Gore* (London: Longman Group Ltd., 1980), 61。

6 拜撒(Frederick Beiser)主張，德國的理想主義者領悟到啟蒙運動的危機，並康德拒絕讓啟蒙運動逝去的失敗。他們試圖保留啟蒙運動的兩個主要原則，就是理性批判和科學化的自然主義。參 Frederick Beiser, 'The Enlightenment and Idealism', in *The Cambridge Companion to German Idealism*, ed. Karl Ameriks (Cambridge: Cambridge University Press, 2000), 18。

7 Steve Wilkens & Alan G. Padgett, *Christianity & Western Thought, Vol. 2* (Downers Grove: IVP, 2000), 72.

8 Thomas McFarland, *Coleridge and the Pantheist Tradition* (Oxford: Clarendon Press, 1969), 154.

9 That is, a movement that nature moves toward consciousness and conscious existence seeks concrete expression.

10 Wilkens & Padgett, *Western Thought*, 73.

11 Wilkens & Padgett, *Western Thought*, 74.

12 溫道靈(Ronald C. Wendling)注意到，哥拿烈治借用了斐希特的意念，亦從謝林處借用了很多未見經傳及已被公認的構想。哥拿烈治不是個理想主義者。Wendling, *Progress*, 140。

13 McFarland, *Coleridge*, xxxvi。其他人注意到《傳記式梗概——我的文學生涯及見解》的第十二及十三章，幾乎是謝林著作的逐字翻譯。在這些篇章裏，哥拿烈治詳細闡述他對想像和胡思亂想的區分，即：理性與理解。參 McFarland, *Coleridge*, 14～15。

14 McFarland, *Coleridge*, 41.

15 James D. Boulger, *Coleridge as Religious Thinker* (New Haven: Yale University Press, 1961), 109.

16 詳情參McFarland, *Coleridge*, 55～61。

17 Perkins, *Coleridge*, 166.

18 Perkins, *Coleridge*, 166.

19 Wendling, *Progress*, 79.

20 Wendling, *Progress*, 75.

21 Hedley, *Coleridge*, 83。謝林主張，每個存在都只能以對立的方式被揭示出來，愛只能透過恨、統一只能藉著紛爭。哥拿烈治卻把這全盤拒絕了。他認為「真理肯定並不靠賴虛假的存在。」參 Hedley, *Coleridge*, 85。

22 Wendling, *Progress*, 75.

23 Wendling, *Progress*, 87.

24 Gunton, 'Coleridge', 134.

25 J. Robert Barth, *The Symbolic Imagination*, 2nd ed. (New York: Fordham University Press, 2001), 20.

26 英文是："Idea is understood as open possibilities for the mind's engagement with reality."

27 Gunton, 'Coleridge', 134.

28 許多學者都注意到，哥拿烈治在一八〇六年從神格惟一論者變成三一神論者。Reardon, *Religious Thought*, 75; Basil Willey, *Samuel Taylor Coleridge* (London: Chatto and Windus, 1972), 114; Perkins, *Coleridge*, 18。

29 韋柱(Claude Welch)曾指出，雖然哥拿烈治受柏拉圖主義者、康德及其他人士的影響。然而，哥拿烈治的宗教思想卻有三點修正。首先，宗教是個人化的，而禱告、罪惡和救贖則在中心。其次，他對社羣需要的意識很強烈，並且渴望更新英國社羣和教會。第三，他的宗教思想是在歷史裏的基督教信仰的範圍內的。Claude Welch, *Protestant Thought in the Nineteenth Century, Vol. 1* (New Haven and London: Yale University Press, 1972), 114。同時，哥拿烈治清楚區分理性和理解。理解是根據常識作判斷的官能。可是，他為理解所下的定義，卻偏離了啟蒙運動的想法。哥拿烈治認為，理性是超越感官享受的官能，或説是普世性及必須存在的認信的能力，是超越感官的真理的來源和真諦，並具備內證。Bernard M.G. Reardon, *Religion in the Age of Romanticism* (Cambridge: CUP, 1985), 9。

30 Owen Barfield, *What Coleridge Thought* (London: OUP, 1971), 146; Gunton, *One and many*, 144。根頓進一步評説，哥拿烈治的「意志不是靜止的，乃是活力充沛的；不是抽象的或一般性的……。在特質上，它們寧可説是本位性的，而非可調節的；然而這並不代表，它們容易讓人理解。意念因理性而生，經常只是在明顯的，似非而是的説法中出現。」Gunton, *One and many*, 143。

31 早期的哥拿烈治支持一元論(monism)，認為：「神貫乎一切，一切在神之中」；換言之，即整體和合一的意識。後來，哥拿烈治從唯心論者的一元論撤回。這舉動最後引發出一位客觀而抽象的絕對之神，跟正統基督教並不相容。晚期的哥拿烈治力稱，那絕對之神不可撇除神的性情。Welch, *Thought I*, 120；另參Willey, *Coleridge*, 114～115。

32 Barfield, *Coleridge*, 145, 179～193。根頓的 *The One and the Many*其中一個目的，是要拆解哥拿烈治的宗教思想，並解釋他怎樣受惠於赫拉赫利特斯那動態的道(dynamic Logos)的觀念。參 Gunton, *One and many*, 24。

33 S. T. Coleridge, *The Philosophical Lectures of Samuel Taylor Coleridge* (London: The Pilot Press Ltd., 1949), 323.

34 James Cutsinger, 'Coleridgean Polarity and Theological Vision', *HTR* 76 (1983), 101.

35 Samuel T. Coleridge, *Confessions of an Inquiring Spirit* (Philadelphia: Fortress Press, 1988), 19.

36 哥拿烈治運用色彩來表達七元素圖組(the heptad)，就是有限之物最大可能的方程式。有限之物的七元素圖組可以簡化成為五元素圖組(pentad)。S.T.

Coleridge, *Table Talk II*, ed. by C. R. Woodring (Princeton: Princeton University Press, 1990), 165～166。

37 Jasper, *Coleridge*, 132.

38 Perkins, *Coleridge*, 64～67; Barth, *Coleridge*, 93.

39 我們必須注意，那絕對的前正題(prothesis)較正題(thesis)和反正題(antithesis)更重要，且是兩者的基礎。正題或自身是永遠地肯定自我肯定的元素，現在的我永恆不變(I am that I am)，是父，是那聖者。在那自我肯定的永遠行動中，他人(alterity)是同時在永恆中被生的：子、道、神聖的客體、那真實的。主體與客體之間的關係需要永恆的並存，來使關係完滿，就是社羣或目的，本身就是愛的永生、聖靈。哥拿烈治認為，終極的基礎或合一比那三重關係更重要，就是「神的意念本身含有三位合一的意念，並暗示了真正的功能性區別，怎樣從合一中浮現出來。」Welch, *Thought I*, 20。

40 哥拿烈治以圓形來説明這事，把圓心和圓周的關係視作區別的象徵。圓心代表那被生的道，是那「位置」，可從那點劃出其他所有東西來。父神代表圓周。一方面，中心點是起始點，可從而劃出周界；另一方面，藉著圓周我們可以找到中心點。Perkins, *Coleridge*, 66～67。雖然哥拿烈治採用了數學的方法來説明，然而，他那三位一體的基本概念，本質決不是非位格性的，而是關係性和動態的。

41 學者們反對哥拿烈治的前正題(prothesis)。沙德教授(Professor Shedd)力言，這作為三位一體基礎的前正題，把「一發展的過程」引介入神性裏，「……是跟其不可改變的完全不相容的……」沙德相信，哥拿烈治那前正題的概念所以出現，正如從 Barth, *Coleridge*, 94 中所援引的，是由於他不幸地受到泛神論的影響。巴德又斷言，哥拿烈治無法推諉滲入形態神格惟一論(modalism)的指控。Barth, *Coleridge*, 94～95。

42 Daniel Harding, 'Coleridge on the Trinity', *Anglican Theological Review* LXIX (1988), 153.

43 Barbeau, 'Development,' 387.

44 巴布留意到哥拿烈治在1817年轉移離開謝林。然而，哥拿烈治卻從未停止過跟謝林的哲學思想互動。參 Barbeau, 'Development', 581。

45 Barbeau, 'Development', 590.

46 Barbeau, 'Development', 578～579.

47 Barbeau, 'Development', 592.

48 Barbeau, 'Development', 593.

49 引自 Barth, *Coleridge*, 87。

50 巴德斷言，哥拿烈治是在回應十八世紀的理性主義傳統。哥拿烈治試圖把啟蒙運動中的知識的神，跟加爾文的至高權力的神併合。哥拿烈治嚮往的神，是創造者、統治者、護佑者，同時又有為父的溫情。Barth, *Coleridge*, 86。

51 「我們證實了，位格是在神裏面才得以完全的；而神的位格(Personeity)只有在拒絕一切跟人類位格有連繫的不完全的複合物時，才會跟人類的位格有分別。神的位格是神的意念中不可或缺的成分。」引自 Perkins, *Coleridge*, 228。

52 這是從哥拿烈治眾多著作裏的多個十點三角形圖表中得出來的複合十點三角形。

S. T. Coleridge, *The Collected Works of Samuel Taylor Coleridge, vol. 12, Marginalia II,* ed. by G. Whalley (Princeton: Princeton University Press, 1984), 745, 881; Coleridge, *Table Talk I,* 77。比較 Barfield, *Coleridge,* 183。

53 Boulger, *Coleridge,* 134.

54 Hedley, *Coleridge,* 39.

55 哥拿烈治在《最大量的著作》(*Opus Maximum*)中兩次提及「互滲互存」；此詞在哥拿烈治的出版著作《筆記》(*Notebooks,* ed. K. Coburn, 1962)及《頁邊評註》(*Marginalia,* ed. G. Whalley, 1980)中亦出現過數次。

56 S. Ford, 'Perichoresis and Interpenetration', *Theology* 89 (1986), 20.

57 Barth, *Coleridge,* 91.

58 在 Perkins, *Coleridge,* 192 中引述。

59 Perkins, *Coleridge,* 193.

60 Colin E. Gunton, *The Christian Faith* (Oxford: Blackwell Publishers Ltd, 2002).

61 Gunton, *One, Three and Many,* 144～145.

62 Gunton, *One, Three and Many,* 230.

63 Gunton, *One, Three and Many,* 179.

64 Gunton, *Triune Creator,* 192。我們必須注意，根頓跟開放神論(Open Theism)陣營的支持者有別。他認為神在世界中的創造行動，是由基督及聖靈控制的。「子提供架構，而聖靈就給世界空間，讓世界在架構之中而不是在其外形成。」Gunton, *Triune Creator,* 192。

65 Gunton, *One, Three and Many,* 177。

66 英文為 "Thus, integration and relevance are a real possibility in the light of Trinitarian doctrine of creation that holds areas of human thought, action and experience in an ontological relationship of created unity."

67 Gunton, *One, Three and Many,* 230。此外，根頓宣稱，教會把讚頌的祭獻給其創造者之際，教會作為神的重造羣體，就在朝著其末世的目標進發；那就是說，「當教會藉著被贖的施予和接受而有權在讚頌中把自己獻給其創造者時，教會就能活出其真正的自我。」有趣的是，根頓以巴特來支持自己的論點，指出莫扎特(Mozart)「讓我們聽到……按總體而言，受造物讚頌其主，因而成為完備。」Colin E. Gunton, *Father, Son and Holy Spirit: Toward a Fully Trinitarian Theology* (London: T & T Clark, 2003), 2000。

68 Gunton, *Enlightenment & Alienation,* 105.

五

三一神學所涵蘊的文化意義

——以自由與真理為焦點

鄧紹光

一、引言

當代英國神學家根頓雖非華人教會、漢語神學界熟悉的名字，但他卻是英國繼杜倫斯之後最重要的一位巴特神學的繼承者和推進者。[1] 在當代討論三一神學(trinitarian theology)的場境之中，根頓的位置十分獨特。一方面他贊同巴特以內契三一(immanent trinity)為經世三一(economic trinity)的基礎，這在當代高抬經世三一的潮流中很有點逆流而上的味道。另一方面，他又致力透過三一神學來審視受造文化的處境，無論是現代的或後現代的，展示出三一神學的相干性。

本文嘗試引介根頓的三一神學及其所涵蘊的文化意義，特別聚焦於自由與真理的議題上，讓我們有更多的資源來了解、審視和回應我們的處境。為甚麼要聚焦於自由與真理的議題上呢？前者是社羣倫理性的，後者則屬知識論的，根頓指出「知識論——討論我們如何認識事物的理論——及社羣——我們如何共同生活——是攜手並進的」。[2] 在以下的分析之中，我們將發現根頓的三一神學有助我們從現代性或啟蒙的片面性中擺脱出來，建立有益健康的自由觀和真理觀。

二、三一與自由[3]

1.兩種自由

美國神學家慕拿(Paul D. Molnar)在其新著闢有專章討論根頓的三一神學，書名為*Divine Freedom and the Doctrine of the Immanent Trinity*(中文可譯為：《神聖自由與內契三一的神學》)。[4] 這個書名十分有意義，也可以借來表達本文想要討論的主題：自由與三一的神學。選擇這個論題，是因為無論是現代文化或後現代化文化，自由都是他們宣告要實現的或恢復的；然而，一旦論到自由，在基督信仰的立場來看，就必然涉及三一上帝的問題。一方面，人或世界的自由是因為上帝的自由而得以可能的，另一方面，上帝的自由最後乃由內契三一所奠定的，離此別無真正的自由可言。

根頓對現代性的自由觀的分析，散見於他多篇文章。在*The One, the Three and the Many*(中文可譯為：《一、三與多》)之中，[5]根頓指出，當代自由主義對個體自由的了解，是要確立人的特殊性(particularity)，對抗現代性所具有的權威向度，[6]免得人因壓迫而失去其自己。可是，這種自由其實只是一種「遠離他者的自由(freedom *from* the other)，以致可以『實現』或『完成』自己、『做我們自己的事』，這就是成為人；我們沒有在與鄰舍的相互關連上找到我們自己的本性」。[7]很明顯，現代文化所倡議的是一種逃離制肘的自由觀，結果做成原子式的個體，拒絕與他人建立關係。現代文化相信只要除去身邊的障礙和攔阻就可以發揮自己、活出真我。根頓卻認為，「受造的自由非單與限制相容，而事實上是需要限制的，如果那是受造物真正的自由」。[8]

這兩種對自由的看法，根頓進一步以兩條命題表明：

一、自由是跟我自己的特殊性有關，讓我能夠成為真正及獨特的自己，讓我能夠在行動上作出真正及獨特的自己。

二、自由是跟他者和我的特殊本性相干的，讓我能夠在所是和所行，或阻止我的所是和所行，成為特殊的自己。[9]

第一種看法要說的是：自由是實現自己的分別性和特殊性。第二種看法其實是進一步擴展第一種看法：一個人的自我實現和自由是不能割離他跟他者的關係。[10] 因此，實現自我並非問題之所在，關鍵乃是這種實現和完成，是個獨的還是與他者相干的。根頓反對個人主義式的自由觀，他認為「自由是一個關係的概念，意即不能僅僅理解其為個人主義式的」。[11] 為甚麼呢？「如果我們是自由的，絕大多數是因為他者使得或賦予我們能力而自由。我們或許成功地行使自由或許失敗地行使自由，但我們的獨特性卻同時從跟我們相關連的事物之中獲取。」[12] 如果現代性的自由觀，甚或後現代性的自由觀，目的都是想要確立個體的特殊性，那麼，在根頓眼裏，這些自由觀都不外是一種遠離他者的自由，並不能真正建立、獲取個體的特殊性，反之，只有那種「為他者及由他者（衍生）而來的自由」(freedom as for and (deriving) from the other)[13] 才能真正實現個體的特殊性。

2.三一上帝內在的他性與關係

上述那種的實現，必然涉及上帝跟世界的兩重關係，以傳統的神學術語來說，就是上帝的超越性（transcendence）和內住性（immanence）。然而，根頓卻對這兩個用語有所顧忌，他認為很容易以量化或與內住性對立的方式來了解超越性。[14] 為了避免這一現象出現，根頓以「他性」(otherness)和「關係」(relation)來取代「超越性」與「內住性」所要講的。這兩個用語表明了它們之間不是「對立的，而是相互關聯，彼此需要對方及互相解釋」。[15] 沒有他性，就不可能出現關係。或者即使有所謂關係，也只能是一種自我關連(self-related)的關係。固然，這種關係也表明了自我的他性，但卻是一種在自我方面的關係。沒有與他者的關係，自我的他性就會陷入封閉的狀態之中。上帝的他性與關係表明了祂既與世界有別，但又與世界不離的雙重特性。他性是甚麼？根頓這樣說：

> 他性——上帝與不是上帝的東西之間的存有論分別或無限的質的差異——對受造秩序的偶發性和人的自由同樣重要。從三一的角度來了解，因為上帝擁有他性——位格的自由和「空間」——於其動態的本性之中，祂就能夠賜予空間給世界使之成為其自己。[16]

這段説話不單只表明上帝的他性的意義，並且進一步指出這種他性對世界的意義。人的自由是在於上帝的他性。但上帝自身的他性必須首先從三一的角度來了解，即上帝的他性首先是內契三一中的特性，使得自由成為三一上帝的本性，關於這一點，根頓説得十分清楚：「他性是三一式自由的必然特性，因為沒有他性，位格的分別性、獨特性就會喪失。」[17] 可是，這自由並非個體主義式的，而是在關係中的自由。根頓接著説：「然而，以三一式的用語來説，他性並非*個體*(*individual*)的自由——遠離他者的自由，如我們常説的西方高舉的自由——因為這自由是在關係中的一種作用(a function of relatedness):這自由是被賜予及接受的,因為位格的本性是由關係性建構的。」[18] 由於三一上帝內的位格互為他者,這樣就構成了位格空間(personal space),讓各位格得以在對他者的關係中成為自由的位格(free persons)。

3.在上帝的他性與關係中的自由

根頓以三一上帝的內在相互他性為基礎,進一步闡明人的自由乃是一種在社羣中的自由(freedom in community)。由於人是上帝按照祂自己的形象創造的,「即他是被造而在自由中存在,這自由是在關係、在社羣中的自由」。[19] 這關係、社羣有雙重含意,一面是垂直的,另一面是橫向的。垂直方面指的是與上帝的關係,橫向方面指的則是與人及其他受造物的關係。上帝自己的他性使得人具有「空間」、自由去跟祂關連起來。根頓指出:「上帝的位格性的他性(personal otherness)、自足性是自由所倚靠的根基,因為那是根基,使得人具有與上帝建立關係的他性。……如果上帝在永恆裏『首先』並非且也沒有位格的空間,那留下的危險就是人的自由將會被內住性的主權所吞噬。我們的自由是基於上帝的主權,並由之而出,但除非這自由至少是超越性的、位格空間的主權的一部分,否則就會威嚇並吞噬我們。」[20]

簡單來説,內契三一的位格空間及自由是經世三一的他性與關係的根據。這經世三一對人的創造和拯救,實質就是一種建立人的他性和關係的舉動。人是上帝的形象,其意義乃是這他性和關係。但人有上帝的形象首先在於他跟他者的上帝有一恰當的關係,而正是在這一與他者的恰當關係中,人活出上帝的形象:他性與關係。這樣,人才是自由的。然而，這他性與關係還有橫向的一面，就是與人與萬物的關係。人不單在對他者的上帝的關係中獲得自由，並且也是在與一切跟他有別的他者的關係中實現其自己的本性。如根頓所言：「……我們是上帝的形象，……當我們在人類的社羣中向他者付出又從他者接受。」[21]

在這裏，根頓特別提醒「在諸多關係中實現我們的本性」的意義，是遠過於一般所說的。他認為至關鍵的地方乃在於人類社羣要建構位格的特殊性、獨一性和分別性：即在關係中的自由他性（free otherness in relation）。[22]沒有他性的關係，自由是不可能的。「成為一個位格，是在特殊性和自由中被建構起來的——被給予空間成為一個位格——藉由社羣中的他者。」[23]自由是空間，但空間是在社羣中由他者所賜予的；他者是界限、限制，使得獨特性能夠實現。「界限是祝福而非咒阻，逃避界限會把自由轉為奴役。」[24]如此一來，在他性與關係中所理解的自由以及由此種自由所實現的獨特性，就可以防範人類文化中的兩種偏差：平等主義及其帶來的集體主義、個人主義。前者否定特殊性，後者以為「人不能單靠自己而站立得穩」這種說法不成立。[25]結果，在這兩種實踐中，沒有真正的自由，人只成了奴隸。

4.結語

從根頓對自由所作出的三一論反省之中，我們發現當代文化對自由的看法，不一定是惟一的，更不必然是恰當的。當然，根頓的作品鮮有涉及新興的社羣主義哲學對自由的理解，因而未能有所交鋒，但兩者的親和性卻是十分高的。更重要的是，根頓透過三一論的討論來審視自由的問題，讓我們看見三一論的文化意義，從而擺脫過去對教義的錯誤了解。

事實上，只有對教義作出通透的了解並創造性的發展，才能有益於今天的文化處境。三一神學在二十世紀經巴特而復興，可惜一般教會及信眾仍然無善解，以為只是不食人間煙火、高深莫測的古老教義，從而未能發掘出其對應文化處境的意義，誠為可惜。下面我們繼續探討三一神學對真理知識的意義。

三、三一與真理[26]

1.啟蒙的辯證

真理與三一的神學有何關係？我們在面對現代和後現代的真理觀的時候，可能從沒想過基督信仰中的三一神學可以幫忙解決問題。然而，根頓卻認為我們必須回到三一的神學中才能確立恰當的真理觀。從這裏，我們可以看見三一神學所具有的真理意涵，而非只是一關乎上帝自身的認信。

簡單來說，根頓從三一神學發展出來的真理觀，既是不落兩邊卻又兼備兩邊的，這主要是繫於他對啟蒙或現代以來所陷進的困局的分析：「啟蒙的辯證」(the dialectic of Enlightenment)[27] 或「現代性的辯證」(the dialectic of Modernity)。[28] 根頓以辯證來了解啟蒙或現代性及其對立面的關係：啟蒙或現代性從其自身之中產生了否定自己的對立面，[29]這表明了啟蒙或現代性及其對立面兩者之間具有一內在的關係。在啟蒙所支持的真理的普遍性與後現代主義所選取的多元主義[30]之間，具有一種辯證的關係，前者衍生後者，後者以前者為基礎，但兩者卻互相對立，彼此排斥、否定。如果啟蒙和現代性的真理觀是強調客觀性、普遍性。那麼，其反對、對立面就認為有的只會是主觀性、特殊性。並且，他們認為客觀性與主觀性互不相容、普遍性與特殊性彼此否定。這樣一來，難免陷入一種非此即彼的零和遊戲。根頓希望在這兩條尋索真理的進路之外，開發出第三種可能。

2.第三條真理之路

第三條真理之路既是不落兩邊卻又兼備兩邊的，但如何可能呢？這裏進一步涉及根頓如何理解啟蒙或現代性及其對立面的根本衝突。對根頓來説，關鍵乃繫於雙方對人的理性在認識事物的本性上持有不同的立場。啟蒙或現代性以為人的理性是絕對的，可以取代上帝的位置，[31] 但其對立面則因為前者的失敗而對人的理性完全不信任，認為人的理性不可能達至絕對的真理。[32] 面對這樣的對立情境，根頓認為必需正視雙方的洞見，不能一反全反，把洗澡水連同嬰兒一起倒掉，結果廢棄了一切的真理，[33] 因此有需要肯定「在追尋普遍與客觀當中也許有一定的真理在內，但同時得承認這是人類可錯的思想的成果」。[34] 一方面，根頓肯定真理的普遍性與客觀性，可是另一方面，他又提醒我們其中的特殊性與主觀性。很明顯，根頓並不願意放棄真理之可追求性，他採取人是有限和可錯[35] 這一觀點來對雙方的立場作出修正：人的理性就既非絕對無限的，但也不是完全敗壞無能的。

是以，根頓的第三條真理之路乃是在基督信仰之中尋找一種「可錯的」基礎（fallibilist foundations），[36] 從而「發展出一套意義理論（theory of meaning），可以以某種方式保存兩方面應有的位份，在當中普遍的概念不會把特殊的概念削足就履，而是容許特殊仍然是特殊」，[37] 反之亦然。這就是既重視人的特殊性、可錯性，容讓其在理性之中扮演朋友而非敵人的角色，[38] 但又不至落入主觀主義和相對主義的危險之中。[39] 一個追尋真理的合理進路必須滿足這兩方面的要求，特殊性與普遍性都各自有其位置。[40]

3. 思想與實在的動態性互動

基督信仰，可以怎樣建立一套照顧到人的有限性、可錯性的意義理論呢？首先根頓強調真理是思想與實在(reality)或事物互動的成果，[41] 兩者必須處在一種統一的關係之中。[42] 這裏所謂的統一並非消除對方的特殊性的意思，而是強調兩者恆常處在一種互動的關係之中，離開這一互動的關係，真理就會落於片面而為純粹客觀的，或純粹主觀的。根頓希望能由此而達至調和而不落兩邊。那麼基督信仰的三一神學在這裏可以扮演甚麼角色呢？

這裏分別涉及存有論和知識論的問題。在存有論上，存在物的本性究竟是怎樣的？這就涉及三一上帝與受造物之間的關係，在根頓來看，此即一套三一式的存有(與生成變化)的類比(trinitarian analogy of being (and becoming))。[43] 在知識論上，這就關乎人的思想在與存在事物相遇互動時，如何可以保證其以對應的方法來認識存在事物的本性？在根頓來看，此不得不跟人的思想與三一上帝的相遇互動相干，人惟有在其思想與三一上帝的相遇互動中才能掌握恰當的認識事物的方法。換句話說，事物的本性跟人對事物的認識均需根源自三一上帝。我們在這裏主要就知識論作出探討。

根頓重視思想與實在之間的互動，因此他重拾西方前康德意義的超越性(transcendentals)，這些超越性乃是具體展示「事物本性所具有的必然標記」(the necessary notes of being)，[44] 但卻不是一些先驗的哲學範疇，可以預先套進上帝的事物身上。這些超越性不是出自人的思想，而是由於事物乃是上帝所造的，因而帶有造物主的印記。[45] 換句話説，事物本性中的超越性是來自上帝的，而非來自人的思想的。如此一來，即不能以人的思想來絕對規限事物的本性，也不能按人思想的範疇、形式來展示事物的本性。但這又並不表示人不能認識這超越性，因為這些超越性是敞開的，而非封閉的。這種敞開是向人的思想敞開的，從而與人的思想產生互動的作用，帶領思想認識事物的本性。

> 一個敞開的超越性，其意思乃是，在某種方式底下其對人類的思想過程是很基本的。這敞開的超越性對一個不斷且原則上不會完結的開發事物本性的普遍標記(universal mark of being)的進程，起著加力的作用。[46]

4.吊詭的三一與不落兩邊的真理思考

根頓進一步稱這敞開的超越性為三一式的超越性(trinitarian transcendentals)，[47] 意思是這些超越性是從三一上帝而來的。根頓指出：雖然三一上帝並非超越性，也並非一切事物的標記，但三一上帝卻生出超越性。[48] 由三一上帝生出來的三一式超越性有甚麼特性呢？根頓在這裏要講的乃是在上帝的一(oneness)和三(threeness)之間的動態辯證(dynamic dialectic)，[49] 受造物帶有三一式超越性即帶有這種動態的辯證性格。換句話説，若説事物的本性為三一式超越性，那就表示其本性為動態辯證的，而不能只談其統一性而忽略其多元性，或只談其多元性而忽略其統一性。

相應事物這辯證的吊詭性格，人的思想與之相遇互動，如何能以辯證的概念來認識了解？根頓再一次訴諸於三一上帝，認為三一上帝是人得以思考辯證的根源所在。根頓引用哥拿烈治的「理型」(*idea*)來指出概念必須是動態的而非靜態的，[50] 也並非抽象的或普遍化的。[51] 那麼，這理型從何而來？哥拿烈治認為動態的理型通常只由明白不過的吊詭性(paradox)所產生的，[52] 而三一則為「理型中的理型」、原初的理型(primary idea)，是一切理型的出處。[53] 這也就是說，一切思想中的辯證或吊詭，都是出於三一這根源性的理型。亦即，三一乃是至為吊詭的理型，是不可思議的。

根頓引用拿先斯的貴格利(Gregory of Nazianzus)對三一上帝的講論來表明這種吊詭的思想：「我不可能想像那一(the One)而沒有為那卓越的三(the Three)所啟發；我不可能分別三而不被吸引回歸於那一。」[54] 當我們與三一上帝相遇，思想必得在一與三之間取得平衡而不能有任何偏廢：「思考上帝讓人的心思不能停駐在統一或多元之上、巴門尼得斯或赫拉克利特斯之上。」[55] 反之，乃是透過三來思想一，透過一來思想三，卻絕對不能單單思考一或三。同樣地，當一切事物其本性都帶有這種三一式超越性，也就需要以相同的辯證方式來思考其吊詭性格了。

哥拿烈治指出了理型的中介性格：要在普遍中思想特殊，在特殊中思想普遍。[56] 吊詭的理型其實是包含相反在內的，但當中的相反又必須相成，這種相反相成的結構其實是以互為中介而得以可能的。吊詭的理型就具有這種相反相成的特性，因而深不可測，為思想在與實在接觸時提供可能性讓其可以更深地透入事物的真理之中。[57] 而一切吊詭的理型都源出自三一這原初的理型。

5.兼顧有限性與特殊性的真理觀

在這裏，我們回到起初的關注：一種兼顧人的有限性、可錯性的不落兩邊的但又兼容兩邊的真理觀。真理乃人的思想與事物之間的互動，那麼由於人的有限性，以及事物的吊詭性，這認識的過程就是不斷的。就人方面來說，即或以吊詭的思想方式來把握事物的本性，但礙於特定的時空，其思想的吊詭性亦是特定的、有限的，只能把握事物某一面的吊詭性。從這裏就反顯出另一面，即事物本身的吊詭性是深不可測的。從事物的這一面亦可顯明認識的過程沒有可能一次過完成的。如果真理乃人的思想與實在互動的成果，那麼，真理就不能不具有人的有限性與特殊性在內。

然而，即或人所能把握的只是事物某一面的吊詭性，但這某一面的吊詭性仍然包含著普遍性與特殊性、客觀性與主觀性在內的。並且，由於事物與人的思想總是在一不斷的互動過程之中，那麼，事物的三一式超越性亦會對人的思想起著一種誘發的力量，要求思想不斷尋找啟發性的概念，以便更深入及豐富地思考事物的本性，[58]這樣一來，人對事物的認識即不斷脫離某一面的吊詭性而提升至更深刻、更豐富的吊詭性，以包容更深刻、更豐富的普遍性與特殊性、客觀性與主觀性。在事物的本性與人的思想乃為統一的情況底下，在互動的歷程底下，人對普遍的了解必然是特殊中的普遍，對特殊的了解必然是普遍的特殊，而真理自然是在不斷深刻化和豐富化的過程中展現其不落兩邊又兼容兩邊的性格。

6.三一式的意義理論

基督信仰中的三一神學，對尋索真理所具有的意義，在啟蒙的辯證或現代性的辯證的處境底下，顯得特別明確。根頓借助哥拿烈治對三一的分析來解決真理的普遍性與特殊性，其中的關鍵乃在於當思考三一時我們必須以相反相成的方式來進行，這就成為基本的思考模式。由此思考模式而可以生出許多具有吊詭性的理型，進而認識事物的本性。另一方面，三一上帝所創造的事物其本性因為帶有三一式的超越性，因此，當其與人的思想相遇互動之時，亦會要求我們尋找吊詭性的理型去認識其本性。在這當中，由於真理並非人單方面決定的，但又不是純粹被動反映事物的實在，因此既可以避免過份信賴人的理性，又能夠肯定人的有限性和可錯性。根頓透過相反相成的吊詭性三一來處理真理觀，讓我們看見如何可以不落入「啟蒙的辯證」或「現代性的辯證」，而能正視人在追尋真理過程中所扮演的角色，不致過度樂觀或悲觀、過度高抬或抵貶，從而達至不落兩邊但又兼容兩邊的真理觀。

三一的神學與真理有何關係？表面看來並不那麼相乎，但根頓卻勾劃出一種三一式的真理觀。傳統基督信仰中的三一神學主要關注神聖的內契三一和經世三一，沒有著力發展其所涵蘊的文化意義，根頓為我們展示出三一神學所具有的知識論涵義，大大的擴闊了和深化了三一的神學。當然，相應於這種三一式的意義理論，我們必須同時開展出一套存有論，這就是根頓所講的三一式的存有（與生成變化）的類比，以確立恰當認識和言說一切事物本性的存有論根基。

註釋：

1 博士論文出版為 *Becoming and Being: The Doctrine of God in Charles Hartshorne and Karl Barth*, new ed. (London: SCM, 2001)。

2 Colin E. Gunton, 'Knowledge and Culture: Towards an Epistemology of the Concrete', in *The Gospel and Contemporary Culture*, ed. High Montefiore (London: Mowbray, 1992), 84.

3 本部分曾以〈自由與三一的教義〉為題刊於《使命教會》第5期(2004年1月)，頁3～4。

4 (London / New York : T & T Clark, 2002).

5 (Cambridge : Cambridge University Press, 1993).

6 Colin E. Gunton, *The One, the Three and the Many: God, Creation and the Culture of Modernity* (Cambridge: Cambridge University Press, 1993), 62.

7 Gunton, *The One, the Three and The Many*, 65.

8 Colin E. Gunton, *Intellect and Action* (Edinburgh : T & T Clark, 2000), 107. 德國神學家潘霍華(Dietrich Bonhoeffer, 1906～1945; 另譯「朋霍費爾」)早有類近的看法，參其《創世與墮落》，收朋霍費爾：《第一亞當與第二亞當》，王彤、朱雁冰譯(香港：道風書社，2001)；另參拙作〈潘霍華對男女的看法——以《創世與墮落》為焦點〉，收《愛與慾：基督教性神學初探》，關啟文、洪子雲主編(香港：基道， 2003)。

9 Colin E. Gunton, 'God, Grace and Freedom', in *God and Freedom*, ed. Colin E. Gunton (Edinburgh : T & T Clark, 1995), 122, 即 Gunton, *Intellect and Action*, 178.

10 Gunton, 'God, Grace and Freedom', 122, 即 Gunton, *Intellect and Action*, 178.

11 Gunton, 'God, Grace and Freedom', 122, 即 Gunton, *Intellect and Action*, 178.

12 Gunton, 'God, Grace and Freedom', 122, 即 Gunton, *Intellect and Action*, 178.

13 Gunton, 'God, Grace and Freedom', 132, 即 Gunton, *Intellect and Action*, 190.

14 Colin E. Gunton, *The Promise of Trinitarian Theology* (Edinburgh: T & T Clark, 1991), 170.

15 Gunton, *The Promise of Trinitarian Theology*, 171.

16 Gunton, *The Promise of Trinitarian Theology*, 171.

17 Gunton, *The Promise of Trinitarian Theology*, 131.

18 Gunton, *The Promise of Trinitarian Theology*, 131.

19 Gunton, *The Promise of Trinitarian Theology*, 133.

20 Gunton, *The Promise of Trinitarian Theology*, 138.

21 Gunton, *The Promise of Trinitarian Theology*, 117.

22 Gunton, *The Promise of Trinitarian Theology*, 117.

23 Gunton, *The Promise of Trinitarian Theology*, 117.

24 Gunton, *Intellect and Action*, 168.

25 Gunton, *The Promise of Trinitarian Theology*, 117.

26 趙崇明曾撰文〈根頓(Colin Gunton)對現代和後現代知識論及語言觀的神學回

應〉，收《後現代文化與基督教》，關啟文、張國棟編（香港：FES Press, 2002），頁213～238。但趙文乃從位格的角度而非三一神學來處理真理的問題。

27 Gunton, *The One, the Three and the Many*, 130.

28 Craig Bartholomew, 'The Healing of Modernity: A Trinitarian Remedy?', *European Journal of Theology* 6:2 (1997), 117.

29 Gunton, *The One, the Three and the Many*, 131.

30 Gunton, *The One, the Three and the Many*, 131.

31 Gunton, *The One, the Three and the Many*, 130；參頁131。

32 Gunton, *The One, the Three and the Many*, 131.

33 Gunton, *The One, the Three and the Many*, 131.

34 Gunton, *The One, the Three and the Many*, 131.

35 Gunton, *The One, the Three and the Many*, 131, 132, 133, 135.

36 Gunton, *The One, the Three and the Many*, 136.

37 Gunton, *The One, the Three and the Many*, 132.

38 Gunton, *The One, the Three and the Many*, 133.

39 參 Gunton, *The One, the Three and the Many*, 134。

40 Gunton, *The One, the Three and the Many*, 134.

41 參 Gunton, *The One, the Three and the Many*, 43。

42 參 Gunton, *The One, the Three and the Many*, 134, 135。

43 Gunton, *The One, the Three and the Many*, 141.

44 Gunton, *The One, the Three and the Many*, 136.

45 Gunton, *The One, the Three and the Many*, 136.

46 Gunton, *The One, the Three and the Many*, 143.

47 Gunton, *The One, the Three and the Many*, 149.

48 Gunton, *The One, the Three and the Many*, 145.

49 Gunton, *The One, the Three and the Many*, 150.

50 Gunton, *The One, the Three and the Many*, 143.

51 Gunton, *The One, the Three and the Many*, 143.

52 Gunton, *The One, the Three and the Many*, 143.

53 Gunton, *The One, the Three and the Many*, 144.

54 Gunton, *The One, the Three and the Many*, 149.

55 Gunton, *The One, the Three and the Many*, 150.

56 Gunton, *The One, the Three and the Many*, 144.

57 Gunton, *The One, the Three and the Many*, 144.

58 Gunton, *The One, the Three and the Many*, 142.

根頓三一神學與中國儒道佛哲學的相似與差異

鄧紹光

一

英國神學家根頓在發展其神學思想時，總是不忘西方文化的背景和影響。根頓在考察教會歷史中的神學時，非常敏感於各神學家跟當時的文化哲學之間的互動關係，以及其所成就的思想對後世無論是神學或文化發展之影響。因此，他的神學思想不單只是跟神學的先輩對話，作出批判和修正，更同時是回應整個西方文化的走向：從希臘到中世紀，從現代到後現代。是故，根頓的神學不單是孕育於神學與文化的對話之中，並且也是為了從神學的角度重新闡釋西方的文化並予以恰當的調校，以引領其走上正途。這中間的代表著作，可數其早期的 *Enlightenment and Alienation: An Essay towards a Trinitarian Theology*[1]（書名可中譯為《啟蒙與異化：朝向三一神學之論述》），及後期的 *The One, the Three and the Many: God, Creation and the Culture of Modernity*[2]（書名可中譯為《一、三與多：上帝、創造與現代性文化》）。

從以上的介紹來看，我們可以十分肯定根頓的神學思想必然對西方文化有著十分明顯的意義，而可以作出許多探討、分析和發展。然而，根頓對漢語文化哲學及神學有何意義呢？這是一個有待開拓的領域。這方面過去漢語神學界有過一些探討，但仍然未成氣候，其中包括李樹德：〈他然的優位性：說荀子之社羣性的存有論與三一位格神論的文化的涵義〉、[3] 鄧紹光：〈中國文化的統一與多元——從根頓的文化神學著眼〉、[4] 趙崇明：〈外在超越之路——根頓的三一終末聖靈論〉、[5]〈比較荀子的社羣存有論及根頓的教會存有論〉。[6] 無獨有偶，這些文章都著眼於根頓的三一神學，這其實也反映出根頓本身的神學特色。基本上，他的整個神學就是以三一論來架構起來的，而其對西方文化及哲學的反省所採取及所導向的，亦是三一神學。可以說，把握住根頓的三一神學，就能通貫了解他整個神學的面貌和發展。那麼，根頓的三一神學及其對西方文化和哲學的分析和批判，對漢語的文化及哲學，其意義又何在呢？

本文對上述的問題不擬作出全面的解答，這需要許多人共同努力探索，而不是一個人一篇文章可以完成的。筆者在這裏只是繼續拋磚引玉，就三方面作出討論。首先涉及的是一根本的問題：世界的起源。根頓的三一創造論很明顯是有別於漢語文化哲學中的自然生發觀點，可是本文接著卻要指出根頓倡議的三一式思維跟中國天台佛學的一心三觀有著結構上的相似性，為甚麼會這樣呢？應如何解釋這一現象呢？從根頓的三一神學來說，他既要堅持上帝與世界之間的存有論差異，但也同時要確立上帝與世界之間的緊密關係。因此，這篇文章分為三部分，就著以上的問題，逐一討論，希望能展示出根頓的三一神學所具有的某些文化向度，以及其對漢語的文化、哲學的意義。

二

對宇宙世界的看法，根頓指出基本上不出兩種：世界的起源在於一位格的動力(personal agency),或是以某種的自行組織(self-organized)的方式而出現。[7]根頓跟隨哥拿烈治的分析,認為後者的「宇宙發生(cosmogony)就是神靈發生(theogony),反之亦然」,亦即是,宇宙的起源跟神聖者的起源是同一的過程,[8]宇宙的起源即神聖者的起源,神聖者的起源即宇宙的起源。這可以如下的公式表達:「這是一個自行組織的混亂」(a self-organizing chaos)而「……結果就是自然」(...nature as the result)。[9]根頓指出這樣看待世界,世界即成了一沒有分別的統一體(undifferentiated unity),[10]意思是,這樣的世界將不能把自己分別出來而自成一體,因為世界之外別無他物。現代哲學家史賓諾沙(B. Spinoza)的泛神論(pantheism)是一個很好的例子,上帝之所成與世界之所成乃同一事情之兩面,[11]由上帝方面而可言統一,由世界方面而可言分殊。按根頓的了解,這種自然宇宙觀是一種內在主義(immanentism),世界的意義並非由其外在的事物所賦予的。[12]

在漢語的文化思想之中,其對自然宇宙起源的看法正是一種內在主義,以自然宇宙為自生自發自行組織的,無論是儒家或是道家,都採取這一立場。唐君毅在其著作《中國文化之精神價值》[13]一書中闢有專章〈中國先哲之自然宇宙觀〉,清楚表明這一特性:

> ……中國古代之自然律,亦非由神自外賦與或自上而安置於下,而是內在於自然萬物自身的。在易經及先秦儒道二家思想中,已具體形成一種以自然萬物有律則,內在於其運行變化之中,而此律則又非只為一必然原則之思想。[14]

下面我們再透過《周易》和道家的思想，進一步顯示其內在主義的特色。

陳榮灼在〈試論中國傳統自然宇宙觀之重建〉[15] 一文中，認為「基本上，在了解自然宇宙的『從混沌到有序』之歷程上，《周易》是採取了整體的（holistic）和有機的（organic）觀點，……」[16] 首先，《周易》在思考自然宇宙是著眼於「從混沌到有序」的自行組織過程，也就是從自然宇宙本身來了解其「生之歷程」，而非由一外在的位格上帝來把握。再者，這一生之歷程全由自然宇宙內在的整體性和有機性來決定。換句話說，其之所以生，不在於任何外在的原因，而全在於自然宇宙自身。這種生很明顯並非他生而是自生，生之原因乃自因而非他因。而這正是史賓諾沙的觀點。

《周易》的整體與有機性觀點，可由道之陰陽相感而見，而道之陰陽相感，亦是生之原因。唐君毅於此有所論述：

> 吾人如曠觀萬物，則知萬物無不在定位相待，而又互相感應之歷程中。在此歷程中，復有物之作用功能之互相貫徹，而無遠弗屆，此即足以使萬物依此感應而相通，以互結為一體。[17]

> 當前自然界之任一物之生，則其中皆有無限之天地萬物之作用功能之互相貫徹，以使之生。[18]

這裏清楚見出宇宙自然之生乃在於萬物之互相感應而共生，不假外求；其生之歷程乃一自感自應自生自長之自行組織變化，《易傳・彖》言：「天地變而萬物通也」、「天地不交而萬物不通也」、「天地感而萬物化生」，講的正是這層意思。

同樣，道家思想有自然之說。陳榮灼在〈道家之『自然』與海德格之「Er-eignis」〉一文中即明確指出：「依道家，若論及其根源，則萬物都是『自然而然』，而並非為一造物主或人格神所創。」[19] 王弼與郭象分別總括出「自然」一概念之特徵：[20]「天地任自然，無為無造，萬物自相治理」(王弼：《老子注》第27章)、「道不違自然，乃得其性」(《老子注》第25章)、「自已而然，則謂之天然。天然耳，非為也。故以天言之，所以明其自然也」(郭象：《齊物論注》)、「故各自生，而無所出焉。此天道也」(《齊物論注》)。

此中郭象較王弼更進一步，全然貫徹道家之自然義。郭象在批評王弼以「無」為「本」的說法之中，既反對「有生於無」的論點，也否定「造物主」之存在。[21] 其於〈齊物論注〉有言：「無既無矣，則不能生有。有之未生又不能為生，然則生生者誰哉？抉然自生耳。生生耳，非我生也。我既不能生物，物亦不能生我，則自然矣。」若堅持「從無生有」，便會落入「他生」之偏失，喪失了「自然」的諦義。[22] 另一方面，郭象又謂「上知造物無物，下知有物之自造。」(〈齊物論注〉)「凡所謂天，皆明不為而自然。」(〈山木注〉)意即「道家中『天』這概念，並非『造物主』之謂，而只不過是『自然』的別名」。[23] 郭象這一「萬物必以自然為正」的立場，尚可證諸於以下之文本：「自然者，不為而自然者也」(〈齊物論注〉)，「萬物旨是抉然自生非有本」(〈庚桑楚注〉)，「生物者無物，而物自生耳。」(〈在宥注〉)

根頓指出：「一是世界創造其自己，一是世界乃一位格創造主的產物。要在兩者間作出選擇，並不能純粹建基於理性根據，因為這兩者乃敵對的教義，……」[24] 雖然根頓在這裏談的是西方的文化哲學與基督信仰中對世界之創造的看法，但同樣可以用來指陳漢語文化思想與基督信仰之間的張力和對立。面對《周易》的自行組織或自生與道家的自然無故等思想，我們馬上發現基督信仰中的創造論的獨特性。這是因為基督信仰中的創造論乃一從無造有的教導，以及與此相關的：自然宇宙在時空上乃有限的。[25] 根頓如此寫道：

> 上帝造了一個跟祂不一樣的世界，有開始有結束，因此值得關注的是世界之在及為其自身(in and for itself)乃是偶發的實在(contingent reality)，在這情況下意即*相對的獨立*。因此就需要*嚴肅正視*其實際在時間上及物質上的形塑，雖然這並非*惟一*(*solely*)和*絕對*(*absolutely*)。[26]

一方面，世界在本性上是有別於上帝的，因此而可言獨立性，是由其自己所具有的時空性格所塑造的，但另一方面，這種獨立性和獨特性又是相對的而非絕對的，即沒有必然性，而只為偶發的實在。就前者來説，世界有其自生的一面，但就後者來説，這自生並非絕對的而係相對的，正是這一點使得世界不能聖化其自己，而這亦是基督信仰竭力要避免的，創造論中的從無造有就起著這樣的作用。從正面來説，這亦是讓世界成為世界、有別於上帝的世界，如根頓所言：「創造應該被理解為一種賜予他者本性的行動，包括賜予他者成為他者及獨特者的空間。」[27]

我們在這裏可以看見，基本上，根頓認為基督信仰對自然宇宙乃是採取一種他生的觀點，而漢語文化思想，特別是《周易》和道家如郭象，則站穩自生的立場。當然，細緻地講，他生並非完全否定自生，在他生的大前題底下，自生以其偶發和相對的特性而得以成立。然而，這種偶發的和相對的自生，不必然為《周易》和道家所接受。這裏值得注意的是，按照根頓，世界的偶發的和相對的自生，主要緣於三一論式的信仰。換句話說，三一論式的信仰使得我們必須確立世界為偶發的而非自生的。根頓清楚表明：

> 因為〔三一的〕教義教導我們上帝在「創造之先」，其位格之間的共融相交已經是活在愛的關係中，所以祂不需要世界，而只單單地因為世界本身而意欲其存在。是以，宇宙是出於上帝的愛，卻不是必然的。宇宙不必然存在而為*偶然的*，意即……世界被賦予價值而具有自身存在之本性。[28]

> ……上帝創造世界完全不在於世界而只在於上帝自己的自由，以致世界可以是其所是，按自己本性之秩序而為自由的。藉著三一的教義，上帝與世界之間那種在他異性中的關係(relation in otherness)才可被想像，……[29]

三一論在創造論所發揮的作用乃是區分了上帝的創造不是必然的，因為內契三一的團契相交已經是自足的。三一上帝不需要創造一個世界來滿足其自己，祂創造乃出於祂的自由，因此，祂創造的世界就有其自身的獨立性，以及本性。正是世界不必然存在的偶發性使得其有別於三一的上帝，但世界的偶發性又是根源於三一的上帝。再進一步來説，三一的上帝實是從無造有的緣故，而讓世界成為有別於上帝的世界；沒有三一上帝的信仰，也就沒有從無造有的教義，世界也不會被確定為偶發的和相對的自生、有別於上帝的世界。

三

即或根頓和中國哲學在世界起源的問題上有著看來是根本的差別，但另一方面卻又在知識論上有些看法可堪比擬，這就是前文述及的三一式思維和一心三觀。

天台佛學的一心三觀由智顗提出，由一心三觀而有三諦圓融，前者就認識真理實相的主體活動來說，後者就真理實相的本來面目而說。一心三觀中所觀的對象又可分為兩種，「其中是以心為所觀的對象，同時以空、假、中三種不同的面相來觀。……另一種情況則是以心為能觀，觀照對象的空、假、中三方面的面相」。[30] 今只談第二種的一心三觀。我們有興趣的是這種觀照對象的活動究竟是怎樣子的，其所達至的真理實相：三諦圓融，又是怎樣子的。

首先，一心有三種智：一切知、道種智與一切種智，分別對應同一事物的三種境界，分別為空、假、中。[31] 吳汝鈞就此而解說：「一切智是觀照普遍性的智慧，道種智是觀照特殊性的智慧，一切種智則是同時觀照普遍性與特殊性的智慧。」[32] 值得注意的是，三智在運用上並不是分開，各不相干的，「卻是三者結合成一個整體，三即一，一即三」。[33] 這也就是說，一心三觀乃「不次第觀」，而是要求「在『一心』中同時體證『入空觀』、『入假觀』、『中道觀』，在『一念心』裏達到『即空、即假、即中』三諦圓融，……這種觀法強調三觀的統一性，所謂『在一心中得』，毫無次第之分，因此也叫『圓融三觀』」。[34]

所謂「圓融三觀」，其統一是如何完成的？空觀、假觀與中觀之間的關係究竟是怎樣的，以致可以達至圓融，而兼備普遍性與特殊性？智顗有言：

> 觀有三。從假入空，名二諦觀。從空入假，名平等觀。二觀為方便道，得入中道，雙照二諦，心心寂滅。自然流入薩婆若海，名中道第一義諦觀。(《摩訶止觀》卷三上)

這表明了空觀與假觀並不是相互獨立的，而是互相依待的。[35]「從假入空」就是從特殊性(假)來把握普遍性(空)，「從空入假」就是反過來從普遍性(空)來把握特殊性(假)。很明顯，中觀就是空、假互為中介的觀照活動，透過假來觀空，也透過空來觀假。這樣，中觀就能不落兩邊，既不偏於空，也不偏於假，卻在互為中介的觀照中同時把握事物的空相和假相，亦即真道。就此，牟宗三説：「佛眼觀中是就著假而了解空的普遍性，就著“particular”而了解“universal”；而且就著空的普遍性同時就了解假，所謂空假圓融，這才叫做中道。……所以嚴格講，照佛教的講法，這個普遍化了的特殊才是真正的特殊，這才是真正具體的特殊。……再者，佛眼所見的普遍也不是我們平常所説的那個抽象概念之下的普遍，他是具體化了的那個普遍。」[36] 因此，智顗説：「即中即假即空，不一不異，無三無一。二乘但一即，別教但三即，圓具三即。三即。三即，真實相也。」(《法華玄義》卷八上)

即中即假即空，既不是一即(即空)也不是二即(即空即假)，而是三即，但並不是離假、空別有一中。中道乃是在空假之互為中介中而成立的。中、假、空並非抽象的同一，但又不是互相離異的；離開了中、假、空，又沒有了具體的同一。當中的關鍵全在於空與假之互為中介這一關係。能達此中道，即能雙遮雙照，即雙邊否定空觀與假觀，雙邊肯定空觀與假觀。前者為要化掉兩邊的片面執著，後者則為要肯定兩邊均為構成真理之要素。此即智顗所言：「……雙遮二邊，是名二空觀。……入中道時，能雙照二諦。」(《摩訶止觀》卷三上) 因此，圓融三諦乃是普遍的特殊與特殊的普遍，一中多與多中一，而為具體的真理。

無獨有偶，根頓在思考基督信仰的真理觀的時候，也同樣採取一種雙遮雙照的觀點，即真理乃不落兩邊的，既不能偏於普遍性，復不能執於特殊性，但兩者同時又是真理的面相。這就是不落兩邊又兼容兩邊了。根頓這樣的思考必須從其對啟蒙或現代性的分析來了解。

根頓界定今日的真理危機為「啟蒙的辯證」(the dialectic of Enlightenment)。[37] 啟蒙基本上是反傳統的，不單以理性否定傳統，更以理性取代傳統，[38] 甚至上帝。[39] 理性否定和取代傳統，目的是要尋找不可置疑的普遍真理而非特殊的信仰，取代上帝的含意乃是理性自身可以獲取絕對的真理，理性具有上帝的能力，能扮演上帝全知的角色。固然，啟蒙這種理性所獲取的真理是普遍的，但卻是抽象的，而非具體的，這就成了黑格爾所講的抽象的普遍性。後現代性對現代性的批評就落在這一要點之上，從而強調特殊性，否定普遍性。這樣就出現了普遍與特殊的緊張關係：相互否定、彼此排斥。

無疑，啟蒙的辯證帶來了真理的危機，但對根頓來說，這也是一個契機，因為在啟蒙的辯證之中揭示了真理的兩個面向：普遍性與特殊性。問題只是各執一面，未能結合起來，因此根頓的著眼處乃在於人如何可能同時思考普遍性與特殊性，如果兩者同為事物的本性，以及真理的面目。針對這一問題，根頓提出了一種三一式的真理觀，[40] 以三一的動態辯證(dynamic dialectic)和吊詭(paradoxical)性格來予以疏解。

根頓主要是受到哥拿烈治所啟發，認為三一上帝是人得以辯證地思考的根源所在，即一切思想中的辯證或吊詭，都是出於三一的「理型」(*idea*)。[41] 這裏所説的辯證或吊詭，首先就是指到上帝的一(oneness)和三(threeness)之間的動態辯證和吊詭。[42] 根頓引用拿先斯的貴格利對三一上帝的講論來表明，思想三一上帝乃一辯證與吊詭的歷程、運動：「我不可能想像那一(the one)而沒有為那卓越的三(the Three)所啟發；我不可能分別三而不被吸引回歸於那一。」[43] 意思是，我們必須同時思考一與三，不能只就一來思考一，只就三來思考三，根頓明確指出：「思考上帝讓人的心思不能停駐在統一或多元之上、巴門尼得斯或赫拉克利特斯之上。」[44] 那麼，怎樣才能同時思考一與三、普遍性與特殊性呢？

哥拿烈治提出了一種互為中介的思想方式，或者應該這樣説，思想的辯證和吊詭性格就在於當中的互為中介，他指出：要在普遍中思想特殊，在特殊中思想普遍，[45] 這就表明了這種思考乃一以互為中介的方式來連繫普遍性與特殊性的舉動，從而達至相反相成的果效。相反，其實就是雙遮，透過普遍性來否定對特殊性的偏執，反之亦然；相成，其實就是雙照，透過普遍性來肯定特殊性乃真理的一個面相，反之亦然。換句話説，思考中的相反相成或雙遮雙照，作用是否定執取於普遍性或特殊性，又同時肯定這兩者，而沒有削足就履，把特殊性化為普遍性，或把普遍性化為特殊性。只有這樣，才能把握實在、真理。

從以上就天台佛學的一心三觀跟根頓的三一式思考的介紹，我們發現大家是十分一致的，彼此的用心都在於避免落於片面的真理觀，而要兼容兩邊。在把握實在的方法上，兩者都採取了互為中介的方式，藉此而可以相反相成、雙遮雙照。當然，在天台佛學來說，一心三觀觀真如，但亦是救法，「目的是破惑，不在觀境」，[46]如智顗所言：「若雙遮二邊，為入中方面，能破無明，成一切種智。」(《摩訶止觀》卷三上)可是，根頓的三一式思考是否同時亦為一種救法呢？恐怕這並不那麼直接和明顯了。

四

最後，我們必須對天台佛學與根頓神學的真理觀作一反省，為何兩者都會採取一種中介式的雙遮雙照的方式去認識事物呢？站在根頓的三一神學，可以如何了解這一現象？簡單來說，根頓下面的一段說話指出了原委：

> 從啟示中所學習到的，即由拯救的經世活動所產生的三一概念，以及從否定進路對上帝永恆本性的掌握而了解的三一概念，可被顯明為對應普遍人類理性的結構。這樣的講法，其意思乃是，因為三一式概念反映了上帝的本性，所以我們應當可以在人類的思想及受造世界的結構中找到某種回應。[47]

根頓認為在人類的理性思想及受造世界的本性中，都具有某種三一式結構，而這種結構是對應或反照上帝的本性的。換句話說，由於上帝乃三一的上帝，故此人的思想與事物的本性就會具有某種三一式結構，以致人在思考時，有可能藉著其三一式的思維來發現事物的三一式本性。當然，根頓在這裏同時不忘指出，這樣的一種知識不單只是人自己所成就的，並且更是聖靈所賜予的。[48]在根頓的角度來看，人的受造理性本來就有這種思維結構，只是因著罪的緣故而未能發揮出來，因此，啟示在這裏就起著釋放的作用。[49]

根頓在論到哥拿烈治的「一切真理都是啟示的種屬」(all Truth is a species of Revelation)曾就此而作出較仔細的解釋。

> 首先，實情是：離開了人的理性結構，自然並不揭示其祕密。……通過人的理性活動，自然始可被了解。這涉及如下的信念：人類的活動中有某些東西是主動地對應，或可能主動地對應世界存在的方式。[50]

> 其次，這只能出之於聖靈論式的了解。如果有所謂世界真理的啟示，那麼就是因為真理的靈使得其發生。換句話說，靈這創造主(the creator Spirit)讓人的理性能夠在靈所設定的界限之內擁抱創造物的真理。[51]

根頓要說的乃是，「一切知識，豈不都是決定於揭示或啟示嗎？」[52]「我們……不可能認識，除非我們被那跟我們不一樣的靈上帝(God the Spirit)透過多樣的中介所教導。」[53] 根頓要表明的似乎是聖靈會在我們認識事物的過程中介入，讓事物揭示其自己。這就從客觀的角度確立聖靈在知識論中的角色。

如果聖靈的工作是遍及一切受造物的，那麼在知識論的層面上，聖靈同時在主觀和客觀兩方面都發揮作用。在主觀上，聖靈會引發人理性的三一式思維；在客觀上，聖靈則向人揭示事物本性的三一式結構，由此而可以成就知識。根頓並且以此來解釋知識論中的直覺主義：「如果直覺涉及任何種類的知識，那麼，它很可能只是一種遁詞，逃避中介性，而這應是聖靈論式的知識所具有的特性。」[54]

這樣的一種聖靈論式的知識論，基本上可以提供一種解釋，說明何以天台佛學與根頓神學對真理實相的進路可以是如此相近的。當然，聖靈論式的知識論之所以可能成立，亦得預設根頓嘗試建立的三一式的存有（與生成變化）的類比（trinitarian analogy of being (and becoming)）。這類比一方面要確保上帝與受造物的差別，另一方面又要建立上帝與受造物之間的相似性，而更重要的是由此而可以確定人的受造理性與事物的受造本性均是三一結構的，兩者有一對應的關係。聖靈論式的知識論即以此為基礎，倡言聖靈的啟示工作與人的理性活動是不相分離的，聖靈既在主觀層面上啟發人的三一式理性，亦在客觀層面上揭示事物的三一式結構，這就使得一種中介式的雙遮雙照的知識成為可能。由於聖靈的工作是普遍及於人及一切的受造物，故此天台佛學亦可如根頓神學，發展出一心三觀、圓融三諦的知識論、真理觀。

在這裏我們要補充的是，根頓講的三一式的存有（與生成變化）的類比，乃形式上的類比，而非本性上的類比，因此仍然保存上帝與世界的差異。就形式上來說，上帝與世界的類比關係乃共融性（*perichoresis*）（即普遍性）、特質性（substantiality）（即特殊性）、關係性（relationality）。[55] 這是從三一上帝的「三一」發展出來的，三與一的辯證結構就涵蘊共融性、特質性、關係性。一的共融性與三的特質性這兩者之間乃一相互牽引的結構，其之所以為相互牽引即在於一與三乃辯證的關係。一不離三、三不離一，因為在一與三之間乃辯證的關係。因此，根頓講的三一式的存有（與生成變化）

的類比，即是指到上帝與世界的相似乃是共融性、特質性、關係性等的相似，是三一論式的相似。在這樣的類比觀底下根頓即可進一步發展聖靈論式的知識論，解釋人之所以可能同時掌握事物的普遍性與特殊性，成就具體的真理。

五

易經與道家倡議自然宇宙的自生，直就其自己的生而論生，而不訴諸於一有別於自然宇宙的上帝，目的不外保存自然宇宙自身的本性，但問題卻是：如何可能不絕對化、神聖化自然宇宙？當萬物之外別無一有異於其自身的創造主上帝，那麼萬物就是一切。如果否定創造主的原因乃在於要確保自然萬物的本性，那麼其所要否定的上帝並非根頓所言的三一上帝，而是非三一的上帝。事實上，如上文所言，在根頓的三一上帝觀底下，上帝是自足的，創造因而乃從無造有，意味著受造世界的本性有別於造物主三一上帝的本性。正是這種三一上帝觀及由此而來的創造論，使得世界能享有其自身的獨特性。另一方面，由於世界乃受造的，從無而有，它就不能自己安立自己，因而防止了世界的自我絕對化和神聖化。

除了透過從無造有來了解上帝與世界的關係，我們還可以從另一進路來把握兩者之間的關係。前者講的是本性上的分別，但在這本性上的分別之外仍然可以講類比，此即是就形式上來講上帝與世界的相似性，而非就內容上來講。就內容上來說，上帝與世界沒有類比的關係，但就形式上來說，上帝與世界可以存在類比的關係。根頓基本上是發展後者的類比，從而提出一套聖靈論式的知識論，以解釋人對辯證、弔詭真理的把握。然而，天台佛學以為這是人自身所能達至的，但按根頓這是聖靈的工作，並非人單靠自己可以識透事物的本相；人之可以識透，是因為聖靈在主觀層面上啟發人的三一式理性，又在客觀層面上揭示事物的三一式結構。因此，聖靈論式的知識論固然解釋了人認識具體真理之所以可能的條件，但同時亦表明這條件是外在的而非內在的。人不可能離開聖靈的工作而能認識真理。但天台佛學卻只滿足於就心之雙遮二邊來解説對無明的破除而掌握真理實相，而無意著眼於心之活動之所以可能的條件。這裏即涉及兩者的根本差異，有待進一步的探討。

本文就著根頓的三一神學所展示的創造論，引申出不一定要採取易經及道家的觀點才能確保自然萬物的本性，基督信仰自身亦具有相應的關心與解説。此外，在根頓的三一式的存有(與生成變化)的類比思想下，他發展出聖靈論式的知識論，顯示出一種基督教式的辯證、吊詭知識論，不讓天台佛學專美。在這裏，我們可以進一步指出，在持守基督信仰的獨特性這一大前題底下，這兩點均可成為基督信仰與中國儒道佛哲學對話的切入點，藉此深化發掘兩者之間的差異和相似。這裏所謂切入而與中國儒道佛哲學對話，可以包含如下兩種意思。首先，在物之生一事上，佛教言緣生法，與儒家、道家都同樣否定物外之創造主這一説法；[56] 此外，在掌握認識實相方面，依牟宗三的看法，儒道兩家跟佛家同樣都講內容真理，[57] 即真理乃「具體的普遍、普遍的特殊真理」，[58]「儒家道家佛家都是在這個範圍轉」，[59] 那麼，儒道兩家都當涵有佛家那種辯證吊詭式的真理觀。因此，在基督教與中國儒道佛的對話中，根頓的三一神學是一個很可以選取的神學資源。這是我們上述所講的切入與中國儒道佛哲學對話的第一種意思。

然而，我們卻主要屬意於如下的第二種意思。由於首先在跟周易、王弼、郭象和天台的對比中建立了某種橋樑，所以可以在這一基礎或成果上繼續跟儒道佛哲學中其他宗派進行對話。亦即是，我們可以以周易、王弼、郭象的創造論、天台的知識論為中介，從而與中國儒道佛其他宗派在同一領域內作進一步的對話比較。當然，其成果如何，則必得待具體的討論而後方可得知，而不必然完全重覆我們這篇文章的對比成果。譬如說，我們可以通過天台的一心三觀而讓根頓的三一式的辯證、吊詭知識論與華嚴的四法界或十玄門或六相圓融作出對比，以確定兩者之間的差異與／或相似。尤有進者，這種透過中介的對話或對比，並不單只是基督教中的根頓神學（某個大系統底下的子系統）與佛教中的天台（另一個大系統底下的子系統）之間的對話或對比，卻同時引發出另一個大系統底下的子系統之間的對話（佛教內的天台與華嚴）。換句話說，我們希望這樣的對話或對比，能產生一種生生不息的作用，使得無論系統間的或系統內的對話或對比都能持續生發下去，而非僵化死寂，卻能與時並進、不斷轉化更新。

註釋：

1 (Grand Rapids: Eerdmans, 1985).

2 (Cambridge: Cambridge University Press, 1993).

3 《維真學刊》第五卷第二期（1997）：56～68。

4 收陳廣培編：《傳承與使命：艾香德博士逝世四十五週年學術紀念文集》（香港：道風山基督教叢林，1998），頁65～73。

5 收鄧紹光主編：《聖靈：華人宗教及文化處境下的反思》（香港：信義宗神學院，2002），頁75～98。

6 《山道期刊》第七卷第二期（2004）：99～126。

7 Colin E. Gunton, *The Promise of Trinitarian Theology* (Edinburgh: T & T Clark, 1991), 26.

8 Gunton, *The Promise of Trinitarian Theology,* 108.

9 Gunton, *The Promise of Trinitarian Theology,* 108.

10 Gunton, *The Promise of Trinitarian Theology*, 108.

11 Gunton, *The Promise of Trinitarian Theology*, 109.

12 Gunton, *The Promise of Trinitarian Theology*, 25.

13 (台北：正中書局，1982)修訂四版。

14 唐君毅：《中國文化之精神價值》，頁84。

15 收《唐君毅思想國際會議論文集(III)》，霍韜晦主編(香港：法住出版社，1991)，頁119～127。

16 陳榮灼：〈試論中國傳統自然宇宙觀之重建〉，頁120。

17 唐君毅：《哲學概論》(下)(台北：台灣學生書局，1982)，頁725。

18 唐君毅：《哲學概論》(下)，頁726。

19 《清華學報》第 34 卷第 2 期(2004 年 12 月)，頁 253。

20 轉引自陳榮灼：〈道家之『自然』與海德格之「Er-eignis」〉，頁7。

21 陳榮灼：〈王弼與郭象玄學思想之異同〉，《東海學報》第33卷(1992)，頁126。

22 陳榮灼：〈王弼與郭象玄學思想之異同〉，頁127。

23 陳榮灼：〈王弼與郭象玄學思想之異同〉，頁127。

24 Colin E. Gunton, *The Triune Creator: A Historical and Systematic Study* (Grand Rapids: Eerdmans, 1998), 39.

25 Gunton, *The Triune Creator*, 87.

26 Gunton, *The Triune Creator*, 87.

27 Gunton, *The Promise of Trinitarian Theology*, 113.

28 Colin E. Gunton, 'The Doctrine of Creation', in *The Cambridge Companion to Christian Doctrine*, ed. Colin E. Gunton (Cambridge: CUP, 1997), 142.

29 Gunton, *The Promise of Trinitarian Theology*, 147.

30 吳汝鈞：《天台智顗的心靈哲學》(台北：台灣商務印書館，1999)，頁90。

31 參智顗：《法華玄義》卷九(上)，《摩訶止觀》卷三上。

32 吳汝鈞：《天台智顗的心靈哲學》，頁97。

33 吳汝鈞：《天台智顗的心靈哲學》，頁98。

34 李四龍：《天台智者研究》(北京：北京大學出版社，2003)，頁92。

35 吳汝鈞：《天台智顗的心靈哲學》，頁100。

36 牟宗三：《中國哲學十九講》(台北：台灣學生書局，1983)，頁37～38。牟宗三這段文字雖然講的是空宗中觀，但卻同樣可適用於天台的一心三觀。牟宗三認為空宗的中觀跟天台的一心三觀在義理上完全一致，參氏著：《現象與物自身》(台北：台灣學生書局，1975)第七章第2節：「空假中：『緣起性空』一義之輾轉說明」。

37 Gunton, *The One, the Three and the Many*, 130.

38 Gunton, *The One, the Three and the Many*, 130.

39 Gunton, *The One, the Three and the Many*, 131.

40 有關根頓這種三一式的真理觀，初步的勾劃可參拙作：〈三一神學所涵蘊的文化意義——以自由與真理為焦點〉，亦收本書。

41 Gunton, *The One, the Three and the Many*, 143, 144.

42 Gunton, *The One, the Three and the Many*, 150.

43 Gunton, *The One, the Three and the Many*, 149.

44 Gunton, *The One, the Three and the Many*, 150.

45 Gunton, *The One, the Three and the Many*, 144.

46 吳汝鈞：《天台智顗的心靈哲學》，頁104。

47 Gunton, *The One, the Three and the Many*, 211.

48 Gunton, *The One, the Three and the Many*, 211.

49 Gunton, *The One, the Three and the Many*, 211～212.

50 Colin E. Gunton, *A Brief Theology of Revelation* (Edinburgh: T & T Clark, 1995), 34.

51 Gunton, *A Brief Theology of Revelation*, 34～35.

52 Gunton, *A Brief Theology of Revelation*, 35.

53 Gunton, *A Brief Theology of Revelation*, 35.

54 Gunton, *A Brief Theology of Revelation*, 35, n.26.

55 這是根頓於 *The One, the Three and the Many* 致力探討的課題。

56 此可參牟宗三：《四因說演講錄》(台北：鵝湖出版社，1997)，第十講至第十五講。

57 牟宗三：《中國哲學十九講》(台北：台灣學生書局，1983)，第二講。

58 牟宗三：《中國哲學十九講》，頁39。

59 牟宗三：《中國哲學十九講》，頁42。

基督的人性
——慕拿與根頓對話的反思

李日堂

一、導言

根頓在三一神觀重建的過程中，其中之一的優點是強調基督的人性，結果讓他更能妥善地處理基督論及聖靈論的問題。然而，慕拿(Paul Molnar)卻在他近著中批評根頓的三一神觀。[1] 他認為根頓錯誤地解釋基督的人性，引致他對內蘊三一神觀(the immanent trinity)的理解出了問題。本文目的是就根頓對基督人性的分析提出辯護，肯定他的內蘊三一神觀沒有慕拿所指的問題。

慕拿奉巴特及杜倫斯為他的神學指引，批判當代多名三一神學家在建構三一神觀時，過份強調經驗而輕看上帝的道：「雖然任何一個當代的內蘊三一神觀是始於神在經世的經歷，但應該認明三一神教義是引導我們離開經歷，而朝向神學知識的源頭，即是上帝的聖道及聖靈。」[2] 慕拿並沒有貶低在我們信心和盼望中的經驗所獲得的上帝的知識這種需要性，任何神學家最終的目標乃是建構內蘊三一神觀而不是經世三一神觀(the economic trinity)。即是說：「不單只是描述救恩歷史，或我們信心及盼望的經驗，而且要描述透過及在我們經驗中那位與我們相遇的神是一位怎樣的神。」[3]

二、綜觀慕拿對根頓三一神觀及基督人性的指責

當慕拿用巴特的三一神觀比較根頓的觀點時，他認為根頓的三一神觀有多方面的弱點，當中又可分為嚴重及極嚴重的弱點，嚴重的是根頓忽視了罪的嚴重性，把它解釋為在理性中的錯失。罪只是內在於受造的理性中釋放出來的能量，「難怪信心這詞語鮮有出現於根頓的三位一體神學中，實非意外。」[4] 據慕拿稱，巴特與根頓不同，前者相信我們舊有的犯罪生活，其結局註定就是死亡。但根頓卻相信現存再造的人(re-created humanity)要成為完全，而非要出死入生。[5] 慕拿進而聲稱，根頓的內蘊三一神觀，主要的弱點乃是曲解了基督的人性。由於根頓堅稱，耶穌整個肉身生命都是從聖靈得力而活出來，祂不是個內置幻影程式的人。因此，慕拿指控根頓，稱他似乎「要除掉祂作為成了肉身的道的重要性，並且有時候會實際上傾向分割道的行動和聖靈的行動，而沒有在祂們那互滲互存的合一中看見這些行動。」[6] 慕拿認為根頓過份強調聖靈在耶穌和再造的人裏那延續性的角色。於是，「把耶穌變成被動的客體，其工作只是給我們説明，某些人類特徵是聖靈的行動，而非聖道的行動所帶來的結果。」[7] 慕拿跟巴特一樣，堅決認為我們從來都不可把肉身的耶穌，和祂永恆之聖子的人性分割開去。

此外，根頓對杜倫斯三一神觀中存有與位格的觀念所作的一些分析及批判，亦引起了慕拿的不滿。根頓認為杜倫斯有兩方面的問題，首先是杜倫斯對位格的定義，根頓認為杜倫斯的進路是從互滲互存出發而達致位格，而並非採用相反的進路，從互滲互存發展到新的位格概念，其結果乃是「位格之間的關係成為位格的定義」(the relations between persons belong to what persons are)。[8] 對根頓而言，這樣的三一神

觀會有形態論的傾向。即是說，一方面神在內在關係是內蘊性的，而另一方面神在外向關係卻是經世性的。

其次，根頓批評杜倫斯過於強調本體相同(*homoousion*)的觀點，會導致因強調神的存有而卻要付出失去位格獨特性的代價這樣的危機。[9] 慕拿為杜倫斯辯護，認為根頓各種批評觀點基本的論據基礎是他對基督人性的分析。然而，根頓的錯誤在於他「以為可以離開耶穌是昔日和今日都是聖父在永恆裏所生的聖子這個事實而理解耶穌這個人是誰。」[10] 慕拿在他最後的分析中主張，根頓的上帝觀的問題在於他意圖「從他的反思中將耶穌作為上帝的道抽象出來，然後去尋找一些建基於關係性的觀念上的超越性或類比性，不過這類概念又並不是常受內蘊的三位一體所支配的。」[11] 對慕拿來說，巴特及杜倫斯的強處是他們的三一論是建基於「耶穌基督是父神在永恆裏生的聖子，而且這件事是在聖靈的聯合中發生的。這件事並非在歷史中所發生的人的行動當中所找到的，而這種人的行動正是上帝道成肉身的行動。」[12] 雖然根頓的內蘊三一神觀能夠引導我們朝向聖靈，它卻不能導向聖道基督。本文的目的乃是從慕拿及根頓的對話中作出反思及回應，為根頓的基督人性觀辯護。若慕拿閱覽過根頓的所有材料，他就可能對根頓的三位一體教義得出不同的結論。

三、童女生子

慕拿小心研究根頓對基督人性每方面及各階段的分析，包括童女生子、耶穌受洗、受試探、死亡、復活、及升天。首先，慕拿正確地指出根頓對基督的人性觀很受一位十九世紀長老會加爾文派的牧師艾雲著作的影響。根頓指責巴特沒有給與聖靈在基督及我們身上有足夠的工作。慕拿反駁根頓並為巴特辯護，按童貞女生子的議題，慕拿同意巴特的分析，童女生子是神蹟亦是以信心接受的奧祕。他引用巴特的講法：「拿撒勒人耶穌不是上帝真正的兒子，因為祂為聖靈及童女馬利亞所生。反而言之，因為他真的是上帝的兒子，以及因為這是以信心承認的不可思議的奧祕，所以祂由聖靈感孕馬利亞所生。」[13] 明顯地，這是巴特在奧祕中認識上帝的辯證神學。然而，慕拿亦沒有拿出更多巴特的證據及理據，解釋如何童女生子與基督的人性連上關係。正因這樣，巴特的聖靈論是極之以基督為中心的，聖靈沒有帶入甚麼獨特的內容，而是由耶穌基督「完整及全部」地決定聖靈論的內容。[14] 對巴特來說，童女生子使耶穌與聖靈分隔到一個地步，就好像祂從沒有接受過聖靈一樣。[15]「正是在這樣極端的意思下，聖靈是耶穌自己的靈。」[16] 因此，聖靈在童女生子時，可以說幾乎沒有在基督人性上作過甚麼工夫。其他巴特學者亦有同樣的見解，巴特沒有注意聖靈在基督開始人性時的工作。羅沙圖(Phillip J. Rosato)指出巴特看童女生子神學的重要性，乃是聖靈在基督及信徒之間存在的連續性。「所以道成肉身是信心的原型(prototype)，人藉著信心才可以成為耶穌在本質上之所是：即上帝的兒子。」[17] 湯臣亦支持羅沙圖的觀點，認為聖靈是道成肉身、童女生子及我們救恩的代理人(agent)。[18] 按根頓的理解，當然童女生子是由神開始的神蹟，不過更重要的，是童女生子這事正實現出一位完全及真實的、有血有肉的身體。因聖靈的工作，便在童女的肉身中孕育出耶穌這位真正的人。[19] 可惜慕拿卻沒有拿出足夠有說服力的理據，說明根頓在童女生子一事上，忽視及錯誤理解基督的人性。

四、耶穌的受洗及受試探

按慕拿的理解，巴持並不支持一位幻影的耶穌，巴特堅持耶穌雖然屢次受到試探，祂卻是無罪的。「所以，祂的無罪並不是祂的狀態(condition)，祂以我們人肉身的狀態戰勝試探，乃是祂存有的行動。」[20] 當耶穌在客西馬尼園面對試探時，祂是以順服作為祂能夠及真正勝過罪這一事實的印記。「藉著禱告〔在客西馬尼園〕的能力，耶穌重新接受、肯定及以祂的自由自願地付諸行動及完成祂的工作，祂自己執行而且經歷上帝的審判。」[21] 慕拿指出，基督在受洗之後及釘十架之前，「耶穌以代替我們在十字架上受審判的方式成為一位審判官，這事的重要性是由於祂是道成肉身的神的兒子。」[22] 按巴特的理解，順服是基督謙卑的人性主要的特色，順服亦是耶穌神性的基本及基要容貌。湯臣亦簡潔地解釋：「祂〔耶穌〕進入我們與神分離的地方……便強而有力的肯定祂的本性，祂真正的神性及祂超越性的特色－順服。」[23] 亨星加(George Hunsinger)對巴特亦有相似的論點，基督的復和工作必須要從祂的人性及神性兩方面去理解：「祂作為神的兒子亦祭司的身份，到這遙遠有罪及死亡的地方來，要在我們的孤苦中代替我們受苦。同時間，祂亦是君尊的人子，被高舉回到上帝的家去……。」[24] 慕拿及巴特已經非常清楚地指明，謙卑的耶穌既是祭司亦是君王，因為祂是人亦同時是神。

根頓卻對巴特及慕拿的觀點持相反的意見，他強調耶穌在其謙卑的人性中是一位祭司，而這謙卑的人性又需要聖靈的加力。過份強調聖道的基督不能忠於福音書的故事裏所敘述的耶穌，導致耶穌的人性似被電腦程式事先將人性儲入，如此一來，所謂順服便不是真實的順服了。根頓說：「耶穌之所以能夠抗拒試探，並不是自己內在的既定因素促使的條件反應，而是祂順服聖靈引導的結果。」[25] 再者，雖然根頓與巴特兩者都強調耶穌的順服，但他們對耶穌的職份卻有不同的解讀。對根頓來説，耶穌的職份主要是祭司，並不是審判官。

> 耶穌受洗及試探後，祂開始祭司的活動，並不是父神的靈與人類之間的中介者，而是將一個完全真實人性的生命，以人性祭司的身份獻給父神。……這是祭司的行動，亦能夠讓我們説耶穌這獨特人性是被聖靈完全。聖靈尊重耶穌的自由，加力給祂，成全祂從受洗時所蒙的呼召。[26]

根頓對基督在降卑的人性中將祂理解為受造物這種觀點是受艾雲影響的，艾雲如何理解基督的人性呢？艾雲將福音書耶穌的故事分成幾個重要的連串事件，而耶穌人性的每個階段都有神學的意義，認識艾雲的分析，有助於我們更有深度地了解根頓所強調聖靈的工作。對艾雲來説，耶穌受洗後，祂能夠行神蹟及作屬神的事，原因是父神藉聖靈住在耶穌的靈魂或基督受造的意志裏，耶穌作一切超自然的工作，祂是藉著聖靈，有父神的內住，能夠榮耀父神。道成肉身被視為讓聖靈居住的預備。而五旬節時，教會受聖靈的洗，教會能夠作父神要教會所作的工。而且，艾雲更從人類學的角度來辯證，亞當被造時是自然的人（a natural man），而不是有罪的人。[27] 然而，自然的人並不是屬靈人，他沒有屬靈的分辨能力。但耶穌卻因為由聖靈所生，祂成為容器，可以有屬靈分辨的能力。耶穌受洗時，父神將所有豐盛的智慧和知識澆灌給耶穌。耶穌受洗並受聖靈恩膏，由此基督「離開完全自然人的地帶，進入屬靈人的地帶。」[28] 耶穌並不是靠基督的神性來醫治疾病，而是倚靠那受恩膏的人性的作為。耶穌超自然的能力並不是神子神性的顯現，而是父神藉聖靈的工作而完成。

> 如果已成為人的聖子，能夠從人性出發，向上觸及和明白神隱密的心懷意念，又能明瞭及啟示所明白的事情，人便可與神相稱。耶穌的工作乃是使人在神裏面得榮耀，而不是在人性裏啟示上帝(Godhead)。然而，如果作為人的耶穌，除非有父神藉聖靈的工作，否則祂就不能夠啟示任何有關神的真理。如此，便肯定人性的有限，就算耶穌也要倚靠神才有智慧及各樣的啟示。[29]

對艾雲來說，透過基督的人性這範疇，在道成肉身裏，聖子被要求成為真正的人，經常要按著人的界限來行事及思想，惟有靠著聖靈在聖父與聖子之間進行交往的工作。照樣，惟獨聖靈能夠洞悉神無限的心思意念，然後藉著人的智力及可錯的語言，將一切事物無誤地向人溝通。

根頓在耶穌的人性這教義上，其實有類似於艾雲的看法。可惜慕拿未能完全掌握根頓及艾雲兩人有關基督的人性的觀點。此外，雖然根頓一方面強調耶穌的人性，但他同時也強調基督是「永恆的聖子，祂與聖父及世界都有關聯。」[30]

五、耶穌的死、復活及升天

根頓認為耶穌的死，目的是要展示道成肉身的聖子已捲入墮落世界的網絡之中，同時也表明耶穌在其職事中對聖父旨意的順服。[31] 對慕拿來說，根頓從基督的位格及工作的強調，轉移到聖靈的工作。他們兩人對基督的死之解釋有以下的分別：根頓認為基督「藉著聖靈，將一個由人類肉身組成卻更新及潔淨了的生命的樣本獻給聖父。」[32] 慕拿卻類似巴特地認為，十字架是「耶穌以人的行動，主動地揭示了神的愛，因為耶穌一方面既已包含於內蘊三一中的永恆的愛之內，同時祂又將這愛表露無遺。」[33] 這樣看來，慕拿對根頓的反對其實並不成立，首先，雖然根頓強調聖靈對基督的重要性，但他仍然肯定聖子道成肉身的參與，以及耶穌對父神真實的順服，甚至乎祂是順服以至於死。[34] 其次，在慕拿有關耶穌之死的觀念中，已經將三位一體的角色，包括聖靈的角色啟示出來，在這一點上，他與根頓強調聖靈工作這種觀點只是存在著量上的分別，因此慕拿對根頓的批評並不成立。

為甚麼慕拿認為根頓對耶穌復活及升天的主要論據不足夠呢？根頓認為在復活的事情上，耶穌確立了祂位格的普世性及典範的人格。即是說，耶穌這獨特的人性會成為普世救贖的基礎。而且，在復活這事情上，聖靈是那終末的中介者，將整個創造帶到將來的完全裏。從以上這兩方面來說，根頓將復活事件詮釋為神一人或垂直一橫向的關聯性。

至於耶穌升天這件事，其意思是指到升天的基督會成為永遠的中保，作天地之間的橋樑。「因為復活開啟了被造世界往上超升至聖潔的神之大門，所以升天便是要完成那首先要來到世界的聖子的行動，即是那讓天向地開啟的行動。」[35] 然而，慕拿卻不以為然，他清楚指出，根頓認為在耶穌成為人的不同階段裏，基督與聖靈之間的關係明顯有分別，這種差別尤其表現在耶穌升天得榮耀之後。對根頓來說，基督昔日在世時，其人性被聖靈加力。但基督升天後，藉著聖靈的工作，祂成為惟一的大祭司，復活確定了基督為中保。相反地，慕拿卻支持巴特的詮釋，認為復活事件並沒有為基督帶來任何的改變。

根頓的詮釋是引用艾雲對希伯來書五章及使徒行傳二章的理解，根頓肯定「惟有在復活之後，耶穌才被膏並賦予大祭司的能力及權柄，這樣，祂才可以將那曾引領祂生命的聖靈澆灌給其他人。」[36] 聖經作者於希伯來書五章5至10節中，強調基督擁有那已進入了高天及有麥基洗德等次的大祭司的角式及資格。在希伯來書五章9節中，作者解釋耶穌如何成為最高的大祭司，乃是由於祂在肉身時受苦順服，於是被神委任祂為大祭司。[37] 希伯來書作者既肯定耶穌是神獨一的聖子（來一3～5），又肯定祂已經成為完全的人，這種完全固然不是道德上的完全，而是在職責上的完全。即是說，基督的被升為至高，最終成為那些願意順服基督的人之永恆救恩的源頭。「祂預備的救贖是『永恆』的，不單是在時間上沒有盡頭，而且更是由天上而來，不是由人所做的。」[38] 這段經文強調基督肉身順服對祂後來被高舉為擁有麥基洗德等次的大祭司的重要性。「希伯來書不但假設及強調基督具有真實的人性，而且它也是少數新約書卷中，其中一卷強調基督人性在神學上的重要性的書卷。」[39]

根頓跟隨艾雲對使徒行傳第二章的分析，強調復活在神學上的重要性。對根頓而言，基督的復活同時確認了祂的人性及神性。[40] 根頓可能自己未能察覺，艾雲從三一論角度去理解復活事件這種做法對他自己神學的影響。換言之，聖父乃是透過聖靈作為中介者去使聖子復活。下文清楚反映了艾雲將耶穌在十字架的謙卑及被提升後的榮耀分別出來。

> 「雖然祂〔基督〕是創造者，卻自我謙卑成為被造者。雖然祂是受聖靈服侍的人，祂亦是聖靈的服侍者，卻自我降卑去接受服侍的工作。因為當幾年過後，看！祂被高舉成為一切創造物的管治者，以及一切聖靈恩賜的分派者。」其他一切的人要向這人屈膝敬拜，又要倚靠祂得著靈感的智慧及能力，從祂的升高得榮耀的事件中，又能總結到基督的神性來：「被宣告為滿有權能的上帝的兒子，乃是靠著聖潔的靈從死裏復活。」從基督的降卑中總結到基督的人性，對於人的得救來說，相信兩者〔神性及人性〕都同樣重要。[41]

艾雲能系統地解釋聖經，能注意到基督人性不同的階段：從成為世界根基以先、道成肉身、受洗、十架受死、升天及最後在末世肉身再來。[42] 艾雲明白世人救贖乃是藉著基督的道成肉身、受死、升天、得榮耀及將來的肉身再現。艾雲巧妙地將新約見證基督的工作，從十字架轉移到基督升天，以及在五旬節聖靈降臨時為教會施洗。「我們高舉基督的靈洗為祂的主要工作……這工作跟其他的工作有分別，也是一切工作的目的。而基督遵守律法，治死肉體的罪，在十字架公開勝過撒但，復活勝過死亡等就是方法……。」[43]「耶穌這人是聖靈的主……聖靈降臨受人引導，猶如神的兒子降卑成為人，神的旨意是要成為有肉身的人的樣式。」[44] 艾雲對基督被升為高的人性有重新的視野，基督差派聖靈這事，為教會觀帶來重要的含義。即是說，升天的事情並不是基督在教會及世界上無所不在的開始，相反，所指的乃是基督的人性並不存在於世上。[45] 艾雲肯定地拒決基督人性無所不在的幻覺。故此，教會介乎五旬節到主再來之間的存在及見證，其根基既是立足於基督透過聖靈臨在於教會這連續性上，同時又是立足於肉身的基督已經不再存在於世界這種不連續性上。[46] 作為艾雲亦師亦友的哥拿烈治，他的兩極説(polarity)的論點，無疑影響了艾雲的想法。換言之，透過基督的缺席而臨在於教會之中這種辯證法，可以明白基督與教會之間的親密關係的重要性。[47]

艾雲如何確立被升為高的基督人性的工作及能力呢？創造主的工作如何由耶穌這人來成就？又如何能夠同時成為被揀選羣體的工作？艾雲的答案卻落在基督人性與我們人性的連續性上面，因為耶穌的人性跟我們的人性同樣地在墮落的肉身中受同一位聖靈加力，艾雲堅持耶穌受洗後至復活的工作只是途徑(means)，惟有在五旬節時差派聖靈給教會靈洗才是祂工作的目的。[48] 請留意艾雲相信耶穌受洗之前，祂在肉身中全然按律法行事。

> 基督是以肉身守律法，當他受洗時，全部肉身被埋葬在墳墓裏；律法對肉身不能再有任何要求……由基督受水及聖靈的洗後，祂已成為屬於聖靈的人，而不再是律法的人了……在這人未接受外在世界的統治權之前，祂先要統治自己的肉身，並使肉身與神的心意相通。[49]

基督治死肉身，就好像墮落的亞當被注定要死亡一樣，這是基督救贖工作必要的部分。基督是肉身的救主，因為罪導致肉身滅亡，因基督的死，祂滿足了神的義。[50] 艾雲認為這只是基督工作的方法而已，工作的目的是以升天之後開始，祂被安排坐在父神的寶座上。[51]故此，復活基督的生命並不是亞當生命的恢復，而是另一個更佳及更榮耀的生命的出現，這生命盛載了神性的完全，基督復活的人性是「神所做的工作最終極的目標，同時亦是其完滿和完全的彰顯」，以及「在祂〔編者按：即聖子〕裏面，神性得以被啟示、認信和被尊崇。」[52]

艾雲是這樣從三一論的角度去詮釋基督復活、升天、得榮耀的事情，根頓則極大地受惠於艾雲的觀點。因為基督的升天，祂現在是永遠的大祭司。除此之外，根頓亦同時受到杜倫斯的三一論式基督論的影響。[53] 總括而言，艾雲及杜倫斯兩者，同樣影響了根頓的內在及經世三一論。

六、經世及內蘊三一神觀之間的關係

根頓的三位一體是否過於經世性而缺乏內蘊性？答案當然是否定的。首先，根頓將自己的三一神觀與士來馬赫的三一神觀劃清界線，士來馬赫的三一神觀是經世性而缺乏內蘊性的。按士來馬赫的見解，上帝的行動是藉人的經驗，人基本上經歷一體神，而從一體中分析三重性工作（threefold way）。根頓的三一神觀與士來馬赫的不同，一位父神，卻藉聖子及聖靈兩重中介，使人經歷聖子及聖靈工作。這樣，根頓認為他的三一神觀可以保持經世性及內蘊性兩者的關係。[54]另一位影響根頓的是愛任紐，愛任紐將聖子及聖靈形容為聖父的雙手，這思想對根頓的經世三一論有不少的影響。

對根頓來說，內蘊性三一神是三個位格存在於互滲互存的關係之中，三一神創造了一個與自己有別的世界，這世界本來是好的，卻墮落了。它在基督裏被救贖，並處於被聖靈使其邁向完全的過程之中。可能有人認為根頓的三一論本質上存在次位論的問題。根頓極不贊成。首先，他引用愛任紐的雙手的類比：「當聖子及聖靈在歷史及時間中行動時，他們的行動亦是神的行動。」[55] 即是說，當我們雙手工作時，就等於我們全人也在工作。其次，根頓跟從巴特的觀點，神的兒子在世界裏永恆地構成神的存有。巴特辯稱，基督一切謙卑的服事，表明了它真正地好像神一樣地成為謙卑，猶如它成為至高一樣。[56] 巴特亦辯稱：「在神裏有地位高的也有附屬於上級的地位的，有命令也有順服的。」[57] 根頓這樣說：

> 若聖父透過祂的雙手(即聖子和聖靈)來工作，那就是永恆的上帝臨在於此世，原因是祂們不是透過人的經驗的過濾而啟示出另一個可能有別的神。相反，是透過神自己去賦予那些祂所呼召的人那羣體性的中介經驗，而且是以崇拜為中心的。這就是永恆的上帝在行動，正因如此，我們就被決定要將行動與行動者區分出來，至少某程度上解答了在我們時間內行動的行動者是誰的問題。[58]

可見根頓在反駁慕拿的指控時所持的論點是具有説服力的，根頓亦有用傳統的方法去肯定內蘊性三一論。第一，他從神的屬性觀告訴我們關於知識論的程序，他認為「關於知識的次序，是先由可溝通的〔屬性〕移向不可溝通的〔屬性〕，而不是由某一些關於神的心意的先驗性考慮出發。至於存有的次序，則跟知識的次序相反，因為神的行動是源於祂在永恆中祂真實的存有。」[59] 第二，根頓以樹偉堡(Christoph Schwöbel)的神學觀點作為他的參考去支持其內蘊三一論，樹偉堡辯稱，因神在永恆裏不斷地愛，所以信徒才能相信神的愛的信實，才能在一位充滿愛的神裏面相信，並回應神的愛。[60] 神在祂自身裏是誰，舉例來説，神在永恆裏的愛，啟示了神在世界的作為，也就是神的愛的信實。同樣，根頓又辯稱，從不可溝通的屬性（如無所不能），人便能夠説神可以做些甚麼。所以，關於神的無所不能的教義，保證了神必會成全祂在創世已開始的工作。由此可見，內蘊三一論不但説明神在其內在自身是一位怎樣的神，同時更説明了這位神如何與我們建立關係。

七、基督的人性與文化

慕拿的文章並沒有談及基督人性與基督徒文化觀的關係，在基督教文化神學裏，對基督人性的強調存在不同的看法。巴特對文化的定義是以基督為中心這神學觀點去定義的：「文化是從神的道出發的一種工作，為求達到人身心靈合一的景況。」[61] 巴特説教會「不認識任何關於人的普遍或抽象的活動，惟獨認識一個具體的人的行動，即是説，這具體的人首先是有罪的人，然後相信及順服神的道，並在其中而活。」[62] 因為巴特強烈地拒絕自然神學，自然地巴特很難建構任何實在的文化神學。然而，巴馬（Robert Palma）卻認為巴特的神學是一種自由的文化神學（*free* theology of culture），他認為巴特所講的自由，是指神自由地去愛及自由地去成就他人：「自由地與人同在……參與人類的歷史。」[63] 按巴馬的分析，巴特認為音樂和美術等文化本身是有價值的，巴特看這些文化的自由是為神的自由，它們是自由地按著各自的特性合適地並預備照著神的目標被使用。[64] 「當巴特透過基督的人性而更肯定神的人性時，便能更加看重人類文化的價值，從這有人性的神所給予美好的恩賜而言，便使人類文化成為可能。」[65] 故此，巴特認為當文化對準文化的軸線(即耶穌的人性)時，文化才得以見其真正的自由。[66] 巴馬對巴特自由的文化神學有如此的批評：「在神的國度裏，巴特並沒有給人的工作及文化足夠的地位及價值，這些縱然成為神為了達到救贖工作所選擇的方法及媒介，巴特卻沒有肯定它們的功效。」[67]

不少學者都同意，根頓在神學上的重建有多方面的貢獻，尤其他能夠為神學跟現代西方文化的對話提供一個具有批評性的架構，現代西方文化是一種割裂性的文化，其結局是走向取代神這種毀滅性的道路。根頓認為上述問題乃在於對多元化的榮耀及對整全性的否定。根頓的建議是要重新思想一元與多元的問題，即是現代性中的多元與合一的問題，既不必將多元與合一相對立，亦不是要對兩者同時擁抱，根頓的文化神學是要肯定多元及整合兩者之間的相關性，即是說，世界及被造的一切的存在基礎都在三一神裏面。根頓認為人類及其文化活動對被造世界具有中介的作用：

> 〔被造的人類〕被召在科學、倫理及藝術各種方式的行動上(換言之，即是文化上)，獻上讚美的祭，即是把所有完全的被造物自由地獻上給創造主。從神學的角度而言，這運作中的世界，藉著基督及聖靈能邁向其完滿實現的狀態，也就是它們真正的在其自身的狀態。在父神的寶座前成為完全。[68]

巴特藉著神的人性建立自由的文化神學，根頓則透過基督及聖靈建立其強調關係性的文化神學。巴特及根頓有多方面的共通點，在起始點上，他們都肯定基督人性的墮落性，同時亦肯定世界都有終末的目標。雖然他們有相似的起始點和目的，但兩者所取的途徑卻不同，他們的分別在於他們對基督人性有不同的神學詮釋及強調。

另一位學者贊臣透過福音書的敘事，來將基督界定為文化。[69] 對他來說，文化是人的故事，並且是人與人之間的關係的故事，人不應將自己單單視為一個單獨的個體，個體不需要有故事，但人卻是故事。[70] 耶穌的故事包括福音書裏不同的敘述，亦連帶以色列國的故事。並且耶穌亦屬於另一個故事，即是兒子與父神及聖靈的故事。「這是一個中心的論點，亦是三一論的動力，神的故事與我們同在，這故事就是祂自己生命的故事，上述這兩個故事彼此之間沒有分別。」[71] 我們需要將基督與父神在聖靈裏的故事跟基督與我們同在兩組故事合拼起來，這種將基督看為文化的觀點，[72] 正好能夠讓贊臣認識到基督並不是一位藝術家，而是藝術本身，而父神則必定是一位藝術家。[73]

按照以上對文化神學簡單的介紹，我們便能夠從巴特、贊臣和根頓處建立一個以基督為中心、並靠聖靈加力的文化神學。對任何文化作神學性論述，必須以基督為起始和終點，基督既是神的兒子，亦是一個屬於以色列國的獨特的人，基督作為神的兒子是文化的基石。再者，耶穌這獨特的人，也需要聖靈的工作來成全祂的使命及呼召，按著父神這位藝術家看顧及管理整個宇宙性的救贖計劃，被造之物及一切的文化活動有其中介的作用，好像基督作為文化一樣，常常被聖靈引導及成全，從而進入神的榮耀及讚美之中。

八、結論

開始時，文章提及慕拿認為根頓的內蘊三一論有不足之處。因為根頓對基督人性的瞭解，貶低了基督謙卑為人時作為神的道的身份。然而，慕拿對根頓的批評實有不足之處。本文已經將慕拿對根頓大部分的批評作出了回應。慕拿的弱點並不是對根頓的神學作了錯誤的詮釋，其實他在很多處地方都能夠準確地解釋，慕拿的問題卻在於他太倚賴巴特對基督人性的解釋，即是太過以基督為中心，卻輕視了聖靈的工作。本文的結論是根頓的內蘊三一論是足夠的。而且他對基督人性的了解，不但藉此能肯定人類創意的文化活動，同時亦實在能夠為文化神學提供一個重要的理論基礎。

註釋：

1 Paul D. Molnar, *Divine Freedom and the Doctrine of the Immanent Trinity* (Edinburgh: T&T Clark, 2002), 273～316.

2 Molnar, *Divine Freedom*, 311.

3 Molnar, *Divine Freedom*, 311.

4 Molnar, *Divine Freedom*, 277.

5 Molnar, *Divine Freedom*, 296.

6 Molnar, *Divine Freedom*, 282.

7 Molnar, *Divine Freedom*, 298.

8 Colin E. Gunton, 'Being and Person: T.F. Torrance's Doctrine of God', in *The Promise of Trinitarian Theology*, ed. Elmer M. Colyer (Lanham: Rowan & Littlefield Publishers, 2001), 125.

9 Gunton, 'Being and Person', 129.

10 Molnar, *Divine Freedom*, 323.

11 Molnar, *Divine Freedom*, 310.

12 Molnar, *Divine Freedom*, 330.

13 *CD* I/2, 202.

14 *CD* I/1, 452.

15 *CD* IV/2, 324.

16 *CD* IV/2, 325.

17 Philip J. Rosato, *The Spirit as Lord* (Edinburgh: T&T Clark, 1981), 69.

18 John Thompson, *The Holy Spirit in the Theology of Karl Barth* (Allison Park:

Pickwick Publications; 1991), 51.

19 Colin E. Gunton, *Father, Son & Holy Spirit* (Edinburgh: T&T Clark, 2003), 153.

20 *CD* IV/1, 258～259.

21 *CD* IV/1, 271.

22 Molnar, *Divine Freedom*, 293.

23 John Thompson, *Christ in Perspective in the Theology of Karl Barth* (Edinburgh: St. Andrew Press, 1978), 59～60.

24 George Hunsinger, *Disruptive Grace. Studies in the Theology of Karl Barth* (Grand Rapids: Eerdmans, 2000), 143.

25 Colin E. Gunton, *Christ and Creation* (Grand Rapids: Eerdmans, 1992), 54.

26 Gunton, *Christ and Creation*, 57.

27 Edward Irving, *Day of Pentecost* (Edinburgh: John Lindsay, 1831), 72，斜體為原文所有。

28 Irving, *Day of Pentecost*, 95.

29 Irving, *Day of Pentecost*, 95～96.

30 Gunton, *Christ and Creation*, 47. 根頓認為他要忠於聖經對基督人性的描述，新約「顯示〔耶穌〕與神及世界的關係，在某些方面與我們跟神及世界的關係不同。」參 Gunton, *Christ and Creation*, 47。

31 Molnar, *Divine Freedom*, 295.

32 Gunton, *Christ and Creation*, 58～59.

33 Molnar, *Divine Freedom*, 298.

34 根頓亦同樣強調復活是三一神的行動。參 Gunton, *Christ and Creation*, 62。

35 Gunton, *Christ and Creation*, 67.

36 Gunton, *Christ and Creation*, 56.

37 新約著名學者馬素精確分析新約中肉體（flesh）有七種意思。參 I. H. Marshall, 'Living in the Flesh', *BibSac* 159 (2002): 402。

38 William Lane, *Hebrews 1-8, Word Biblical Commentary* (Dallas: Word Books, 1991), 122.

39 Paul J. Achtemeier, Joel B. Green, and Marianne M. Thompson, *Introducing the New Testament: Its Literature and Theology* (Grand Rapids: Eerdmans Publishing Co., 2001), 482.

40 Gunton, *Father, Son & Holy Spirit*, 154.

41 Irving, *Day of Pentecost*, 97.

42 斯摩（Tom Smail）在他的著作中，亦同樣將基督在世上與聖靈的關係分為三階段。參 Tom Smail, *The Giving Gift* (London: Hodder & Stoughton, 1988), 99～107。

43 參 Irving, *Day of Pentecost*, 2。

44 Irving, *Day of Pentecost*, 114.

45 Irving, *Day of Pentecost*, 6.

46 Irving, *Day of Pentecost*, 6～7, 9～10, 36, 45.

47 根頓認為基督的人性觀必需強調祂的復活及升天後仍然作工。祂現正在父神的右邊，祂與教會的關係是 *quodam modo praesens, quodam modo absens*。雖然升天的基督不在教會裏，卻因聖靈的工作而臨在教會中(presence in his absence)。參 Gunton, 'Martin Kähler Revisited', *Ex Auditu* 14 (1998): 26。

48 與艾雲相似，現代神學家亦有類似的看法。希布韋(Brian Hebblethwaite)認為，基督的復活與其他的教義有重要的關係。「因著復活，開啟了一條新路，使我們可以明白受苦彌賽亞救贖的重要性。亦知道約翰福音序言中高等基督論(high christology)的重要性，更能瞭解迦克頓基督論的定義。」B. Hebblethwaite, 'The Resurrection and the Incarnation', in P. Avis (ed.), *The Resurrection of Jesus Christ* (London: Darton, Longman and Todd, 1993), 156.

49 Edward Irving, *Christ's Holiness in the Flesh* (Edinburgh: John Lindsay, 1831), 24～25.

50 Irving, *Day of Pentecost*, 2～4.

51 有關基督升天後的工作，可參 Arthur J. Tait, *Heavenly Session* (London: Robert Scott, 1912), 53～211; Brian Donne, *Christ Ascended* (Exeter: Paternoster Press, 1983), 29～67。

52 Irving, *Day of Pentecost*, 5.

53 Thomas F. Torrance, *The Mediation of Christ, new ed.* (Edinburgh: T & T Clark, 1992), 50. 英文為 'think of him (Christ) and his work from the knowledge he gives us of himself in his own inner relation to God the Father, and within the constitution of his incarnate Person as Mediator.'

54 Gunton, *Christian Faith*, 181.

55 Gunton, *Christian Faith*, 181.

56 *CD* 4/1, 190～191.

57 *CD* 4/1, 202～203.

58 Gunton, *Christian Faith*, 184.

59 Colin E. Gunton, *Act and Being* (London: SCM Press, 2002), 125.

60 Christoph Schwöbel, 'God is Love: The Model of Love and the Trinity', *Neue Zeitschrift fur Systematische Theologie und Religionsphilosophie* 40 (1998), 322.

61 Karl Barth, *Theology and Church* (London: SCM Press, 1962), 337.

62 Barth, *Theology and Church*, 338.

63 Palma, *Theology of Culture*, 34.

64 Palma, *Theology of Culture*, 62.

65 Palma, *Theology of Culture*, 28.

66 筆者沒有足夠時間參看最近麥斯加(Paul L. Metzger)出版有關巴特文化神學的著作。

67 Palma, *Theology of Culture,* 80.

68 Gunton, *One and Many,* 230～231.

69 Robert W. Jenson, 'Christ as Culture 1: Christ as Polity', *International Journal of Systematic Theology* 5 (2003): 323～329; Robert W. Jenson, 'Christ as Culture 2: Christ as Art', *International Journal of Systematic Theology* 6 (2004): 69～76; Robert W. Jenson, 'Christ as Culture 3: Christ as Drama', *International Journal of Systematic Theology* 6 (2004): 194～201. 最後的一篇文章極有創意。

70 Jenson, 'Christ as Drama', 194.

71 Jenson, 'Christ as Drama', 197.

72 贊臣認為基督只是一個名稱，這名稱只有在以色列獨特文化內才有意思。同樣，惟有在以色列的政治及耶路撒冷的聖殿主義內，基督作為彌賽亞才有特別的意思。再者，如果教會是基督在世界裏的身體，那麼基督便是文化。參 Jenson, 'Christ as Polity', 323～324。

73 Jenson, 'Christ as Art', 73.

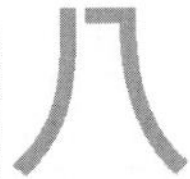

基督論對文化神學的意義

楊慶球

一、引言

根頓的神學取法接近於巴特，與杜倫斯同樣重視道(The Word of God)。他的基督論根源於教父神學，其中以愛任紐、亞他那修及巴西流為主。要了解他的神學必須先從他的創造論開始，然後循神人二性的傳統途徑，才能開出基督論對現代文化的意義。

二、藉基督創造萬有

上帝藉著基督創造萬有，如約翰說：「太初有道……萬物是藉著祂造的；凡被造的，沒有一樣不是藉著祂造的。」(約一1～2)保羅也說：「我們只有一位上帝，就是父——萬物都本於祂；我們也歸於祂——並有一位主，就是耶穌基督——萬物都是藉著他有的；我們也是藉著他有的。」(林前八6)究竟上帝藉著子(through Him)是甚麼意思呢？

在過去的日子，基督論最困難的地方是有關耶穌的人性問題。耶穌的道(Logos)在萬世以前與父同在，道就是上帝，對於道的先存性一般人沒有問題，祂與上帝從永遠到永遠同在，但耶穌是人性與神性的道這兩個位格的合一，即希臘文的 *hypostatic union*。如何看待耶穌的人性？耶穌的人性是否先存於世界？表面看來，耶穌的人性是從馬利亞而來，因此有人據此說耶穌的人性是被造的。如果耶穌的道使祂被稱為上帝，永恆的主，那麼，耶穌的人性同樣使祂稱為真正的人，被造的人。這點看似很合乎邏輯。如果耶穌的人性得自馬利亞，這人性就是被造的。三世紀的亞流(Arius)為了鞏固上帝的獨一永恆性，把子看作半神半人的居間物，問題也是出於耶穌的人性。亞流無法接受子與父同一。如果說耶穌的肉身來自馬利亞，則他的人性便是受造，這與亞流否認基督與上帝有同等神性的看法一致。亞他那修為了避免基督肉身落入受造的範疇，曾指出道成為人，而非進入人裏面，在馬利亞的腹中，道為自己造出一個身體。[1]當道成為肉身，道在肉身便受了限制，會有人的軟弱、受苦、感情等。這成肉身的道與永恆的道是不同的，前者是真人、後者是真神，兩者在一個位格內結合成一個基督。這為後來的迦克墩會議「基督神人二性不混淆、不離散、二性合一」鋪路。

根頓基本上承繼了亞他那修正統的基督論，他處理基督的人性是從基督的先存性著眼，基督的人性決不是在二千年前才開始。基督的人性是上帝創造世界的結構，他說藉著子創造世界，意思是說：世界的結構是由子而來，子成為肉身而創造的秩序是子的一部分。[2]

根頓的意思是，基督作為上帝的子，祂本身是上帝創造的一個企劃。現今這個物質世界是從無而創造有，但物質世界的內部理性，或說世界的自然律，是來自子，祂好像世界形成之前的遺傳因子(DNA)。因此，這個世界在未造之前，它本身的結構已經在子裏面，父藉著子而創造了這個世界，好像建築師藉著建築藍圖而建造了一幢樓宇。這世界的藍圖存在「子」的先存人性之內。根頓指出，這是上帝的靈，藉著子使世界與上帝產生關係，為要使創造秩序真正彰顯出來，而使上帝心目中的世界得以完滿地完成。[3]

可見根頓把上帝創造世界與子的關係説得淋漓盡致。如果世界的結構在子裏面，上帝便不會任意去創造，祂的內在旨意要創造，而非因外在理由或需要使祂創造。所以世界的出現是上帝內部的愛所生成。世界沒有必然生成，因為上帝是內在三位自性滿足，世界的出現是「偶發性」的。雖然是偶發性，但創造的藍圖既是源於子的人性部分，所以創世記説，受造的都是「好」的，受造的本質是好，不是部分地好，也不是為了某目的才是好。從這觀點看，世界是偶發，它沒有上帝的永恆本質，但世界的來源卻是上帝藉子而創造。我們要摒除希臘二元論：物質是惡的，思維〔或精神〕才是好的這種想法。不單如此，將物質與形式(matter and form)分割也是不對的。如果物質與形式分割，上帝要救贖世界，只須把世界與創造秩序分開，創造秩序保持美善，把物質世界丟棄，便解決了墮落問題。根頓強調，上帝的救贖是整全的，因為物質與形式是一個整體，救贖也是一個整體。道成肉身於是成為拯救整個有形無形的世界的根據。

有人認為耶穌既有肉體，便損害了祂的永存性，甚至稱「部分」的基督為受造。根頓指出，父、子、靈三位是內在關連的，祂完全自由地創造物質，三一上帝是永恆的，但祂創造的旨意並非永恆，所以創造才能出於祂的自由。因此我們不能因耶穌成為肉身把它看成被造，因為這肉身是創造的秩序，源於基督的內部結構。肉身是出於上帝創造的旨意，也是藉著子的結構而來的。[4]

世界，包括基督的肉身，不是無序(disorder)的。世界墮落之後，基督作為一個真正有肉體的人，目的是要使物質的世界重返上帝原初創造的秩序。從文化的角度看，世界的被造是出於上帝的自由旨意，它是偶發性，但卻是源於基督的結構。基督教不與文化分割，我們有責任為文化注入上帝的心意，因此世界不是與三一上帝對立的。

三、連續的基督論

根頓不滿意一般流行的所謂從上而下(from above)或從下而上(from below)的基督論，他說二者都有一個通病，就是把基督論分割為二：上或下的基督論。我們試分別討論：

1. 由上而下的基督論

由上而下的基督論，是先從上帝的概念入手，再把這概念切入新約有關人和事的元素，而一切耶穌的生活都由超越的概念決定。例如：上帝是絕對的，不能有人間的感情，所以基督在十字架上受苦只能是一個「人」的痛苦，與上帝無關。[5] 根頓舉了俄利根的基督論為例，指出俄氏非常重視道的先存性，超越性及無限性，結果道與世界難以調合。作為上帝的道(Word)與作為耶穌的道(word)便分割了。基督的道成了某一個道(a word)而非上帝的道(The Word)，基督是次於上帝，基督論留下了強烈的普羅提諾(Plotinus)的影子。[6]

根頓再以現代神學家潘寧博(W. Pannenberg)為例。新約聖經的基督論主要是由上而下，因為福音書作者都是由相信耶穌是上帝的兒子開始，從祂的神性作始點，描述耶穌的一生。然而福音書的作者與巴特有共通的地方，這個信心根源於耶穌在世的生活和祂的歷史言行。所以，基督論不是割裂的。[7] 潘寧博的看法其實與新約作者非常接近，是先以信作為開始，才去了解及探究歷史的耶穌。新約作者例如保羅及約翰，他們之所以信耶穌是上帝之兒子，是經歷過主，在經歷肯定了耶穌的神性之後，才落筆描述基督，所以在寫作書卷時，先肯定祂為上帝的兒子，才舖陳耶穌的作為。潘寧博的問題是先確立了教義〔相信〕，再論述歷史的耶穌，這樣便使人覺得耶穌的生平不太真實。根頓指出，古代的基督論是把耶穌地上的歷史絕對化、永恆化。從耶穌有限的人性推演出無限的神性。現代的基督論則從耶穌的永恆性推演出祂在地上暫時中的絕對性。[8]潘寧博恐怕是犯了近代基督論的問題，未有足夠正視耶穌地上生活的暫時性。

2. 由下而上的基督論

由下而上的基督論是從現世著眼探求基督的神學意義，不是從基督永恆之道開始探索。基督論所關心的是時空的、人類學的而不是永恆的。[9] 根頓舉了拉納（K. Rahner）的例子；拉納更明言當人達到最高的境界，他就是上帝在世上的存有。[10] 這樣，基督論從人性開始往上一直爬，按他的成就而產生了不同程度的基督論（degree Christology），耶穌的人性中有將快實現的，有完滿實現的基督神性。[11] 從下而上的基督論，最值得關注的是把基督論淪為救贖論。耶穌只是一名偉大人物，影響世界及改變這世界。這理論反映了康德的二元論，我們只能討論耶穌的人格和在世的貢獻，超越的神性在不可知的範疇。士來馬赫走上康德的路，一切有關上帝的語言其實只是人的宗教敬虔。宗教只有人類學的意義，沒有超越的視野。[12]

3. 連續性的基督論

無論是由下而上的或由上而下的基督論，都是為了解決耶穌神人二性的張力。古代典型的例子伊便尼派（Ebionism）

或嗣子論(adoptionism)，説耶穌只是一個偉大的先知，因其努力而被上帝確認為兒子。另一方面，幻影説(docetism)則確定道是真神，祂穿上人肉體的衣服，看上去似人，但其實沒有真的成為人。早期基督論一直在兩者中搖擺：在耶穌的神人二性中有時側重一方，只有神性，人性湮沒；有時側重另一方，人性確立，神性不能與上帝同等，成了半神半人的怪物。

根頓指出基督論神人二性的割裂來自西方二元論：存有與形式(being and form)的割裂。柏拉圖和笛卡兒的心物二元論，牛頓和康德的現象與物自身，近代科學把現象界看成實有：物質不滅，時間永恆。上帝如何能成為物質的人？人如何可以同時是超越的上帝？上帝與世界在近代世界觀中彼此隔絕。根頓繼杜倫斯之後，以現代科學觀解決基督論的連續性的問題。他認為上帝與世界的關係不是割裂，而是連續的。基督的神人二性不是兩個矛盾的東西硬要放在一起，二元論是牛頓機械宇宙論的特色，基督神人二性在二元論中往往是割裂的。

從牛頓物理學來説，實物的外面是一個引力場，實物有確定的表面，表面以外不再是實物。因此實物與場截然二分；實物代表質量，場代表能量。愛因斯坦之後，我們知道場代表能量，而物質卻是蘊藏大量的能量，而能量又可轉化為物質。最大部分的能量集中在實物中，圍繞實物的場也是能量，不過能量密度小。所以我們説：實物是能量集中的地方，場是能量稀薄的地方，故實物與場不能定性區別，只能定量區別。按這觀點，拋出的一粒石子就是變化的場。在變化的場中，強度很大的場態〔石子〕以某一速度〔即石子的速度〕穿過空間〔密度小的場〕，因此不容許有實物和場兩種實在，「場」

是惟一的實在。[13]

根頓使用了現代物理學，應用於三一論及基督論。舊有的機械世界觀，粒子與粒子是截然分別的。但在場論中粒子間的關係是連續的。關係再不是抽象的冠詞，而是有實體意義。關係是內在的，互為滲透的。他引用亞他那修的說話，指出基督與這個世界不是非此即彼（either or）的，是在肉身卻仍活躍於宇宙之內。[14] 根頓用了法拉弟（Michael Faraday）的電磁理論作比喻。十九至二十世紀的科學家仍是機械論者，物質是一粒一粒具體的原子組成。法拉弟提出一個新的模式，原子是一種力場（fields of force），原子之間是互相滲透而不是一粒一粒對立的。推而廣之，宇宙也應有內在互相連結的關係，因此，三一論也可以用互存互滲（*perichoresis*）的概念來解釋，連續性的基督論也可以循這方向思索。[15] 基督論無論是永恆的主、或是真實的個人，兩者是連續性的。如果用杜倫斯的比喻，光擁有粒子和波動兩種看似矛盾的性質，光既是粒子也是波動，它可以完全是粒子也可以完全是波動。它的粒子無損波動的性質，反之亦然。光仍是一種光，沒有兩種光。這些現代科學，是康德當時機械宇宙論所無法理解的。在這種連續的觀念下，耶穌裏面的永恆展現在我們的暫有面前，時空中的耶穌與永恆的道不再割裂。[16]

4. 神人二性與救贖

正如亞他那修所說，基督的救贖若要有永恆價值，耶穌就必須是真神，這樣祂所賜的生命才有永恆性，人得贖始享永生。救贖必須出自既是真神，亦為真人的基督。

有關耶穌的神性和人性，早期教父有「非位格」*anhypostasia*（an=not; hypostasia=person）及「在位格」

enhypostasia(en=in)的論辯。早期教會亞歷山太的區利羅(Cyril, 376～444)指出道成肉身的基督，其人身缺乏了一個人的特質，所以是非位格的。而拜占庭神學家李安迪(Leontius, ?～543)則指出基督的人性是「在位格的」，意即基督是以其人性而存在，同時又是真實地在兩性的結合中存在，所以道成肉身的神保留了完全的人性。非位格看到的是耶穌的神性，在位格強調的是耶穌的人性。[17]

根頓同意杜倫斯，*anhypostasia* 及 *enhypostasia* 兩者都要同樣重視，因為兩者都是把耶穌的人性放在永恆性中，耶穌的人性真實(human reality)已不再是人性自身，士來馬赫的問題是他把基督的人性從永恆截取出來，給果基督的人性與祂的神性割裂。[18] 人性與神性如何可以融匯於永恆，重點就在於基督與父同質(*homoousios*)。因為二性合一，在同一個位格中，兩性合一，只有一位基督，基督有神人二性，好像只有一種光，光有粒子及波動兩種性質。但光還是一種光，光來自父神的真光，是同質的。有些人說，耶穌只有神性才與父同質，耶穌的人性是多出來的，這明顯是錯誤的。根頓說得非常清楚，無論*anhypostasia* 或 *enhypostasia*，其實人性都是在永恆裏。[19] 基督論的困難，往往在於太過鞏固上帝的獨一性，不變性。結果上帝的存有(being)成了極其封閉的希臘化的神。耶穌作為一個真人，無法有道成肉身的事實。同樣，把耶穌的人性絕對化，成為僅僅一個時空中的物，也只會使基督成了人類學及神話學的產品。上帝如果要能與人交往，耶穌必須有一連續性，即由人到神的可能。[20] 而基督的兩性使人與祂相遇時，同時遇上上帝。耶穌是「神－人」，只有「神－人」的連續性才能完成救贖的工作。根頓試圖把二元論神與人兩極連起來，而「神－人」的連續性正是他的基督論的基礎。

四、根頓基督論對文化神學的意義

根頓留意到自康德以來，神學一直被邊緣化。康德把世界二分：現象與物自身。前者為可知的經驗世界；後者被歸類為不可知的世界。神學屬於不可知的世界，結果便被科學知識邊緣化，在主流的科學文化中成了異質者(alien)。[21] 康德把理性分作三個層次：認知理性(pure reason)，用來分辨真假，屬於科學知識的範疇；道德理性(practical reason)，用來分辨善惡，屬於倫理學的範疇；感知理性(judgment = aesthetical reason)，分辨美醜，屬於美學及宗教範疇。三種理性只有科學有真假意義，在現象界(經驗世界)建立分析的知識。倫理學及美學不在科學範疇，沒有真假可言。康德無意貶低倫理和宗教，這兩者對人生都有極重要價值。但在知識領域的公共空間，即能判斷真假，屬於所謂「真理」(truth and real)的範疇，宗教便要讓位。

根頓指康德的深層思維在於康德被感性(sensation)所封閉。康德把一切知識的來源訴諸感性(sense perception)，而以理性作為判斷，[22] 處身在時空中的主體如何能知道經驗以外的上帝？康德沒有否認上帝的存在，只是說上帝不在我們知識範疇以內。我們的主體可以透過道德實踐貼近上帝，可以在美學的偉大及崇高中感受到上帝，但上帝屬於本體界，人不能對祂有真假的知識。

根頓嘗試從兩方面的進路展開知識的討論空間，一是透過救贖語言，一是透過基督論與現代科學的關係。

根頓相信，神學被邊緣化皆因過去的世界觀，而過去的世界觀深受二元論的影響。二元論可溯源於柏拉圖的《理想國》及《靈魂篇》(*Phaedo*)。前者把物資世界看為墮落的，醜惡的；而思維是聖潔美麗的；後者把身體看成靈魂的監獄，只有死亡可以釋放靈魂自由，真正哲學家應戒絕一切快樂和痛苦的事，使精神進入完全與世隔絕的狀態。[23]

根頓認為現代的世界觀已改變，我們不應再囿限於隔絕的二元世界，基督道成肉身是可能的，語言的層遞效力可以把真實揭示出來，康德的現象與物自身是可以彼此建立關係的。

1.基督救贖的可信性

根頓雖然不相信自然神學(natural theology)的進路，但他卻相信自然的神學(theology of nature)可以為我們打開神學知識之路。[24] 語言是他重視的工具，處理神學問題，語言效力是大的，根頓相信人的語言不單是由人的主體或社會的約定俗成所建構，也是由語言世界的內部結構所塑造形成的，所以語言與世界的內在結構有一定的關係。語言傳送著世界內部結構的意義。他說：

> 世界讓我們能知道它，意思是世界這種被人感知及經驗的揭示性結構，不斷要求我們改變語言來承載它的意義。[25]

科學家在物理學上的新發現，促使我們不得不創造新語詞，而每一個語詞，如量子、場、介子等，其實都是隱喻(metaphor)。同理，神學的對象為上帝的啟示，是上帝在歷史的作為，為了傳遞啟示的意義，神學上的隱喻也不是主體營造，它們都指向客觀的實體。

神學語言必須具體反映聖經記載的事實，例如耶穌釘十字架，叫世界與上帝和好。這命題背後有整個舊約歷史作根據，而人的具體情況，例如在罪中的掙扎必須處理。隱喻不能抽空具體內容。根頓批評黑格爾的隱喻，把上帝與人和好抽離為一個空泛的哲學命題：兩個存有的秩序彼此建立關係。黑格爾關心的，是要恢復純粹的基督教，指引人類過好生活和建立良好社會秩序。[26] 黑格爾這種基督教陳述只為迎合他的文化哲學，未能真正表達神學的客觀意義。

根頓相信隱喻不單是人用來表達或回應真實(reality)，更是實體向人述説其自己；人的心靈與實體互相回應(interacts with the world in a kind of reciprocity)，隱喻扮演了一個重要溝通的角色，讓人由發現實體到與實體溝通。

基於神學的意義，基督論有關救贖的工作，其重點在十字架。十字架是一個隱喻，必須結合著歷史的和教義的意義來詮釋。從這個角度看，十字架已超過了刑具的本義，它「不單是基督教的隱喻，必須準確地述説了人類對宇宙整全的回應。」[27] 故此，十字架有罪的刑罰，也有上帝的慈愛。它的隱喻表達了上帝和人的關係，遠超於希臘文原來純粹懲罰的意義。基督教的隱喻並不是由人單方面主觀地營造而成，卻是人與宇宙的上帝交往的一個語境。

根頓又討論獻祭(sacrifice)這隱喻對現代人的意義。獻祭的本意為屠宰牲畜以滿足某些宗教禮儀的要求，例如贖罪、立約、感恩等。然而，不同的宗教縱然有同一禮儀，卻不一定有相同意義；同一宗教的禮儀亦會因舉行的時間不同而做法有別。耶穌在十字架上的犧牲，必須溯源於舊約獻祭的意義，但又超過舊約的本義。

要了解耶穌釘十字架的意義，要從殺牲獻祭的單一意義釋放出來。基督教看重的是新約的隱喻，希伯來書的作者指藉著基督的死，一次過完成了獻祭，我們因此不必再殺牲贖罪，因為舊約殺牲所流的血並不能為我們真正贖罪。耶穌把自己獻上，並不是因為自己的罪，而是出於完全的自由。[28] 可見獻祭的意義，由舊約的人對上帝呈獻禮物以影響上帝的行為，轉變為新約的新概念，這概念有兩方：上帝把耶穌當成禮物賜給人；耶穌作為人回應上帝。耶穌在十字架的救贖，不單是個人的行為，而是三一上帝的內在關係，包括了父的賜予及子的呈獻；人可以藉聖靈的幫助，實現真正的人性，就是榮耀頌讚主，並且施於別人，也接受別人的施予。耶穌在十字架的事實向我們說話，產生效用，並改變人對罪的態度。隱喻表達了三一上帝的關係，也改變了人與世界的關係。[29]

根頓看重的，是語言的公共性。隱喻的理解有它的歷史及範疇，正如科學的語言有很多隱喻，如宇宙是一機械運作。在公共領域討論神學命題，不能動輒把它歸入無意義範疇。神學的隱喻帶有效用，且在歷史中為人所理解，透過隱喻，人可以進入神學的深層意義。

2. 基督論對現代文化的意義

上文提及，啟蒙時代的世界觀，主要受到牛頓及康德的影響，是一個二元論的世界觀。牛頓的世界觀基於他的絕對時空，即時間本身永恆，時間和空間是人類理性的形式，由人的主觀(intuition)所把握，是一切思維的先存形式，因此根頓說：

> 康德的系統展現了超越的轉移，超越(transcendentality)不再在客觀實有而在人類理性的客觀結構。[30]

由於康德相信自然律不是客觀實有，是人心所給予的，而時空的形式也是由理性所給予，因此整個科學的形而上學根源於人的理性。超越的客觀形上實體從此消失，進入了物自體(noumena)。康德以後，世上論形上實體不再有神學意義，「神聖的時空秩序不再在永恆的存有實體，而在人心中。」[31]

西方神學一直受希臘思想影響，例如巴門尼得斯看上帝為一個純粹、獨一及不變的個體，上帝與世界難以互相交往。[32] 其後的柏拉圖更不在話下。根頓認為基督論必須在現代科學的場景下重新定位，即把時間與永恆重新整合。如時間本身是永恆，則上帝無法在時間中出現，永恆必然在時間之外。如果時間不是永恆，是偶發性，是受造的，這樣上帝的永恆與祂造的時間可以產生互動。[33] 上帝的活動透過三一的一體而有不同的行動，在上帝永恆包圍之下，進行父、子、靈三種不同的活動。這一切之所以互動，必須歸結到三位一體的位格(personhood)問題。

位格不是表達本質或本體(ontology)，而是表達關係。根頓非常重視三一位格帶來上帝與世界的關係。父、子、靈三者有三個不同位格，位格是指三者有獨立個體，獨立性格，但可以互相交通。有學者稱為存在的模態(mode of existence)。[34] 上帝不是以單單一個個體存在，祂是交通的存有者(being in communion)。[35] 父、子、靈彼此不斷相交，所以上帝不是孤獨的單子(monade)。

上文提到二元論的世界使基督論割裂，基督的神、人二性不可能有連續性。但位格的觀念使父、子、靈打破了二元論的永恆與暫有、超越與現世。根頓用三位之間的互存，因著父與子的互滲，父藉子在世彰顯祂的旨意，正如約翰所說：「從來沒有人見過上帝，只有藉父懷裏的獨生子表明出來。」(約一18)三位是以動力的關聯(dynamic relatedness)存在、彼此交往，根頓用亞他那修的互存互滲開啟了重要的概念。

i. 互存互滲是與空間(spatial)及現世(temporal)有極大關係，它包括了運動、重現及滲透的活動。
ii. 上帝神性作為(divine economic)對世界的交往隱含了合一中的多樣性(unity-in-variety)。因為上帝是以祂的程序式(economical)來與世界進行不同的連繫。父、子、靈是以位格的動力(personal dynamic)來進行世上的多樣活動。永恆的父、子、靈彼此分享了互相交往、互相滲透的作用。[36]

上帝三個位格的存在模態，是以一種動力方式參與了時空的活動。父、子、靈在永恆中彼此分享互存互滲及生命交流。在這概念下，父藉子在時空中彰顯祂的作為，上帝與世界不再二分，而是具有一種連續性的關係。

基督的位格包括了神人二性，祂的人性在時空中存在，而其神性亦藉著祂的位格在時空展現，這點對文化神學非常重要。上文指出基督論要避免絕對與現世的隔絕，我們的信仰是超越的現在。基督的聖言是在時空中向我們有限的人宣講，卻喚醒我們無限的追求。因此基督的聖言在時空中是有意義的。正如田立克所言：「在時間中的上帝就是歷史的上帝，祂就是在歷史中朝向一個目標，有作為的神，上帝的國在歷史中也超越歷史，使世界得以更新。」[37]

基督教神學要從啟蒙時代被邊緣化的情況扭轉過來，我們固然要積極關懷社會，服務人羣，把基督所教導的愛實踐在社會上；我們還要正視基督論的連續性，它是在世俗上生根的，因為道成肉身在時空之中，成了有限的人，祂本身成為此世社會的一份子。祂的出現使當代的人產生了社會的迴響，正如社會學家涂爾幹(Emile Durkheim)說：「我們不應經常假定信徒的經驗是幻覺，他們的宗教信仰是在一獨特的經驗中，而這些經驗雖然與科學實驗不同，但並不次於它。」[38] 基督教本身有它的社會性，其根源在於基督的歷史事實。

如果上帝在時空中啟示我們，祂又是創造的主，祂的啟示便不單單對以色人說，而是對全地的人說。基督教必須在公共領域表達上帝對全人類的關懷，而基督論正是要把上帝從超越的領域帶到人類空間，在人類文化的載體中宣揚自己。根頓極力阻止康德把世界二分，因為康德在科學的領域下把基督教排除了，知識只在經驗領域，不在宗教領域，這種割裂使人失去了超越的視野，人的價值失去了永恆的聯繫，在暫有的時空中漂浮。

連續的基督論使上帝的愛，藉基督的虛己、寬恕、自我犧牲及拒絕不義而在世上的文化彰顯出來。基督教與其他宗教可以對話、包容，但不必將基督教本身教義相對化。哈貝馬斯在一次對話中指出，基督教成為一種普世的宗教，在於它對自身的反省，他說：

> 現代信仰可以通過對非排他性的立場進行自我批判和自我反思，從而讓自己變得更加穩固。非排他性的立場是它在一個和其他宗教共享的話語空間中獲得的，而在這個話語空間中，它和世俗知識之間明確了界限。這是一種非中心化的背景意識，它把自身的立場相對化，但又不允許把信仰

> 真理相對化。這種非中心化的背景意識就是現代宗教信仰所特有的。[39]

連續基督論的兩個向度，既在信仰中展示超越上帝的絕對性，又在時空中道成肉身基督展示了祂的包容性，使基督教神學在人類文化中發展而不致成為斷線的風箏，同時基督教神學可以不斷適應人類文化的變遷，使絕對的上帝在各個不同情景中自我啟示出來。這是哈氏所強調信仰真理不能相對化的原因，也是根頓強調神學必須內置於上帝創造的秩序的理由。他說：

> 我們把所有神學的語言建構在上帝藉子創造的世界的活動之上，就是舊約所期待的拿撒勒人耶穌……而聖靈就是創造秩序的靈。[40]

五、結語

文化神學涉及人類文化的歷史發展，語境變遷。很多宗教往往成了文化現象，只有現世的素材，失去了超越的根源。基督教作為一個啟示的宗教，根頓必須處理絕對與時空的兩極性。要使基督教神學能在人類文化說話而不失去其超越視野，連續的基督論是必須的，它把人類文化割裂的知識論重新整合和醫治，使在暫時中存有的人，能恢復他的永恆本質，重投永恆的主，在世俗中重拾他的超越使命。

註釋：

1 Athanasius, *On the Incarnation* 16:18.

2 Colin E. Gunton (ed.), *The Cambridge Companion to Christian Doctrine*

(Cambridge: CUP, 1997), 142.

3 Gunton (ed.), *Christian Doctrine*, 142。根頓回應巴西流所說聖靈是創造的能力，是使創造得以完成的推動因。這樣，父、子、靈三位一體的上帝在創造中有了非常密切的關係。

4 Colin E. Gunton, *The Triune Creator* (Grand Rapids: Eerdmans, 1998), 69.

5 Colin E. Gunton, *Yesterday and Today: A Study of Continuities in Christology* (London: Darton Longman & Todd, 1983), 43.

6 Gunton, *Yesterday and Today*, 36。有關普羅提諾思想，參拙作：《俗世尋真：基督教與現代哲學》(香港：宣道，2002)，第二章。

7 楊慶球：《俗世尋真：基督教與現代哲學》，頁47。

8 楊慶球：《俗世尋真：基督教與現代哲學》，頁53。

9 楊慶球：《俗世尋真：基督教與現代哲學》，頁10。

10 楊慶球：《俗世尋真：基督教與現代哲學》，頁13。

11 楊慶球：《俗世尋真：基督教與現代哲學》，頁16。

12 楊慶球：《俗世尋真：基督教與現代哲學》，頁28。

13 愛因斯坦及英費爾德著，周筆威譯：《物理學的進化》(上海：上海科學技術，1979)，三章七節。

14 Gunton, *Yesterday and Today*, 118，參 Athanasiu, *On the Incarnation of the Word*, E. R. Hardy (ed.) (London: SCM, 1954), 70.

15 Colin E. Gunton, *The Promise of Trinitarian Theology* (Edinburgh: T&T Clark, 1991), 144～145.

16 Gunton, *The Promise of Trinitarian Theology*, 208.

17 T. F. Torrance, *Theology in Reconstruction* (Grand Rapids: Eerdmans, 1975), 131.

18 Gunton, *Yesterday and Today*, 155.

19 Anhypostasia is a model by which an attempt is made to locate the origin of *this* human reality not in itself but in eternity; enhypostasia is to locate its *genuine* human reality in eternity. 參 Gunton, *Yesterday and Today*, 155。

20 Gunton, *The Christian Faith*, 93.

21 Colin E. Gunton, *Enlightment & Alienation: An Essay towards a Trinitarian Theology* (Grand Rapids: Eerdmans, 1985), 58～59.

22 康德說：一切知識起源於經驗 (experience)。參《純理性批判》，B1。

23 Gunton, *The Promise of Trinitarian Theology*, 108.

24 Colin E. Gunton, *A Brief Theology of Revelation* (Edinburgh: T&T Clark, 1995), 40～41.

25 Gunton, *The Actuality of Atonement*, 48.

26 Gunton, *The Actuality of Atonement*, 21.

27 Gunton, *The Actuality of Atonement*, 108.

28 Gunton, *The Actuality of Atonement*, 122.

29 Gunton, *The Actuality of Atonement*, 127.

30 Colin E. Gunton, *The One, the Three and the Many* (Cambridge: CUP, 1993), 156.

31 Gunton, *The One, the Three and the Many*, 156.

32 Gunton, *The One, the Three and the Many*, 24.

33 Gunton, *The One, the Three and the Many*, 159.

34 John Zizioulas, *Being as Communion* (Grestwood: St. Vladimir's Seminary Press, 1993), 106；轉引自李錦綸：《永活上帝生命主》(台北：中福，2004)，頁131。

35 Gunton, *The One, the Three and the Many*, 214.

36 Gunton, *The One, the Three and The Many*, 163.

37 Paul Tillich, *Theology of Culture* (Oxford: Oxford University Press, 1959), 37.

38 Emile Durkheim, 'The God of Culture', in Julia Corbett (ed) *Through a Glass Darkly: Reading on the Concept of God* (Nashville: Abingdon Press, 1989), 23.

39 哈貝馬斯：〈關於上帝與世界的對話〉，收《基督教文化學刊》(北京：中國人民大學出版社)11輯，2004年春，頁123。

40 Colin. E. Gunton, *Act and Being* (London: SCM, 2002), 71.

九

隱喻與拯救

——救贖論的文化意涵

趙崇明

一、引言

華人教會一向很重視傳福音，不過往往教會比較關心的還是決志和得救的人數，多過所宣講的神學內容。基督的十字架有甚麼功能？基督的十字架有何威力？基督的救贖跟整個世界有沒有關係？究竟我們有沒有深入反省這些救贖論內的神學問題？説華人教會沒有神學，這種論斷似乎有點不太公平，畢竟華人教會仍然有自己一套的福音神學或救贖觀。觀乎在大多數華人教會信徒的心目中，救贖只關乎個人感性主觀經驗與道德行為實踐的問題，跟語言和理性知識（認知）這類議題可以毫不相干。

究竟救贖論應屬於本體論的範疇抑或知識論的範疇？救贖論應強調被救贖者主觀一面的範疇抑或救贖主客觀一面的範疇？救贖論應強調感性經驗的一面抑或理性的一面？救贖論應強調救贖的個人層面抑或救贖的宇宙性層面？以上種種問題其實正是救贖觀在西方的歷史神學和教義神學上，不同神學家或神學派別所關注及爭論的焦點所在。[1]

本文試圖透過闡釋根頓如何從隱喻這種神學語言切入去處理基督救贖的問題，從這種獨特的神學語言的本質特性，去對傳統以來在救贖論問題上徘徊於存有與認知、主觀與客觀、理性與感性、個體與宇宙這類二元論框架上非此即彼的觀點作出批判。在這過程中，首先論證根頓如何從三一論的架構底下，維護創造與救贖的一體性與連續性，說明上帝的救贖既臨到世界，也臨到在世存在的人，故此救贖其中一個關注，乃在於人和世界的關係的問題。在這個大前題下，再從根頓對隱喻這種神學語言的本體性及認知性功能入手，闡釋這種語言本身的特質如何言說它跟世界之間的關係，從而指出隱喻跟世界的關係正代表基督救贖事件的重要文化意涵——人跟世界如何復和？

二、救贖論即創造論——創造與救贖的一體性

有兩種出現在華人教會內的現象值得留意：第一，主流華人教會較喜歡宣講一套個人靈魂得救離開此世上天堂這類個人主義和靈肉二分救贖觀的福音。第二，華人教會較多講基督的救贖卻少談三一上帝的創造。從神學上分析，其實這兩種現象有相互關聯性，反映了主流華人教會所宣講的福音背後一個重要的神學問題，乃是將創造和救贖分割為兩件各自獨立存在的事情，或者說看不出創造與救贖彼此之間緊密的關聯性。換言之，主流華人教會所宣講的救贖觀，是一套脫離三一創造論的救贖觀。

現嘗試從三方面分析導致上述現象的原因：第一，華人教會通常將創世記頭兩章視為上帝創世工作的歷史記錄，而且這發生在遠古年代的歷史事件亦已告終結，由此說明為何華人教會往往跳不出這兩章聖經範圍之外去講創造論了。第二，將始祖的犯罪墮落視為一個重要的轉捩點，這一點將整個人類及世界的命運扭轉了過來，罪的出現，將一個原本被

上帝創造且看為「好」的樂園世界畫上句號。跟著出現一個有罪存在且跟伊甸園截然不同的世界，也正因為這世界有罪，才需要救贖，言下之意，沒有罪的出現，亦無需基督的救贖。就是這樣，始祖的犯罪墮落這一重要的轉捩點，便將人類歷史分為三段不同的時期——上帝創造世界的樂園時期、罪進入世界後而等待基督來世救贖的舊約律法時期、基督第一次降臨展開救贖工作的新約恩典時期。總而言之，始祖犯罪被視為構成創造事件與救贖事件分開的一個重要的轉捩點，而且這一轉捩點亦意味著上帝的創造、頒布律法及救贖是三件性質截然不同的工作。第三，由於創造與救贖被視為各自獨立的事件，在欠缺一套強調上帝創造整個世界這種具普世性，以及肯定被造物質世界價值的創造論作為基礎底下，再加上一種將焦點集中在始祖個人身上的原罪觀，自然就會發展出一套以人為中心(anthropocentric)和高舉靈肉二元論(soul-body dualism)的救贖觀了。由此說明為何華人教會總是喜歡傳講個人靈魂得救、離開此世上天堂的救贖觀和福音。

故此，擺在我們面前其中一個很重要的神學議程，就是如何將救贖論跟創造論重新建立一種適切的關係。根頓追隨愛任紐的觀點，主張聖父藉著聖子及聖靈兩隻手作為中介者去創造世界，整個創造的活動是父、子、靈在愛的團契中共同參與進行的，如此根頓便提出一套三一的創造神學。根頓這樣做的其中一個重要目的，固然是要反對撒伯流主義式的形態論的講法。根頓堅持聖父藉著聖子(道)來創造世界，如此說來，聖子不但參與救贖的工作，同一位聖子也參與創造的工作，而且在創造中扮演重要的角色。根頓正是試圖以聖子耶穌基督作為聖父創造及救贖工作的同一位中介者而將創造與救贖連成一體。根頓所謂透過基督將創造與救贖連成一體，意思是想表明聖父透過基督展開了創造的工作，但創造最終需要透過同一位基督的救贖工作方能真正完成。正如他說：「根據新約，創造透過基督進行，亦朝向基督而完成，意思是要說明創造是透過那位道成人身，以及成為創造秩序的一部分的基督來組織安排的。」[2]

根頓除了以聖子來將創造與救贖連成一體之外，又引入終末聖靈的工作來印證他的救贖論即創造論的主張，他援引以下這節經文來支持他的論點：「要照所安排的，在日期滿足的時候，使天上、地上、一切所有的都在基督裏面同歸於一。」（弗一10）他解釋這節經文的意思，正要指出上帝的創造並非單單指向創世記頭兩章那一次過發生並且已經完成的創造行動，三一上帝的創造行動不僅是一件遠古發生的歷史事件，創造工作是持續不斷地在具體的歷史時間與空間裏發生及完成的，創造是朝向未來的一個企劃（project）。罪與墮落使企劃的成就離開應有的軌道，救贖並非回復原初狀態，而是聖靈從終末帶來對墮落世界的轉化更新，以致萬物最終在基督裏面同歸於一，到時基督的創造工作終於完滿實現。正如根頓所言：「創造……朝向基督而完成。」[3] 根頓特別用「完成」、「終成」或「完滿實現」（perfect）這個帶有終末性意味的觀念來闡釋他的創造救贖觀，他如此寫道：「聖父上帝透過時間並在時間裏使祂的創造完滿實現，即是聖父透過聖子和聖靈促使個別獨特的行動、事件和事物，無論從一小塊一小塊的陶器到高貴卓越的自我犧牲的行動，統統都如其本應所是的成為其自己，因而也就能夠成為萬物最終各自完滿實現其自性的獨特的預嘗（anticipations）。」[4] 因此，上帝的創造就不單只是一個從無到有的過程，同時更是一個促使萬有能夠各自完滿實現其所是的過程，在這個萬有最終各自完滿實現其所是的創造過程中，「聖靈就是創造的終成因(the perfecting cause)。」[5] 根頓正是這樣，以三一神學作為本體論基礎去將三一上帝的創造與救贖的工作串連起來，在三一神學的運作底下，創造與救贖連成一體，創造論與救贖論是一體兩面。

為何根頓這麼強調創造與救贖的連續性和一體性？其中一個最重要的目的，正如上文提過，就是批評過往由於將救贖論抽離創造論去理解，以致救贖論只談個人靈魂的救贖，將救贖論講得太個體主義化和靈肉二元化。根頓現在將救贖論安立在三一創造論的範圍內去講，結論就完全不同。既然三一上帝創造世界，而創造工作又是一個向前邁進，且要藉著基督的救贖在終末才大功告成的過程，則沒有理由起初時創造的範疇包括整個物質世界，到救贖及創造在終末完滿實現時，所涵蓋的範疇卻只限於人的靈魂。

故此，根頓的救贖論有很強的文化意涵，三一上帝的救贖不應僅限於個人靈魂得救與否的問題，而應該包含對整個物質世界、文化世界的救贖，天國並非僅僅降臨在人的靈魂裏面，同時降臨在整個受造世界之上。說得再清楚一點，三一上帝所創造及救贖的並非抽離世界的個體靈魂，而是**在世界中存在的人**，以及**在人中存在的世界**。換句話說，根頓三一創造救贖論最重要的文化意涵是要說明人和世界共在那種一體性，而人和世界共在這種一體性關係又直接影響著人與上帝的關係。這一點非常重要，是下文繼續討論其他議題的重要基礎。無論如何，根據上文的分析，首先可以斷言根頓決不反對創造和救贖屬於本體論的範疇。不過本文的目的乃是想進一步從存在(being)與認知(knowing)的內在關聯性探討救贖(創造)是否最終既屬於本體論亦屬於知識論的範疇？

三、語言的本體性與創造性存在

上文曾經提過，聖父以基督（聖道）作為創造和救贖的中介者，聖父藉著基督開展了創造的工作，但創造的終末性完成卻有待基督在聖靈裏的救贖的圓滿實現。於是，上帝的道（the Word of God）[6] 使創造和救贖兩種行動合而為一。即是說，上帝的道（言說，Logos）在本體論中扮演重要的角色。上帝的道（言說）是一切被造物的存在根源和基礎，不但如此，在聖靈的工作底下，萬物也朝著上帝的道（言說）這上帝的真正形像去實現「如其本應所是的成為其自己」或「各自完滿實現其自性」。正如聖經所言，上帝用「說話」創造萬物（創一3～24），也用「說話」造人（創一26）。上帝「說有，就有，命立，就立。」（詩三十三9）在創世記的記載中，上帝的說話不但使人存在，上帝的說話亦是給人的命令，上帝透過說話命令人生養眾多，又命令人管理大地，上帝透過說話給予人的命令將人之所以為人應有的身份賦予給人。因此，人只要聽上帝的說話（聽命），人就能「如其本應所是的成為其自己」或「完滿實現其自性」，這也是上帝用說話命令人不要吃「知識之樹的果子」（「分別善惡樹的果子」）的原因。

四、罪的文化意涵——以人言的認知性及工具性取代神言

創世記跟著描繪人犯罪墮落的問題。何謂「罪」？照聖經所言，人犯罪正正表現為不聽從上帝的說話或命令，以「知識之樹」取代「生命之樹」，以人的道／說話（human word）取代上帝的道／說話（Divine Word），以人的理性（human rationality）取代上帝的理性（Divine rationality）作為善惡價值的判準。人的存在不再建立在上帝的道之基礎上，而改為建立在人的道

或人的理性之上。「人是甚麼？」這本體論或形而上學的問題，便要往「知識之樹」裏尋找答案，人不再是聽上帝説話的存有，而是有認知能力能判別是非善惡的理性及道德主體。本來是上帝「説」，以上帝作主詞(subject)，現在變成人「説」，以人作主詞。「我是誰？」「我」是「能言説」、「能思想」的實體。

基於此，在根頓看來，自從上帝被取代(the displacement of God)這件事發生之後，不但人和上帝之間的關係起了急劇的變化，人和世界的關係也完全改變了。本來人和世界保持和諧的共在關係，人和世界本來血脈相連、一體並存，但自從罪出現後，聖經描寫大地也受到咒詛。當人這個「能言説」、「能思想」的主體一旦抬頭，馬上就標誌著人與世界分裂開來並形成主客二元對立的局面，世界被客體化、被物化，不斷受人這個理性主體的操控與宰制，人不再是大地的管家，卻以主人的身份出現。聖經這幅描寫「罪」的圖畫，豈不是一早已預告了笛卡兒那套「我思故我在」的主體形而上學及啟蒙運動在人類文化思想史的舞台上將會登場！笛卡兒從知識論出發，透過方法上的懷疑，把所有描述「我」這個主詞的賓詞(如感官身體、對外在世界的感官經驗)通通透過懷疑而加以排除，最後剩下來的就只有「我是」或「我在」這實體，而這個「我」就只可能是「正在思想」的實體。[7]

針對「罪」的問題，必然要尋找救贖的方法，自從笛卡兒將主體形而上學搬上了人類文化思想史的舞台之後，主體形而上學便繼續擔演主角，康德的批判哲學及道德形而上學正正將這種主體形而上學推到高峯。不過最諷刺的是，人卻以這種主體形而上學作為自我解放的救贖方法，而這種自救又恰恰正是聖經裏面所講的「罪」。在 *The Actuality of Atonement* 的第一章內，根頓正是針對以康德為代表的理性主義者，那種高抬主體的自主性(autonomy)及實踐理性作為自我救贖的方法所衍生的問題作出批判，在主體性原則影響底下，主張個人需要為自己所做的道德抉擇和行動付上全部責任，完全解除來自外在權威的束縛。故此，他們這種自我救贖的信心便有別於宗教改革家們的救贖觀，並非惟獨依靠上帝的恩典得救，也不是因信而稱義，而是透過人自己的實踐理性而得救。[8] 由此可見，「罪」與「救贖」不但屬於形而上學或本體論的範疇，因著「我說」、「我思」這種向「知識之樹」傾斜的知識論轉向，便使「罪」與「救贖」也同時被納入歸屬於知識論的範疇。人的存在跟「說話」有關，人的罪與救贖也跟「說話」(知識)有關，「說話」既將「創造」與「救贖」連在一起，也把「存有」與「認識」扯上關係。

五、語言與拯救——隱喻作為一種媒介形式就是救贖的信息

如果「罪」是一種以「人言」代替「神言」的知識論轉向，則「救贖」明顯地就是要求「人言」順應「神言」，恢復「神言」的優位性及主導性。這樣，「救贖」就不可能不關乎知識論及語言觀的問題了，亦由此明白為何根頓在 *The Actuality of Atonement* 一書中，要回到知識論及隱喻這種神學語言上去處理救贖的問題了。在這本書中，根頓提出了三個關於救贖觀的隱喻——戰場上得勝的隱喻、法律上公義的隱喻和舊約中獻祭的隱喻。本文並不打算詳細討論這些隱喻所描述的救贖觀的內容(content)，反而想將討論焦點集中在盛載內容的隱喻這種媒介或形式(form)本身，事實上根頓在這本書第一章結尾的時候，已清楚表明探討隱喻這種神學語言的功能正是這本書其中一個主要目的。[9]

不過有趣的是，根頓在第一章已指出，從理性主義的知識論出發，理性主義者不但認為基督教救贖論中存在不少非理性的問題，而且認為隱喻這類神學語言根本不適合用來探討及表達理性的真理內容，既然隱喻這種語言被啟蒙運動的理性主義者批評為所謂「語言的濫用」(the abuse of language)或「語言的誤用」(the misuse of language)，[10] 為何根頓偏要用這種在意義上絕不清晰明瞭的隱喻，來處理通不過理性主義者理性考察的基督教救贖觀呢？他為何跟理性主義者唱反調，反而說隱喻是用作表述語言與世界的關係「最適合的形式」呢？[11] 他甚至聲言要透過這種非理性的隱喻，來表達救贖的真理從而超越理性主義者所講的理性，[12] 這是甚麼意思？他又怎樣做到呢？

在未回答上述問題之前，首先值得探討的還是隱喻這種神學語言的形式(form)本身？根頓如此說：「正如我們之前已經提過，語言跟世界彼此之間的關係之關鍵處正在於這種關係的非直接性(indirectness)。我們只可以非直接地認識這個世界，正因如此，本身具備非直接性這種性質的隱喻，正是應該採用的一種具有適度謙卑和聆聽性格的語言之最適合的**形式**。」[13] 這段文字的重要性可分兩方面：第一，指出隱喻這種神學語言**形式本身**已具備言說的功能。第二，指出語言跟世界之間存在一種非直接的關係。

這裏先討論第一點，根頓明顯地指出，「非直接性」是隱喻這種語言形式本身的特質，正因隱喻這種語言形式具備這種特質，所以不用考慮隱喻這種語言形式所盛載的是甚麼內容，單單考慮這種語言形式本身的特質(即其非直接性)，就足以相信它實際具備言說或表述語言跟世界那種非直接性關係的能力。根頓這種講法，跟當代研究媒介文化大師麥克盧漢(Marshall McLuhan)的名言「媒介即是訊息」有異曲同工之妙。[14] 由此看出，媒介的形式本身對內容的塑造有很大的影響力和決定性。

大概沒有人會否認，在一個沒有媒介作為盛載訊息器具的世界裏，任何信息內容是不可能存在的，這也是根頓所講的所有知識都必然是中介性的知識(mediated knowledge)的意思。[15] 不過這樣講也只不過僅觸及媒介在認知或傳遞訊息過程中的必要性而已，還未深入到「媒介即是訊息」這句話的深層意義裏，等於只承認隱喻是認識及表述救贖觀念不可或缺的媒介，還未談到為何隱喻本身就是認識及表述救贖觀念最合適的媒介或形式。若用麥克盧漢的名言來回答，答案無非是隱喻這種形式本身就代表(是)某種關於救贖的信息，即是說就算沒有提及救贖觀的內容，或將內容抽掉，隱喻的形式本身就已能將某種救贖觀的含義傳達出來。

六、隱喻與拯救——隱喻使人成為在世存在的人

跟著下來，便可以探討為何隱喻這種形式是一種言說及表述救贖觀「最適合的形式」？要解答這問題，首先可從理性主義者反對以隱喻來表述真理這一點談起，他們反對的理由正是建基在以笛卡兒為代表的那種理性至上的精神，也就是上文談到「罪」的文化性意涵的問題。按照笛卡兒的意思，惟有掌握「清晰而明瞭的觀念」(clear and distinct ideas)才能說明真理。[16] 但正如在「罪的文化性意涵」那一段所提到的，認知主體與外在世界分裂為二，並形成主客二元對立的局面，世界被主體客體化、被物化，語言成為認知主體認識及描述外在世界的工具，語言跟世界之間保持著一種鏡式反映的關

係，知識的真假判斷在於語言能否作為一面鏡子如實地「反映」或「再現」外在世界。在這種理性主義的知識論和語言觀影響下，人和世界共在那種一體性已被瓦解，人和世界沒有相互的交往或相互作用（interaction），人不再是在世存在（being-in-the-world），卻是抽離世界孤立地存在的個體，這種人跟世界的主客對立關係和語言跟世界的鏡式反映關係，正正代表了罪進入世界的結果。

此外，「鏡式反映」這種語言觀理論上只容許外在世界存在單一的字面意義，以致可以對語言是否反映真理能作出清晰明瞭的判準。然而，理性主義者認為隱喻所盛載的意義太過含混模糊、欠缺穩定性，並非理性所能依靠用來掌握真理的精確工具，因此斷言，「隱喻不再有資格成為我們跟世界進行理性交往的中介：除非隱喻不再成為隱喻，否則就不能談及真理。」[17] 根頓固然對這種講法不能認同。

相反，他認為惟有隱喻這種形式的語言才能適切地表述救贖真理本身所具的理性，借用上述「媒介即是訊息」的講法，正要說明隱喻這種形式的媒介本身已能表達上帝救贖的真正意涵。首先可從隱喻的概括性定義談起，根頓認為隱喻乃是「人在說話時以嶄新形式或不尋常的方式或意義表達出來的一些詞彙。」[18] 這裏自然帶出一個語言只有單一意義（univocal）抑或多元意義的問題，很明顯隱喻正是容許某一詞彙所盛載的意義是不固定的、是可以轉變的、是容許意義上的多元性的。故此，隱喻是一種變化多端且富想像性的語言，然而，這種被理性主義者批評為非理性的元素卻是根頓視為最合適之所在。他引述近年科學界對隱喻這種語言的功能已有改觀，甚至對這種語言賦予很高的評價，這種轉變主要由於科學界對語言的認知功能已有很不同的看法：「如果詞彙的意義沒有任何的轉變，世界的知識就沒有進步的可能。」[19] 即是說，如果語言永遠維持單一的意義，人類的知識就不可能有進步，因此語言在意義上的開發跟對世界知識的擴展有不可分割的關係。根頓更引述玻特(Richard Boyd)對這種關係一個很有見地的看法，玻特認為當隱喻被視為認知的工具時，並非隱喻的既定意義居於知識的發現之先，即是說並非以隱喻的既定意義來發掘新知識。如果隱喻是用作言說我們之前還未認識的新事物，則隱喻必定要讓自己以前所盛載的舊意義容許存在一種可變性及開放性，容許被所言說及認識的世界反過來塑造並賦予新意義的可能性，就是這樣，隱喻的新意義和對世界知識的新發現乃**同時發生**。[20]

除此之外，隱喻意義上的多元性和可變性更帶來下列兩個重要的觀念。第一個是關於傳統(tradition)在認識世界及詮釋世界現象的意義時所扮演的角色。理性主義知識論的其中一個問題，就是承認人類理性可以掌握非時間性的普遍真理，或者說，知識分為兩類，惟有非時間性的具普遍性的理性知識，才是可靠的知識或真理。因此，啟蒙運動的知識論一直以來忽視「歷史時間」與「傳統」兩者在認知過程中的重要性。但對根頓而言，根本就不可能有一種可以離開歷史文化傳統而存在的語言，因此當我們依靠語言作為媒介去認識世界的時候，我們就不可能輕忽語言所盛載的歷史與傳統。正如根頓所說：「真理實在是時間的女兒。」[21] 語言必然是經過傳統洗禮的文化沉澱物，若果說人必須依靠語言認識世界，則「傳統」就是構成人的認知不可或缺的元素。因此，人在認知的過程中必須返回傳統中去聆聽傳統的聲音，我們對世界的認識其實也無可避免不受到過去的傳統所影響，而隱喻正是一種不能擺脫傳統的語言。根頓曾舉過這樣一個例子，拉丁文的

"muscle" 原意為小老鼠，今天 "muscle" 不再具有小老鼠的意思，而一般會解作肌肉，當我們今天使用 "muscle" 這詞彙時，傳統的意思已有轉變，已為這詞彙賦予新的意義，但其實新、舊意思之間有相似之處，故此我們今天仍可以用小老鼠作為肌肉的隱喻。[22] 由此可見，隱喻這種語言形式本身的特性已清楚告訴我們，「傳統」在認知和意義傳遞的過程中扮演重要的角色，人在認識世界的過程中，必須跟「傳統」打交道，人不可能抽離這個在歷史時間中存在的世界，人是在時間世界(temporal world)中的存有。

至於第二個重要觀念，則關乎認知的範圍。對根頓而言，偶然性必然是所有知識的一種內在特性，正如他說：「所有知識都是偶然的。」[23] 這種主張，正好幫助我們對啟蒙運動以來那種高舉人的理性可以獲得絕對無謬誤的知識(infallible knowledge)或普遍真理(universal truth)這種全知觀點作出反省與批判。如果我們承認人需要依賴某一知識上的立足點才能認識外在世界，而人作為一個有限的存有，他也只能站在某一立足點上而不能同時站在無限的立足點上去認識外在世界。也就是說，一個人只能站在某一角度而不能同時站在無限的角度去認識其他事物。這就是伽達默爾的「偏見」(prejudice)的意思，這種「偏見」是任何人進行認識活動時無可避免的一種「前設」(presupposition)或「前理解」(pre-understanding)，當然這種「偏見」所提供理解的視域只能是有限的、偶然的、可錯的。因此，在認識的過程中，語言只是有限性及偶然性的痕迹或記錄，隱喻這種語言形式本身的特性正正能夠反映這裏所講的知識的偶然性(或稱偶然理性)。

毫無疑問，上帝救贖真理的內容從來不可能不倚靠任何媒介而讓我們認識的，當歷世歷代的教會使用不同的隱喻去表達救贖真理的時候，這些不同的隱喻其實正好反映了不同的文化語境，故此，上帝救贖真理在隱喻的表述下是一種「文化偏見」這種說法其實是有道理的，正因如此，我們只可說教會在某一歷史文化處境下用某一套文化語言所理解和詮釋的救贖真理，都是片面的、有限的、偶然的、可錯的。不過，這種對「偏見」的接納，反而要求我們認清人永遠沒有可能以上帝的全知觀點去完全掌握外在世界，更遑論能認識終極的真理本身。在認識的過程中，人惟有謙卑下來，帶著隱喻的「偏見」去開放地聆聽及尊重他者的聲音，在這種聆聽及尊重他者的溝通過程中，因著隱喻本身的可變性及開放性，意義便得以不斷修正更新，知識就在這種以他者為首出的溝通關係中孕育出來。

以上的論述，正符合根頓所主張隱喻是一種「非直接」的語言這種講法。從消極而言，隱喻本身所具備的「非直接性」這種性質，正是對上述那種鏡式反映的語言觀(即既肯定語言能**直接地**反映或再現外在世界，又肯定語言的單一性意義)的講法作出批判，也就是對這種語言觀及知識論所表現出來的「罪性」作出批判。積極而言，隱喻這種「非直接」的神學語言正要告訴我們，人在語言中應該跟世界建立一種怎樣的關係才能達到救贖的目的。首先，隱喻的「非直接性」正要告訴我們，人內在思維的理性結構並非跟外在世界的理性結構存在一種「一一對應」的同質關係，人不是對應於外在世界這個大宇宙的一個小宇宙，世界是人的他者，彼此存在本質上的差異性，所以人豈能**直接地**認識世界，**直接地**掌握世界的本相。既然人對世界的認識不能透過「直通」的方式，便惟有「非直接」地「曲通」，如何「曲通」？

簡單而言，首先承認世界與人存在本質上的差異性，由此消解了人單憑主觀的理性結構可以直接再現客觀世界的可能性，然後接受知識來自外在世界的事實，這就是根頓所理解「任何知識都源於啟示」的意思，當然，由於先前講過世界與人存在本質上的差異性，因此已可避免源於啟示的知識可以「直通」人的心靈意識，最終所有啟示性的知識，也只能透過有別於外在世界的他者作為中介者以「曲通」的方式而獲得，這中介者就是語言，「曲通」所成就的知識就是指到這種藉著中介者而獲得的啟示性知識。

儘管上述所講的具中介性的啟示性知識所強調的是，來自外在世界的啟示是整個認知過程的起點，但不等於說整個認知過程就只是一種由上而下單向發展的過程。前面提過，根頓認為「救贖」乃意味著人跟世界重建一種共存的一體關係，這是一種在基督裏合而為一的復和關係。根頓認為隱喻這種神學語言是最合適的媒介，促使我們跟外在世界這他者建立關係並在這關係中既塑造我們成為我們之所是，又塑造世界成為世界之所是。這種人、語言跟世界三者的關係可從根頓下面幾句說話充份表達出來：

> 因為世界可以說乃由我們塑造成形(our shape)並且我們乃由世界塑造成形(world-shaped)，所以對於我們的語言來說，世界已經準備就緒，同時世界和人這個社羣也促使世界說話。[24]

在塑造與被塑造的過程中，語言固然不可能是一面反映世界的鏡子，只可以是一種我們賴以參與在世界中的媒介，根頓如此說：

語言作用於人而成為人的一部分，然後讓在語言中的人去跟大自然相互作用(interaction)。[25]

上述兩段説話很強調人和世界彼此之間的相互交往性(reciprocity)，當隱喻這種語言作為人的一部分地發揮著跟世界相互交往的功能時，正切合根頓經常所引述波蘭尼的「內住」(indwelling)觀念，他以這觀念來代替傳統知識論上「鏡式反映」的觀點。他主張個人作為一個位格性的存有(personal being)「內住」於語言當中而與世界建立起一種認知溝通的關係。正如波蘭尼所用過的一個瞎子的比喻，瞎子並非將手中的盲公竹視為純粹一種外在於自己身體的一件認識外在世界的工具。相反，那盲公竹已經成為瞎子身體(手)延伸出來的一部分，瞎子彷彿已經「內住」於盲公竹當中而去認識外面的世界。語言就好比那根盲公竹，人「內住」於語言當中，人藉此進入世界而且也「內住」於世界之中。根頓採用了波蘭尼這種「內住」的語言觀，正要提醒我們人作為認知主體其實不能從世界抽離出來，然後以一種「上帝的視角」(God's eye-view)的超然物外及全知觀點去「客觀地」認識世界，這種現代主義的知識論觀點實際上是將認知主體絕對化、無限化及抽象化，錯誤地將人的理性設定為普遍真理的基礎。然而，根頓認為真正的理解是「內住」於世界中去理解，因此，理解就不是一種抽離世界的抽象活動，相反，它必須是投入具體變化的時序世界中的一種關係性行動。

這種人內住在語言中去跟大自然起相互作用的觀點是雙向的，一方面固然不會否定人在認知的過程中主體對外在世界所起的作用，主體的意識與思維毫無疑問會建構及塑造外在世界的意義，因此外在世界不可能只有單一的意義，意義必然含有某程度的文化相對性和多元性，事關現實上人通過語言所認識的事物，不可能是事物的本相，人通過語言所認識的只是該事物在語言中的表現形式。不過，如果只強調這種由主體通往客體的路向，就很容易變成一套非實體化及建構主義(constructivism)的語言觀，根頓批評麥克法格(Sallie McFague)所理解的隱喻，正有這種投射主義(projectionism)和相對主義(relativism)的危險。[26]

故此，更重要的是強調另一面，就是上文提到「啟示」的觀念，根頓認為麥克法格的隱喻神學所出現的危機，正是她未能強調知識的「啟示性」一面。他指出隱喻正好能夠「完成那種將語言調適(accommodation)於世界的因果結構的任務。」[27] 這也就是上文提到「我們乃由世界塑造成形(world-shaped)」的意思。根頓很注重語言的本體性問題，他曾這樣說：

> 語言是陶製的器具，藉著它我們彼此在關係中成為我們之所是。將我們自己視為一段對談中不可或缺的部分，這種觀點在一定程度上是對的，我們也許會期望語言在塑造我們成為將會成為的那種人這個過程中佔有中心的位置。在上述這一種講法上，書寫文本就是我們所賴以將我們塑造成為我們之所是的媒介，它們言說，或不能言說，並因此而塑造我們的真實。[28]

由此可見，語言和世界之間的認知關係是一種雙向互動的過程，當人用語言(隱喻)去認識及談論世界的時候，可以說是語言塑造世界知識的時候，但與此同時，世界某種客觀的結構同時塑造著語言的意義，透過這種被世界所塑造其意義的語言，一方面世界不同的面貌便被啟示(或揭示)出來，另一方面則同時塑造我們的存有，建構我們的人性。

七、結論

毫無疑問，根頓透過隱喻這種語言的特性試圖建立人與世界的互動及共存關係，透過這種語言媒介，「人的心智跟世界以一種詢問問題及接受答案彼此往來的互動性去進行互相交往的活動，在其中隱喻作為一種表達新的發現的工具，實在扮演必不可少的角色。」[29] 救贖其中一環就是關乎人與世界復和的問題，關乎主體(我)與外在客體(他者)建立合一共存的關係的問題，按照根頓一貫的看法，這種關係必然是一種位格性的關係(personal relation)：「任何一個人必需透過他者的獨特他性(particular otherness)來建構他自己，這是所有關於關係的論述的要點：惟有在一個相互交往的施與受的過程中，我們才能真正有位格性，並且能成為我們被創造時真正我之所是。」[30]

註釋：

1 就以現代神學中的不同神學學派為例，自由主義跟福音派就有不同的看法。不少自由主義的神學家(例如哈納克〔Adolf von Harnack〕)贊成救贖論應屬於知識論的範疇，強調基督十字架的象徵意義，基督在十字架上的救贖作為一個象徵符號，主要功能是要讓人認識到上帝拯救人類的意圖及上帝的愛，當人從這個象徵符號上獲得這種知識後，便期待人以此作為道德行為的榜樣。參Adolf von Harnack, *What is Christianity*? (New York: Harper & Brothers, 1957), 124～131。但大多數福音派的神學家在這問題上卻有不同的看法，他們認為救贖論不可能不屬於本體論的範疇，強調基督在十字架上的救贖是一件歷史事件，罪人因著基督救贖性的死亡而成為新造的人，罪人因為與基督聯合而終於可以跟上帝復和，明顯這是生命上的改變，所以救贖論必然屬於本體論的範疇。而且若細心加以分析，上述這個救贖論屬於那一範疇的問題，其實也跟上文提到基督的十字架具有甚麼功能，以及有何威力以致能救贖我們這些問題有關。

2 Colin E. Gunton, *The Triune Creator: A Historical and Systematic Study*

(Edinburgh: Edinburgh University Press, 1998), 10.

3 Gunton, *The Triune Creator*, 10.

4 Colin E. Gunton, *The Christian Faith: An Introduction to Christian Doctrine* (Oxford/Malden: Blackwell Publishers Ltd., 2002), 119.

5 Gunton, *The Christian Faith*, 119.

6 當然有不少研究舊約的聖經學者認為猶太人本身只有獨一神的觀念，卻沒有三一神的觀念。故此，不少學者都因為舊約中沒有三一神的觀念而質疑應否將上帝的道（說話）等同聖子。本文的目的並非要討論上帝的說話是否等同聖子的問題，反正舊約記載上帝用說話創造世界及人，以及新約記載上帝的道成為人身施行救贖，都是不爭的事實。而本文最重要的目的，只是探討上帝的道（言說）在創造與救贖的事情上跟本體論和知識論的關係。

7 正如笛卡兒所言：「現在我覺得思維是屬於我的一個屬性，只有它不能跟我分開。只要我在思維，那麼我是，我存在，就是靠得住的……假如我停止思維，也許很可能我就停止了存在……因此，嚴格說來我只是一個在思維的東西。」引自笛卡兒著，龐景仁譯：《第一哲學沉思錄》（北京：商務印書館，1986），頁25～26。

8 參 Colin E. Gunton, *The Actuality of Atonement: A Study of Metaphor, Rationality and the Christian Tradition* (Grand Rapids: Eerdmans, 1989), ch. 1.

9 Gunton, *The Actuality of Atonement*, 24～25.

10 Gunton, *The Actuality of Atonement*, 29.

11 Gunton, *The Actuality of Atonement*, 37.

12 Gunton, *The Actuality of Atonement*, 24～25.

13 Gunton, *The Actuality of Atonement*, 37. 黑體字為筆者所強調。

14 固然，麥克盧漢「媒介即是訊息」這句話也不易明白，這句話需要從下面一段說話來理解：「任何媒介的『內容』都是另一種媒介。文字的內容是言語，正如文字是印刷的內容，印刷又是電報的內容一樣。如果要問『言語的內容是甚麼？』，那就需要這樣回答：『是實際的思維過程，而這一過程本身卻又具非言語的東西。』」參麥克盧漢著，何道寬譯：《理解媒介—論人的延伸》（北京：商務印書館，2000），頁34。這段說話有兩層意思：第一，還原到最後，語言還是最原始、最基本而不可或缺的媒介，而語言又是人思想不可或缺的媒介，故此語言就是思想，換言之，媒介就是信息的內容。第二，「任何媒介的『內容』都是另一種媒介」這句話又蘊含兩種意思：一方面表明媒介就是內容；另一方面要指出的是，由於媒介會轉變，所以內容也會隨著媒介的轉變而轉變，不同的媒介會帶來不同的世界觀，正如波茲曼引述麥克盧漢的意思：麥克盧漢認為「深入一種文化的最有效途徑是了解這種文化中用於會話的工具。」參波茲曼著，章艷譯：《娛樂至死》（桂林：廣西師範大學出版社，2004），頁10。

15 Colin E. Gunton, *A Brief Theology of Revelation* (Edinburgh: T&T Clark, 1995), 28～29.

16 參 Gunton, *The Actuality of Atonement*, 29。

17 Gunton, *The Actuality of Atonement*, 30.

18 Gunton, *The Actuality of Atonement*, 29.

19 Gunton, *The Actuality of Atonement*, 30.

20 參 Gunton, *The Actuality of Atonement*, 31。

21 Colin E. Gunton, *A Brief Theology of Revelation* (Edinburgh: T&T Clark, 1995), 104.

22 參 Colin E. Gunton, 'Proteus and Procrustes: A Study in the Dialectic of Language in Disagreement with Sallie McFague', *Speaking the Christian God: The Triune God and the Challenge of Feminism*, ed. F. Alvin and Kimel, Jr. (Grand Rapids: Eerdmans, 1993), 72。

23 Gunton, *Yesterday & Today* (Grand Rapids: Eerdmans, 1983), 143.

24 Gunton, *The Actuality of Atonement*, 38. 所引述句子的英文原文是："Because the world is, so to speak, our shape and we are world-shaped, there is a readiness of the world for our language, a community of world and person which enables the world to come to speech."

25 Gunton, *The Actuality of Atonement*, 37.

26 參 Gunton, 'Proteus and Procrustes: A Study in the Dialectic of Language in Disagreement with Sallie McFague'。

27 Gunton, *The Actuality of Atonement*, 31.

28 Colin E. Gunton, 'Using and Being Used: Scripture and Systematic Theology', *Theology Today*, Vol. XLVII, No.3, 1990, 256.

29 Colin E. Gunton, 'The Sacrifice and the Sacrifices: From Metaphor to Transcendental?', *Trinity, Incarnation, and Atonement. Philosophical and Theological Essays*, ed. Ronald J. Feenstra and Cornelius Plantinga (Notre Dame University Press, 1990), 212.

30 Gunton, 'Proteus and Procrustes: A Study in the Dialectic of Language in Disagreement with Sallie McFague', 76.

三一論與本體論

——根頓的教會觀

謝正金著

陳羣英譯

一、引言

根頓在一篇題為「在地上的教會：羣體的根」（'The Church on Earth: The Roots of Community'）[1] 的重要文章中指出，現代教會觀受著一元和教制的概念所支配（"monistic and hierarchical conceptions of the Church"）。根頓認為，這種傾向大致是由於神學未有對教會的本體作出更深入的反省。説得準確一點，他認為現代教會觀的缺失，在於神學對教會的理解，並非建基在上帝作為三位一體的存有這概念上。三一論往往被視為基督教信仰的一大難題，它「是一個必須先跨越的知識難關，然後才能認識正統」的教義。[2] 結果，這教義與其他神學論題的關係變得難以理解，而這教義在信仰、崇拜以至生活各方面所應有的核心地位也被遺忘。結果，神學並沒有完全或充分探討這教義如何能夠豐富基督教神學對羣體的認識。根頓也提出，早期神學家在發展基督論的過程中，確實嘗試探討基督的本體與父上帝和聖靈的關係，但在發展教會觀的過程中卻沒有進行這樣的探討。

上述這種對三一論的忽略同樣見於東、西方的教會觀。

東方的教會觀是在一個深受新柏拉圖主義影響的環境下發展的，而這影響見諸於它傾向以層次／階級的方式／觀念去想象真實（to conceive of reality in terms of degrees），因此世界被視為由不同層次構成的。[3]哈納克認為，東方神學把教會視為一個「屬天層次」（a 'heavenly hierarchy'）的形象，[4]這分析也不無道理。在西方，教會則主要被視為一個與地上王國相似的類比。根頓以居普良（Cyprian）的教會觀作為典型例子，就是教會被視為一個政治王國或軍事陣營的影子。這種教制式和權威式的觀念致令居普良把主教團視為「真正」的教會。至於奧古斯丁，由於教會在君士坦丁死後獲得政府認可，情況更為複雜。雖然奧古斯丁認為教會是由一羣信徒組成的，但教會在地位上的改變意味著它混雜了信徒和非信徒。根據根頓的分析，這導致了兩個重要發展：第一是對教會組織性的重視，就是把神職人員視為真正的教會；第二是抽象地把教會劃分為可見的和不可見的教會。這發展難免帶來了以下結果：「『真正』的教會是那不可見的教會——它是以神職人員為代表的？——他們是只有上帝才知道的選民。」[5]

綜觀東、西方的教會觀，根頓的結論是：「上帝作為三一羣體這觀念並沒有為教會觀帶來甚麼重大的影響。」[6] 由於我們沒有按三一論的指示去看教會的本體（an ontology of the Church），其他的本體論便乘虛而入。教會觀因此被一元和教制的觀念所支配，而其背後的本體論不是受著新柏拉圖思想影響，就是受著其他非位格性的形而上學影響。根頓承繼了施抒樂士（John Zizioulas）的觀點，認為我們可以根據三一論而發展一種有基督教特色的本體論。這種本體論不但可與其他哲學（這些哲學是教會所處的思潮文化的一部分）所提出的本體論分庭抗禮，而且更可對現代思潮提出挑戰。當應用於教會觀，這種本體論會把教會視為一個羣體，從而修正教制性或組織性的教會觀。根頓提出，「源自加帕多家神學家(Cappadocian theologians)的三一論教導我們，關於上帝本體最首要的事，是它包含在位格的相通中。」[7] 正如施抒樂士所說，「對巴西流來說，相通是屬於本體的事。上帝的本質是相通。」[8] 換句話說，教會的本體與上帝的本體有著一種類比的關係，教會作為一個羣體，可以被視為三一的一種痕迹。

二、一種迴響的類比

我們究竟如何在三一論的基礎上發展有關教會的存有這觀念呢？根頓認為這工夫必須小心進行，以免犯上兩個通病。第一個通病是直接把在上帝裏三個位格的合一當作教會合一的模型；第二個通病剛剛相反，就是把上帝不同位格的獨特性作為教會多樣性的根據。[9]這兩個極端都是抽離的做法，欠缺了神學應有的嚴謹標準。根頓提出，當我們嘗試根據三一論發展一套關於教會的本體論，箇中一個關鍵性步驟是關乎創造的三一神學。這做法所堅持的，是創造主與受造世界之間在本體上是不同的，因此可避免以一元論(monistic)或泛神論的方式去詮釋受造世界。更重要的是，這種本體上的區分避免了創造主與受造物邏輯上的聯繫，讓我們不再以一種**邏輯的**觀念去構思上帝與世界的關係，取而代之的，卻是一種**位格化的關係**(*a personal one*)。這就是說，上帝與祂的受造物的關係，乃出於三一上帝位格的自由行動。因此，上帝與世界在本體上的區分「不但不會否定兩者間的關係，反而是其關係的基礎。」[10] 教會既是受造世界的一員，它也是有限和偶然的，因此它也是藉著上帝自由的作為而與三一上帝扯上關係的。接著的問題是，教會怎樣反映上帝的存有呢？正如施抒樂士所述，「答案在*Koinonia*一詞，這也許可譯作羣體(community)〔或在比較俄文*Sobornost*一詞底下可譯作社羣(sociality)〕。」[11]

讓我們先仔細看一看施抒樂士怎樣把上帝與教會視作一個類比，然後才分析教會是一個羣體的意義。對根頓來說，當我們說教會的存有可作為上帝存有的類比，這是指前者有限度地回應或具體地顯示上帝位格之間的動力。因此，上帝的存有與教會的存有兩者之間的類比是一種間接的類比：「教會的本質，乃在於它被召作為上帝是永恆羣體的一個暫時寫照。」[12] 這把我們帶到巴特在其鉅著《教會教義學》所討論到關乎存有的類比問題。[13] 對根頓來說，教會與上帝之間有著存有的類比(*analogia entitis*)的關係，乃是由於教會是受造的(*creatura verbi*)，因此正如宗教改革者所說，它是創造的一部分。同時我們也要從反面問另一個問題：這是否意味著我們可從現實教會的現象而能窺探三一上帝的存有呢？換句話說，我們可否把教會看為反映著三一上帝本質的痕迹？正如信經提醒我們，教會是一個蒙救贖的信徒羣體，人只能用信心才能夠明白它，故此存有的類比必須以信心的類比(*analogia fidei*)作為大前提。基於此，信心乃是認知的條件(*conditio sine qua non*)，讓我們得以明白上帝的存有與教會的存有之間的類比。

三一論既是最高的真實，它也成為了理解一與多之間的關係的神學根據，而一與多的關係正是自巴門尼得斯以來一直伴隨著哲學討論的議題。當我們在三一論的基礎上反思教會的本質，我們便可更清楚瞭解教會是一個羣體。因此，問題的核心在於我們如何理解三一論。神學的歷史發展，讓我們看到三一論在東、西方傳統的發展中有著重大的分歧。雖然兩個傳統最重大的分歧見於對聖子與聖靈關係的理解〔見於西方傳統的「和子」説中（the *filioque* clause）〕，兩者其實還有著其他重大的分歧。拉納指出，西方傳統著眼於上帝的合一，而東方傳統則著眼於父、子、靈三個位格之間的分別。這並不是一個籠統的説法。[14] 這些不同的著眼點是重要的，因為它們影響到兩者的教會觀，特別是當我們從三一論的角度去塑造教會觀。

西方傳統在塑造三一論的過程中，奧古斯丁無疑扮演著舉足輕重的角色。在一篇題為「今天的三一神學」（'Trinitarian Theology Today'）的文章中，根頓指出奧古斯丁對三一論的理解存在著三個基本的問題，而這些問題一直影響著西方的傳統。[15] 第一，奧古斯丁把上帝三個位格的模式抽離於上帝經世救贖的工作（the economy of salvation），因此他其實是把上帝的存有（祂永恆的所是）從祂的作為（祂在時間中的作為）中分割出來。第二，對奧古斯丁來説，互滲互存的原則（the perichoretic principle, *opera trinitatis as extra sunt indivisa*）有時被理解為在父、子、靈之間並沒有獨特和不同的行動模式。這樣看來，三一論對我們理解上帝的作為最終並沒有甚麼意義。最後，由於奧古斯丁對位格的觀念認識不足，他所發展的三一論自然出了問題。這主要是由於他未能充分掌握父、子、靈在獨一上帝中的獨特位格，因此他被迫把上帝視為單位格（to treat God *unipersonally*），並把上帝的位格置於一體而非置於三位的架構之內。

雖然這些問題都以不同的方式間接地影響了西方對教會的觀念，但當中尤其以第三個問題最為嚴重。奧古斯丁曾經講過一句名言，他解釋之所以採用位格的觀念去形容父、子、靈的分別，目的「只是為了不再保持緘默」。[16] 不過，他也承認並不明瞭位格（*hypostasis*）一詞的希臘用法。但他卻妄下結論，以為希臘教父是按一般的用法採用這詞。因此他不明白當希臘教父以位格一詞形容上帝裏面的區分時，他們其實是把哲學的語言假借和套用於神學的範疇。由於奧古斯丁對位格觀念欠缺充分理解，他只有借用亞里士德的抽象和隱晦觀念去理解上帝裏面的關係。由於他並未掌握位格一詞的希臘用法，他只有把位格看為一種個人化的觀念（an individualistic concept of person）。「父被稱為位格，乃是就祂自身而言，而非就祂與子或聖靈的關係而言」（*Ad se…dicitur persona, non as filium wel spiritum sanctum*）。[17] 這句說話充分表現了上述觀念。此外，由於他提出的類比都取材自人的靈魂，這就使問題更加複雜。當我們嘗試從人的靈魂裏面尋求對內在三一的認識，並以為是在人的思想裏面，人被賦與上帝的形象，由此，我們便很難從三一看到人的關係性。這進路很大程度上孕育了西方不同形式的個人主義。根頓曾經這樣說：

> 由於關係被視為內在三一的特質，而不是位格之間的關係，我們很難從三一的關係性去瞭解人的關係性這個核心問題。當上帝關係性被視為自我的關係，其結論是人賦有上帝的形象，乃在於他是一個個體，而這個體也使他成為真正的人。[18]

根頓認為，加帕多家教父能夠從位格之間的委身角度去理解上帝的存有，從而構思其上帝觀。由於奧古斯丁未能完全掌握加帕多家教父的思想，並停留在以人的心性為根據的類比中，因此他只能夠提出一個單一的上帝觀，當中羣體只是一個從外面加上去的現象（*epiphenonmenon*）而已，因此僅屬次要的。對於加帕多家教父來說，希臘文位格一詞的用法有別於本體（*ousia*），它是指在上帝裏面的父、子、靈的個別性。該撒利亞的巴西流在236號書柬以下一段說話中釐清了本體與位格之間的分別：

> 本體與位格之間的分別就有如一般與個別之間的分別，舉例，猶如動物與某一個人之間的分別一樣。就上帝而言，我們承認上帝只有一個本體（one essence）（或substance），就是其存有只有一個定義，但我們也要承認上帝有一個獨特的位格，以致我們對父、子、靈的觀念是清晰的、不至混淆的。假如我們對父、子、靈個別的特徵缺乏清晰的觀念，而只有一套來自其空泛存有觀念的構想，我們便不可能對我們的信仰作出紮實的表述。

如果我們把上帝的三個位格視為三個個體，正如西方傳統中某些流派的做法，我們便誤解了加帕多家教父使用位格一詞的用意。希臘教父使用這詞的用意，是想強調「三所指的不是個體，而是指著位格而言，這些存有的真實乃在於其彼此間的關係，而獨一上帝的存有（本體）乃靠這三個位格之間的關係所構成。」[19] 加帕多家教父把重點放在位格和關係的觀念上，便改變了這兩個用詞的意義，結果改變了對上帝的觀念，就是不再以希臘的形而上學，而是以共融的角度去理解上帝。正如拿先斯的貴格利所指出，三一的性質千萬不可以訴諸如無所不能、美善或永恆這類的屬性去理解。反之，我們的理解當以三位彼此間的關係(內在的三一)及其與世界的關係(程序上或經世的三一)為基礎。[20]

施抒樂士在《存有作為相通》(*Being As Communion*)一書中探討了加帕多家教父所提出的議題,辯稱上帝的存有由在上帝裏面三個位格之間的彼此關係所構成。施抒樂士在較早前發表的一篇論文中(題目為「位格的本體論」〔The Ontology of Personhood〕)已扼要撮述了此書的題旨:

> 在上帝裏,個別性(the particular)在本體上是終極的,因為關係是永恆和不能缺裂的。由於父、子、靈是永恆地連在一起,個別的存有盛載著上帝所有的本質,因此「一」與「多」之間並不存在任何衝突。當我們嘗試認識某一件事物,我們必須從它作為一種關係的一部分去認識它,而不可以把它孤立為一個個體。[21]

三位一體的理論在本體上的意義,很多時被詮釋為上帝首先是一位上帝,然後以三個位格的方式存在著。這看法會導致實體本體論(substantialist ontology),而最終會淪為一元論(monism)。正如施抒樂士正確地指出,加帕多家教父的論述克服了這種本體論,因為他們堅稱我們不能脱離上帝的三重位格去理解上帝的存有,而上帝的存有與這三重位格是重疊的。這方向在哲學和神學方面的意義是十分明確的:

> (a) 當我們首先肯定了位格在本體中的位置,位格就不再是附屬於存有的,不再是我們附加在一個具體個體之上的一種事物。它本身就是存有的位格

(the hypotasis of being)。(b) 我們不再從個體(entities)的存有本身去尋索其存有，這就是說存有本身不再是一種絕對的事物。我們會轉而從位格去尋索個體的存有，這位格正是構成存有之所是，就是使個體之為個體的事物。[22]

施抒樂士進一步發揮這論題，説明父、子、靈之間的三一內在關係，而他的結論是，上帝的存在本身是一種自由的位格性行動。換句話説，上帝之所以存在，並非因為祂非存在不可。父不但是子和靈的惟一源頭(πηγή)，祂更是子和靈的「因」(αἰτία)。此外，施抒樂士又指出，父是三一的因(αἰτία)，這意味著當我們思想獨一的上帝，我們根本不可能不在同一時間思想構成上帝所是的相通。[23] 施抒樂士與加帕多家教父的結論是，「聖三一是一個原型的本體觀念，而不是一個加在上帝本體之上或隨後才有的概念。」[24] 根頓雖然並不完全贊同施抒樂士(以及加帕多家教父)的聖父統治觀點(monarchical view of the Father)[25]，但他畢竟同意要以一種關係性的本體論，而非實體性的本體論去理解三一。

以上就三一論的闡釋意味著上帝既不是一個集體，也不是一個個體，而是一個相通的團契，是三個位格在關係上的合一。這認識有助我們反省教會作為一個羣體怎樣與上帝的存有相似。在一方面，「當我們把三一論理解為上帝三個位格彼此間施與受的互動秩序，這意味著社羣觀念正是我們所尋索的超越事物的鑰匙」。[26] 另一方面，上帝三一關係中的相通團契觀念也呈示了位格間存在著空間的觀念(the concept of personal space)。這就是説，三一之間的關係讓我們瞭解位格之間存在著某種空間，容讓不同的位格為彼此而存在，又同時以有別於彼此的方式而存在。換句話說，位格之間的空間容讓不同的位格彼此賦予和接受各自的獨特性。「父、子、靈是透過彼此間不能分割的關係（秩序）而彼此賦予獨特性和自由。」[27] 這點十分重要，因為羣體或相通不應抹殺位格的獨特性。位格之間必須留有空間，它們才能彼此賦予獨特性。我們會在下一段討論社羣性（sociality）與關係性（relationality）的觀念。

三、教會作為羣體

根頓繼承了加帕多家教父和施抒樂士的論點，辯稱相通（communion）是理解上帝存有的關鍵。按著這論點的理解，社羣便可被視為一種超越性（a transcendental），縱使這是一個在應用上有無窮可能性的開放的超越性（an *open* transcendental）。正如哈迪在一篇重要論文中所指稱，社羣作為一種超越性是關乎教會（即被救贖的羣體）的，但其應用卻可引申至一切受造之物。[28] 哈迪解釋，這觀念的目的「是確定一個真正社會所需要的元素，因而讓我們瞭解人類社會的實際情況。」[29] 這基本的直覺肯定是正確的：人之為人，就是在上帝裏被造，為上帝而被造，以及與其他人一起被造的。受造社羣的性質見諸於教會觀的論述中，就是教會被視為人類的真正形態，而其特質是在基督和聖靈裏被定義和得以完成。要避免教會觀陷於某種偏頗單一性或多樣性的謬誤中，這種社羣神學（a theology of sociality）是必需的。任何一種謬誤最終都不能兼顧到獨特性和關係性，也就是不能正確理解真實。不過，根頓卻避開了哈迪的用詞，因為把相通理解為在關係中的存有並不足以使社羣的觀念成為一種超越性，因為社羣「並未解答社會與其身處的物質環境的關係問題。」[30] 根頓認為，超越性是指「那些我們假設是包涵了『事物本性所具有的必然標記』（“the necessary notes of being”）的觀念，而這是指在康德以前所謂的觀念，就是以某種形式讓我們得知真實永恆不變的真相。」[31] 可是，對根頓來說，社羣這概念只屬一個理想。它雖然讓我們明白教會觀，但卻未符合他所尋索的超越性的要求。

雖然社羣的概念讓我們瞭解具有位格的存有的特質，但它的應用範圍並不能包括所有事物。這概念固然有助於釐清具有位格的存有的性質，就是不論上帝或人的存有均在於「其與他者的自由關係」，但我們卻不能藉此理解非位格性的宇宙，就是那沒有愛和自由痕迹的宇宙。根頓的結論是，我們所尋找的超越性並非社羣，而是**關係性**（*relationality*）：

> 因此，關係性才是那超越性。它讓我們瞭解一切受造的人和物的特質，在於他們是源於上帝並歸回上帝，而上帝在祂最基本和內在的存有中，就是一個在關係中的存有。

就上帝來說，這超越性的作用是一個座標，它指著在上帝裏的位格彼此具有永恆和自由的關係，而這些位格的存有和作為又各有其獨特性。就受造物來說，這超越性讓我們知道怎樣看人和物，就是他（它）們帶有三一創造主的痕迹。就教會來說，這原則見諸於合一（κοινονια）的概念，當中的關係性不單是對等，而且是效法著基督的模範，以甘心順服的形式表達出來的。

希臘文 κοινονια 一詞是拉丁文 *communio*（團契）一詞的根源，其意思是與之聯合，雖然當中並沒有說明聯合的成員、其起源或目的。這字是基督徒作者所喜歡使用的，特別是保羅，而我們可在古典文學中見到這字，當中最顯著是用於亞里士多德對友誼的分析。當這字用於描繪教會，它同時指著上帝與人的相通以及人與人之間的相通。正如康貫(Yves Congar)所說：

> 這字的基本基督教意義指信仰羣體與基督的相通，就是他們共同有分於基督的好處：包括信仰、基督的身體(林前十16)、聖靈(林後十三13)；最後，這也指基督徒基於這一切而有的相通。他們因著與上帝相通而彼此相通(約壹一3、6)。因此，這相通在基督徒生命中被賦予最豐富的意義。[32]

相通的概念可追溯到創造論，因為上帝所創造的世界是有別於上帝的，而這世界是被召與其創造主建立一種關係。這概念也蘊含在神學的人觀中，因為人是一個在關係中的存有(a being in relation)，而人只有在相通中才能不折不扣地體現其存有。根頓這樣說：「從正面來說，人類是一個羣居的族類」。他又補充：「只有當〔亞當〕能夠與他者真正建立關係並享受這團契，他才能夠超越那違反人的豐盛的個人狀態。」[33] 創造的路也把我們帶回到教會觀。根據新約聖經，人類的羣體是在教會中得以落實，而教會的目的是成為這個相通的媒介和實現，「首先是與上帝相通，繼而是與其他人相通，而這也是第一種相通的結果。」[34]

根頓認為，把教會的存有視為一個羣體的理念，當歸功於十七世紀的清教徒神學家歐文(John Owen)。有見於宗教改革者以為改革已經足夠，因此未有發展一套羣體的神學，他最初發展的教會觀是以亞里士多德的原則為根據，後來則以加帕多家教父的三一神學為基礎。根頓下了這樣的結論：「(結果是)歐文給教會的定義是(加帕多家)三一神學的迴響。」[35] 歐文以在上帝裏不同位格的自由關係作為類比，從而發展出教會是一個自由的自願羣體的概念。這種教會觀所建基的堅實基礎，乃在於人有自由是否順服福音。歐文認為，教會成員之間的關係包含了新的元素，因為這是聖靈在末世所作的工。因此，「除了有關的成員一起同意並連於那些目標，我們不能妄想有任何其他的原因造成這狀況。」[36] 歐文強調教會是由一羣自由地建立關係的人組成的羣體，而其成員性質是自願性的，這是有歷史和神學根據的。就神學來說，這種教會觀最能反映在上帝永恆的存有中父、子、靈彼此間的自我給予。

因此，教會是末世時候的具體羣體，它被召「以它的生命去體現上帝給萬有所應許並已開展的復和。」[37] 教會的具體性質意味著它要反映上帝的生命——教會指向著上帝臨在這世界，作祂創造和重新創造之工。因此，教會生活的核心活動，包括宣講福音和進行各種聖禮，正是這羣體面向著上帝存有的實際方式。宣講福音使教會與道相遇，而洗禮和聖餐(加入教會和相通的聖禮)則使教會藉著子和靈得以與上帝的愛相遇。教會作為一個中介的羣體(an intermediate community)，必須嘗試把兩個對立的方向拉在一起。一方面，教會是紮根於上帝存有中的羣體；另一方面，它仍然是生活在這世界中並極易陷入罪中的羣體。因此，我們不容忽視教會與世界關係的複雜性。正如根頓指出：「分隔著教會與世界的牆是可滲透的。」[38] 不過，我們可以說教會是「三一上帝生命的反照，就是當聖靈賜予它能力，把它的生命引導到復和工作在時間裏所發生的地方，就是在耶穌的生、死和復活之中。」[39]

在結束這討論之前，我們必須再評論一下看不見的教會這個概念。上文已略略提過這個自奧古斯丁開始便在西方教會觀中出現的抽象概念。宗教改革家以及在他們之前的威克里夫（John Wycliff），都反對把教會完全等同於中古時期可見的教會組織。他們其實是承襲了奧古斯丁的做法，就是著眼於教會不可見的性質。他們的用意其實是想更新那個可見的教會，而不是要建造一個不可見的教會。不可見的教會（*ecclesia invisibilis*）與可見的教會（*ecclesia visibili*）這個古老的爭論無疑已經過時。不過，西方神學中柏拉圖主義歷久不衰的影響仍然肆虐，叫我們容易陷入二元的觀念和靈意化的危機，把教會分成地上的和天上的教會。以三一論為基礎的教會本體論把根頓引導至以下的結論：「不可見的教會是不存在的（最少不是過去一般所了解的那個不可見的教會），這不是說教會是完美無瑕的，而是因為只要那裏有被聖靈引領到耶穌那裏的人在相通，那裏便是教會。」[40] 教會作為一個團契，以及作為一個敬拜、宣講和教導、祈禱和作愛心之工的羣體，都是可見的。雖然根頓沒有進一步說明，這個可見的羣體並不表示教會可被約化為一些經驗的描述。雖然教會是一個紮根於歷史、心理和社會學的羣體，因而可與其他人類的羣體以資比較，但教會也是個奧祕。這正是信仰羣體（*credo ecclesiam*）的意思和含意所在。因此，就這個意義來說，教會可以同時被形容為可見的和不可見的。當然這不是說有兩個教會——一個是可見的，而另一個是不可見的。這也不是說教會不可見的部分是教會的主要性質，而可見的部分只是它的外在形式。我們相信教會是一個教會，而由於它是個奧祕，它同時是可見的和不可見的(指其「隱藏性」)。

四、類比的限制

根頓也承認，迴響這個類比(the analogy of echo)(正如所有的類比)在用以解釋教會的存有是有限的，因為當關於上帝的概念被用以指向受著時空限制的受造物，這些概念的內涵便難免出現了一些變化。巴特給類比的概念下了這樣的定義：當類比概念被應用在「兩樣不同事物，這概念是同時以相同和相異的方式指著同一事情。」[41] 因此，當類比指著相同的事，它同時更包含著**更大的相異**。一個明顯的例子是「位格」和「相通」的概念，這兩個概念雖然幫助我們瞭解教會的本體，但它們不能以單一的意義應用在上帝和教會身上。因此，假如三一論代表著三一上帝與教會之間的第一種中介關係(the first mediation)，那麼我們還需要第二甚至是第三種中介關係，以防止一種單一的應用，因為這樣的應用不是把教會神化，便是削減了上帝的神聖。第二種中介關係所處理的，是由於教會是三一上帝所創造的，因此它只能夠以受造的形態與上帝相對應；而第三種中介關係則提出關於教會的歷史存有與終末存有的區分。教會的團契相交生活是發生在洗禮與終末之間，就是在歷史的實在與這相通得以完成和全備的終末新創造之間。三一上帝的相通與教會的相通必須顧及後者在歷史中的最少與在終末中的最多之間的內在張力。這意味著對在世寄居的教會來說，它必須以這樣具動力的方式去理解其與三一上帝的對應性(correspondence)才具有意義。[42]

我們也要審慎地指出，三一上帝的位格和教會位格之間的相通和關係性也存在著相異之處。雖然上帝的三個位格分隔地或獨立地存在的情況是不可思議的，但這情況卻不適用於在教會中的人。人是可以與其他人分開生活的，甚至是彼此帶著仇恨而生活(雖然我們仍然可以説他們在某種意義上始終是由另一個人，即使是他所憎恨的人所構成的)。由於救贖必然具有一個羣體的結構，教會的人固然不能夠離開團契而生活。不過，在教會中人與人之間的團契始終是有別於三一上帝之內的相通。他們的團契是因著約而得以維繫的，因此這是一種出於意願的相通。第二點是關乎先前所提過的，就是「在上帝的新創造中，教會的相通只能夠以不完整的方式對照著三一彼此之間完全的愛。」[43] 我們必須留意兩個一般性的論點，然後才可轉到更具體的論題。第一，我們必須時刻緊記，我們所抱持的三一上帝概念並不等同三一上帝。三一論是神學嘗試從救贖歷史中所構思的一個模式，藉以幫助我們探索三一上帝的奧祕。因此，雖然三一論所論及上帝的存有的內容是真實的，但這教義不足以讓我們明瞭那位住在「不能靠近的光」，也是我們測不透的上帝。第二，我們必須避免把三一位格定義為純粹的關係性(as *pure relationality*; *persona est ratio*)，因為把上帝的三個位格看得那樣透明，以至這些位格中的「我」溶入關係中，這便否定了位格的概念本身，就是父之為父，子之為子，靈之為靈。

接著我們要討論互滲互存的概念，以及根頓以這概念反省教會的羣體。根頓認為，教會裏的關係很多時是被視為某一個組別隸屬於另一個組別之下的。為確保教會羣體更清楚地反映構成上帝位格之間的自由關係，我們必須進展到一種互滲互存的教會觀，「當中並沒有永久的隸屬結構，而當中的關係模式是重疊的……」[44] 互滲互存這概念的目的，一方面是為了描述在上帝裏的位格之間具動力的相互關係，而另一方面則是表達上帝與世界的互動既是合一的，又是多樣化的。根頓認為，這個概念的發展，「可以理解為思想上的進展，就是從思想上帝介入時空的動力，進而思想到這介入對我們理解上帝永恆的動力的意義」。[45] 雖然互滲互存的概念傳統上所指的是彼此內住（coinherence）的概念，但根頓承傳了哥拿烈治的想法，認為它所指的，是聖三活潑地構成彼此的存有。因此，互滲互存意味著具有關係的多樣性，而這在基本上是有別於赫拉克利特斯式的流變説（Heraclitean flux）。它不是一種漫無目標的流變，而是具有一邏各斯（logos），即其在關係中的自身存有的邏輯。説得優雅一點，「上帝之為上帝，必須被理解為父、子、靈在永恆中彼此的給予和接納」。[46]

接著我們要問，這個本來用來描述聖三活潑關係的概念如何可以為教會羣體作為一個類比呢？這論點的前設是神學中的人觀：假如人是按著上帝的形象被造，那麼我們便不難理解人總在某方面是互滲互存的存有。同樣道理也可以廣泛地應用於受造秩序身上。根頓便以物理學家法拉弟（Michael Faraday）的建議和一些現代物理學家的結論作為例子。普里果金（Ilya Prigogine）和士丹革士（Isabelle Stengers）在其著作《從混沌到有序：人與自然嶄新的對話》（*Order out of Chaos: Man's New Dialogue with Nature*）一書中這樣説：「（物理學）今天承認，在真正的相互關係中，那有關連的事物的『性質』必須取決於這些關係，而這些關係同時也取決於這些事物的『性質』。」[47] 對於人作為在關係中的存有，互滲互存的概念肯定了人是存在於彼此的存有中的。「我們在羣體中的獨特性，是我們存在於彼此存有中的結果：我們是一個互滲互存的存有，彼此連結在一團生命中。」[48] 再者，互滲互存的概念讓我們兼顧個人主義與集體主義，因為它所理解的關係性並沒有否定獨特性。把這概念作為類比，應用在教會觀的廣泛含義其實不難理解：教會是被聖靈聯絡在一起的羣體，而組成教會的基督徒彼此間的關係，就是他們存在於彼此的存有中。

較諸沒有互滲互存概念的人觀，雖然互滲互存的概念讓我們更深入理解關係性的性質，但這概念始終是有限的，並只可作為一個類比。當中的限制乃關乎上帝與受造物之間在本體上存在本質上的區分。當互滲互存的概念應用於聖三身上，它意味著「存有和能量的整全和永恆的互相賦予生命的狀態。」（'total and eternal interanimation of being and energies'）[49] 但當這概念應用於受造秩序身上，就是受著時空限制的事物身上，「這概念的內涵」便必然地出現了變化。上帝位格的內在性（interiority）與人的內在性並沒有直接對應的地方。人與人之間在外在層面是獨立的，因此不能説人好像上帝那樣是彼此內住的。雖然我們可以説人與人之間可以互相擁抱，或「以同理心進入」對方裏面，這必須是有別於在上帝位格裏互滲互存的關係。在教會的層面，只有富夫（Miroslav Volf）稱為「人格特質的內在性」（'interiority of personal characteristics'）才可對照上帝位格的內在性。[50] 在教會裏，藉著聖靈的內住，我們可在基督徒羣體裏找到一些人格特質在彼此間的內在化，就是當各人把自己獻給別人，同時也把其他人接納在自己裏面。這樣，屬教會的人已在自己的獨特性中成為一個具有大公性的人（*a catholic person*），並反映著上帝位格中的大公性。

筆者還要在這裏提出兩個要點。首先，我們不可忘記，教會能夠成為一個與三一上帝相似的羣體，這不單是由於人與人之間的關係是互滲互存的，而更是由於聖靈內住在個人和教會裏。這點雖然是顯而易見的，但仍有需要再三強調，這才可確保我們的教會觀完全脫離世俗化的捆綁。因此，教會的合一是建基於聖靈內住在基督徒裏面，以及因著聖靈與上帝其他位格的內住性。所以根頓的教會觀旨在更加強調教會是由聖靈建造的：「我們的方向是少去為自己辯護，也少去與自己過去的歷史連繫起來；另一方面，卻是更強調由聖靈建造的安排。」[51] 第二點最能夠以下述問題來表達：三一上帝之間的相交可否成為教會間合一的模式？一直用於聖三的互滲互存概念可否幫助我們明瞭「地方教會」的關係？

按照筆者所知，雖然根頓沒有詳細討論過上述問題，但根據他對關係性和互滲互存的建議，我們並非不可能就上述問題找到答案。以上的討論，讓我們清楚知道，對根頓來說，關係性是我們從上帝的存有中得出來的一個超越概念，而這概念讓我們明瞭一切的真實。這樣一來，來自上帝自己，就是在相交中的存有的關係性概念當可作為一個架構，用作反映教會間的關係。可是，互滲互存的概念可以發揮同樣的功用嗎？對根頓來說，互滲互存的概念不但可以作為類比，它更具有超越的應用——讓我們看到他所謂的「事物本性所具有的必然標記」(the necessary notes of being)。[52] 因此，真實的所有層次都是「互滲互存的」，這是一種活潑的關係。它不但適用於教會的真實，不但適用於教會內的基督徒之間的關係，而且適用於教會羣體間的關係。換句話說，三一論給我們提供了座標，反映出地方教會與普世教會的關係以及地方教會彼此間的關係。不過，不同的三一論神學(例如西方與東方的神學)會以不同的方式構思教會間的關係。西方傳統強調了上帝的統一性，並趨向把這統一性放在實體的層面，以至上帝的一體性凌駕於聖三的多樣性之上，這也意味著一個普世教會的重要性凌架於眾多的地方教會之上。假如「維繫著」聖三的是上帝實體的統一性，那麼地方教會之所以是不折不扣的教會，乃在於它們是有別於並面向著整體的教會。如必特曼（Hermenegeld Biedermann）所說，「正如上帝獨一的性質和本質的統一性『維繫著』聖三，因此一個普世教會也是共同的基礎，把眾多方教會『維繫著』。」[53]

正如我們所見，根頓所強調的是在關係中的位格多於上帝的實體，因此他的三一觀念接近東方的傳統（特別是加帕多家教父和施抒樂士）多於西方的傳統。就上帝的本體來說，上帝統一實體的重要性並沒有被放在不同位格之上。相反，由於上帝的存有等同祂的位格，因此上帝的實體只是以位格的方式存在著。根據這套神學，我們可以勾勒出一條思想軌迹，讓我們達至一些關於地方教會與普世教會關係的結論，而這大致上是與施抒樂士的立場相同的。假如上帝實體的重要性並非高過其位格，那麼我們可以推論，普世教會的重要性也不會高過地方教會。換句話說，地方教會背後並不存在著普世教會，正如聖三背後並不存在著一種實體一樣。這意味著每個地方教會就是普世教會，正如三一中的每個位格就是上帝。不過，為了把地方教會視為普世教會，它們必須與其他教會相通。對施抒樂士來說，地方教會的大公性乃建基於整個基督在聖餐中的臨在，就是基督把眾多教會包括在祂裏面。對施抒樂士來說，在聖餐中的相通是「教會大公性的最高表現，這是大公教會的大公行動。」[54]

雖然這論點十分具有吸引力，但我們懷疑根頓是否完全同意施抒樂士（以及西方傳統）方程式中所假設的類比，就是上帝的實體等於普世教會，而上帝的三個位格等於地方教會。就西方傳統來說，這樣的類比會帶來一個觀念，就是在上帝位格以外還有上帝的實體。但對施抒樂士和東方的傳統來說，問題卻是假如上帝的每個位格都具有上帝獨一的本質，那麼我們當如何分別上帝的位格。對根頓來說，答案在於互滲互存的概念：重點應放在上帝位格之間的關係，而不應該放在上帝本質與上帝的位格之間的關係。如果我們從互滲互存的角度去看上帝存有的統一性，我們也當這樣看教會的統一性。當地方教會始終是受著時空限制的受造物，因此惟有當它們在歷時性和共時性的層面相互開放，它們才能夠彼此豐富，並因而變得越來越相同，並反映著三一上帝的共同性。普世教會不能簡單地被等同於地方教會，因為前者是一個終末的真實。正確一點來說，地方教會是上帝的終末百姓，就是終末的普世教會在歷史中的預表。

我們最後要討論的課題，是關乎教會觀中羣體與機構(institution)的關係。根頓的看法明顯是要減輕層遞結構的重要性，以及在現代教會觀中所謂對機構過度實現的終末觀(the over-realised eschatology of the institution)。然而，我們不能否認教會畢竟是一個地上的羣體，因此也帶有這樣一個羣體的結構，而這包括了層遞結構和機構。那麼，我們當怎樣理解這些結構與教會作為反映上帝的存有的羣體性質？很明顯的，根頓反對一種層遞式的三一上帝觀——這思想主要是來自三世紀的神學家俄利根。另一方面，他也不會完全接受施抒樂士和東方神學家所倡議的聖父統治觀念。假如根頓所強調的，教會基本上是一個羣體，那麼它的層遞結構便屬次要的。現代教會觀的問題在於它對關係的理解，就是關係被視為「一個組別永久地隸屬於另一個組別之下，即使那高的組別為了門面工夫，把它的地位美其名為『服事』。」[55] 根頓所倡議以互滲互存為基礎的教會觀讓我們看到的，是一些重疊的關係模式，當中並不存在著永久性的隸屬結構。因此，「同一個人按著上帝所施與的不同恩賜和恩典，有時是『在下』的，有時卻是『在上』的」。[56] 那麼羣體與機構有甚麼關係呢？相信根頓會同意潘霍華以下的說話：

> 把更正教教會的架構形式完全詮釋為一個機構的架構是錯誤的。我們的起點必須是把教會視為一個由人組成的羣體，才能理解更正教教會的種種形式，如洗禮、堅信禮、退會禮(withdrawal)、會眾的聚會和教會規則；我們惟有從這個立場出發，才能理解教會客觀精神(objective spirit)的結構，就是教會以固定的形式表達出來的結構。[57]

註釋：

1 Colin E. Gunton, 'The Church on Earth: The Roots of Community', in *On Being the Church*, Colin E. Gunton and Daniel Hardy (Eds) (Edinburgh: T&T Clark, 1989), 48ff.

2 Gunton, 'The Church on Earth', 49.

3 Gunton, 'The Church on Earth', 50.

4 Adolph von Harnack, *History of Dogma*, E.T. by Neil Buchanan and others of the third edition (London, 1897), Volume IV, 279.

5 Gunton, 'The Church on Earth', 52.

6 Gunton, 'The Church on Earth', 52.

7 Gunton, 'The Church on Earth', 66.

8 John Zizioulas, *Being As Communion: Studies in Personhood and the Church* (Crestwood, NY: St Vladimir's Seminary Press, 1993), 134.

9 Gunton, 'The Church on Earth', 66.

10 Gunton, 'The Church on Earth', 67.

11 Gunton, 'The Church on Earth', 67～68.

12 Gunton, 'The Church on Earth', 75.

13 關於存有的類比的討論，參 Roland Chia, *Revelation and Theology: The Knowledge of God in Balthasar and Barth* (Bern: Peter Lang, 1999)。

14 Karl Rahner, *The Trinity* (New York: Crossroad Publishing Company, 1998), 17.

15 Colin E. Gunton, 'Trinitarian Theology Today', in Colin E. Gunton, *The Promise of Trinitarian Theology*, 2nd ed. (Edinburgh: T&T Clark, 1997), 4.

16 Augustine, *De Trinitati* V.ix (10).

17 *De Trinitati*, VII.vi (11).

18 Colin E. Gunton, 'Trinity, Ontology and Anthropology: Towards a Renewal of the Doctrine of the Imago Dei', in Christoph Schwöel and Colin E. Gunton (Eds.) *Persons, Divine and Human: King's College Essays in Theological Anthropology* (Edinburgh: T & T Clark, 1991), 49.

19 Colin E. Gunton, 'Augustine, the Trinity and the Theological Crisis of the West', in *The Promise of Trinitarian Theology* (Edinburgh: T & T Clark, 1997, 2nd ed.), 39.

20 在貴格利的第三篇《神學演說》(*Theological Oration*)的第十六節中，他如此寫道："I should have been frightened your distinction, if it had been necessary to accept one or other of the alternatives, and not rather put both aside, and state a third and truer one, namely that "the Father" is not the name either of an essence or of an action, but is the name of the relation, in which the Father stands to the Son and the Son to the Father."

21 John Zizioulas, 'The Ontology of Personhood', paper prepared, 1985, for the British Council of Churches, Study Commission on Trinitarian Doctrine Today, 9.

22 參 Zizioulas, *Being as Communion*, 27～35。

23 拿先斯的貴格利在《神學演說》中有這樣的名言："No sooner do I consider the One than I am enlightened by the radiance of the Three; no sooner do I distinguish them than I am carried back to the One" (40.41)。

24 Zizioulas, *God as Communion*, 41.

25 參 Colin E. Gunton, 'Being and Concept: Concluding Theological Postscript', *The Promise of Trinitarian Theology*, 2nd ed. (Edinburgh: T & T Clark, 1997), 196。

26 Colin E. Gunton, *The One, the Three and the Many: God, Creation and the Culture of Modernity* (Cambridge: Cambridge University Press, 1992), 225.

27 Colin E. Gunton, 'The Human Creation: Towards a Renewal of the Doctrine

of *Imago Dei*', in Colin E. Gunton, *The Promise of Trinitarian Theology* (Edinburgh: T&T Clark, 21997, 2nd ed.), 110.

28 Daniel Hardy, 'Created and Redeemed Sociality', in Colin E. Gunton and Daniel Hardy (Eds.), *On Being the Church* (Edinburgh: T&T Clark, 1989), 21～47.

29 Hardy, 'Created and Redeemed Sociality', 34.

30 Gunton, *The One, the Three and the Many*, 223.

31 Gunton, *The One, the Three and the Many*, 136. 哥拿烈治式(Coleridgean)社會契約的觀念可説具有同樣的意思，這一點根頓也曾以贊賞的口吻提及，參 *The One, the Three and the Many*, 221～222。

32 參 Johannes Feiner and Magnus Löhrer, ed. *Mysterium Salutis* IV/2: 404～405，引自 Robert Kress, *The Church: Communion, Sacrament, Communication* (New York: Paulist Press, 1985), 35。

33 Gunton, *The One, the Three and the Many*, 216.

34 Gunton, *The One, the Three and the Many*, 217.

35 Gunton, 'The Church on Earth', 71.

36 John Owen, *Works*, Vol. XVI, 26，引自 Gunton, 'The Church on Earth', 72。

37 Gunton, 'The Church on Earth', 79.

38 Gunton, *The Promise of Trinitarian Theology*, 176.

39 Gunton, 'The Church on Earth', 79.

40 Gunton, 'The Church on Earth', 80.

41 Karl Barth, *Church Dogmatics*, II/1, 237.

42 Miroslav Volf, *After Our Likeness: The Church as the Image of the Trinity* (Grand Rapids: Eerdmans, 1998), 199.

43 Volf, *After Our Likeness*, 207.

44 Gunton, 'The Church on Earth', 77.

45 Gunton, *The One, the Three and the Many*, 163.

46 Gunton, *The One, the Three and the Many*, 164.

47 Ilya Prigogine & Isabelle Stengers, *Order out of Chaos: Man's New Dialogue with Nature* (London: Fontana, 1985), 95.

48 Gunton, *The One, the Three and the Many*, 170.

49 Gunton, *The One, the Three and the Many*, 170.

50 Volf, *After Our Likeness*, 211.

51 Gunton, 'The Church on Earth', 62.

52 Gunton, *The One, the Three and the Many*, 165.

53 Hermenegild Biedermann, 'Gotteslehre und Kirchenverständnis: Zugang der orthodoxen und der katholischen Theologie', *Theologisch-praktische Quartalschrift* 129 (1981): 131～142, 138.

54 John Zizioulas, 'Les groupes informels dans l' Eglise: Un point de vue orthodoxe', in *Les groupes informels dans l' Eglise,* edited by R. Metz and J. Schlick, 252～272 (Hommes et église 2. Strasbourg: Cerdic, 1971)，引自 Volf, *After Our Likeness,* 104。

55 Gunton, 'The Church on Earth', 77.

56 據根頓自己的講法，這觀念也可被理解為「不存盼望的理想主義化」(hopelessly idealistic)。參 Gunton, 'The Church on Earth', 77。

57 Dietrich Bonhoeffer, *Sanctorum Communio* (London: Collins, 1963), 178.

終成與自由

——牟宗三論目的因與根頓三一終末聖靈論中論終成因的比較[1]

趙崇明

一、引言

在人類文化的各個領域內，「自由」一直是一個非常重要的文化議題，也是一個非常複雜的概念。當我們談到「自由」時（尤其是在哲學、政治或道德等領域內談論時），往往就會與「意志的抉擇」這概念相提並論，惟有肯定能夠提供足夠的外在條件或環境讓人的意志能自由地作出抉擇時，才有「自由」可言，因此西方人努力要建立一個自由的社會及民主的政治制度。但麥梅利（John Macmurray）在他的《在現代世界中的自由》（*Freedom in the Modern World*）這本小書中，卻指出單有民主的政治制度不一定保證「自由」必然能夠兌現，事實上不少人就算身處民主的國家中仍然感到不自由。

由此他帶出一個我們在思考「自由」時經常忽略的觀念—「真實」（reality）。「自由」和「真實」有不可分割的關係，他說：「惟有真正的人（real people）才能是自由的。……惟有真正的人才能自由地行動。」[2] 留意麥梅利不但將「自由」和「真實」連在一起，同時亦將「自由」和「行動」扣緊起來，而且他不是說「應該」「自由地行動」，而是說「能夠」（can），究竟「真正的人能夠自由地行動」是甚麼意思？麥梅利有這樣的解釋：

> 任何事物都有其自身的本性(nature)，當它在行動中呈現其自身的本性時，它就是自由的，或說能自由地行動……那麼，如果一個人能在行動中呈現其本性，他就是自由的……惟有真正的人才能呈現其本性及成為他自己之所是……[3]

簡單來説，一個能夠讓其真本性在行動實踐中呈現出來的人就是自由人。但問題是「甚麼才是人的真本性？」「真實」在那裏？如何讓「真本性」呈現出來？即如何實現「自由」？本文的目的正是嘗試扣緊「終成」(或譯「完全」)(perfection)這個觀念來思考上述的問題。筆者選取了牟宗三和根頓兩人對這課題的看法作出比較，其中一個原因是兩人都努力嘗試探討「終成」、「人性」與「自由」這些觀念之間彼此的相關性；另一個原因是可以透過這比較論衡的過程，同時兼顧了中國人和西方人，以及神學家和哲學家等不同視域對同一問題的多元詮釋，以致能為「自由」這觀念開拓更大的詮釋空間。

本文分為兩大部分：第一部分會以牟宗三的《四因説演講錄》中第一至第五講及《周易哲學演講錄》[4] 作為詮釋的文本，去思考及評價他如何挪用亞里士多德(Aristotle)的「目的論」或「終成」的觀念來貫通儒家的道德的形而上學中關於「自由」的論述。第二部分則討論根頓如何從聖靈論中開出「終成」的觀念來詮釋人和世界的「自由」。

二、牟宗三對亞里士多德「四因説」中「目的因」的理解

根據牟宗三的理解，亞里士多德的「目的論」中「目的」的

意思乃是「每一個物完成它自己，它的目的就達到。」[5] 惟有當每一個物最後能達到完成它自己這個目的，我們才能對這物下定義，說它是甚麼，這是從「目的」的意義講本體論，這種扣緊「目的論」來講本體論的做法跟麥梅利從本體論界定「自由」的做法實在有共通之處。對麥梅利而言，「自由」和「真實」就是人之所以為人最終之所是(being)，也是人的自我實現或完成的目的。換言之，起始時我們還不能說一物是甚麼，一物之所是(being)乃是它最終完成時之所是，這種講法表面上有點像存在主義者提到「存在先於本質」。不過，牟宗三並不完全同意存在主義所主張人擁有向未來完全開放的可能性及能塑造自己未來的自由這種觀點，他認為人作為有限的存有，人便有限制，便不能完全自由地創造自己的未來，人所能創造的總不能逾越某個範圍。這個範圍就是柏拉圖所說的理型(idea)，或是亞里士多德所說的「形式因」，或是牟宗三所說的形構之理(principle of formation)，亦即是本質。[6] 故此，順著柏拉圖的「理型說」和亞里士多德的「形成因」這種思路講下去，牟宗三支持的還是「本質先於存在」的講法，他絕不反對人有創造性的自由，但人的自由始終受著人的「理型」所限制，人之為人在於要把這先存固有及既定的本質實現出來，能把這先存固有及既定的本質實現出來，人才完成作為人的目的。[7]

牟宗三在《四因說演講錄》的第一講和第二講內，扣緊「四因說」來解釋任何事物從質料這潛能狀態朝向形式這目的因自我實現或完成過程而成為該物真正之所是。固然形式因加上質料因就已經使一物成為一物，但這樣依然只是停留在靜態的層面，要完成從潛能到實現的動態發展過程，則需加上動力因和目的因。對亞里士多德來說，宇宙萬物最原初的動力因是那不動的動者(unmoved mover),即上帝。宇宙萬物最終要實現及完成的目的(即純粹的實現性),就是那沒有質料的純粹的形式(pure form),也即是上帝。因此,上帝可以在萬物背後作動力因,也可以在萬物之前面作目的因,目的因就是動力因的延展。[8]

分析了亞氏的「目的論」如何建立在「四因說」之上,牟宗三便拿這套「目的論」來詮釋儒家的道德的形而上學。[9] 他認為中國哲學中惟有儒家(特別提到《中庸》和《易傳》[10])屬於目的論的系統。[11]

三、牟宗三如何以「四因說」中的「目的因」來詮釋《中庸》?

《中庸》當中有論及萬物的生成過程,曰:「天命之謂性,率性之謂道,修道之謂教。」這句話固然可以指著人的自然天性(human nature)來講,這屬於儒家思想中強調「氣質之性」的傳統。[12] 但牟宗三明顯捨「氣質之性」而取孟子所強調「義理之性」的傳統,「義理之性」指的是具有道德形上意義的人之本體。每一人之所以能夠成為如此之人,實有賴「率性」之過程,「率性」者,乃順其本性或實現其本性,即實現或顯出人之為人的內在道德性。按照孟子的意思,即「盡人之四端」,也就是《中庸》本身所講「唯天下至誠,為能盡其性」的意思。

《中庸》前半部分講「率性」、講「道」;後半部分講「誠」。牟宗三亦強調《中庸》當中「誠」這個觀念正好用來貫通亞氏的「四因說」及由潛能狀態發展到實現狀態這個「成為過程」(becoming process)。「誠者,物之終始;不誠無物。」一切事物由起始至終結整個發展的過程,亦即一切事物各自按其本性實現之過程就謂之「誠」,故此不能實現其本性,則無所謂物之存在。基於此，牟宗三便認為「誠」這個字就涵著「四因說」的意思：

> 從其成物之始的地方看，就是「動力因」，從物之終的地方看，就是「目的因」。從其「成物之始與成物之終」之一物之「完成」言，它就含有「形式因」；而始、終與完成都是扣在「物」字上，而即這物字就含有「材質因」。[13]

顯然牟宗三在此乃借用「四因說」來講道德的形而上學的問題。他把《中庸》這個「誠」當作道德形而上的實體來看待。[14] 天地萬物的存在與生生不息根本上與這個形上實體不能分割，但這個實體不是亞氏所講的一切自然事物的第一因、目的因或不動的動者，也不是西方大部分神哲學思想所稱的上帝，它是蓋天蓋地貫注於人的生命中使人能與天地萬物一體感通的一種內在道德價值。正如《中庸》曰：「唯天下至誠，為能盡其性，能盡其性，則能盡人之性，能盡人之性，則能盡物之性，能盡物之性，則可以贊天地之化育，可以贊天地之化育，則可以與天地參矣。」一個人能圓滿實現自己的內在道德性，即「率性」，也即順應「誠」此道德形而上的實體而顯出「誠」之道德價值觀，就達於「至誠」。只有「至誠」者，即圓滿實現自己的內在道德性的自覺主體，才「能盡人之性」，此「人之性」乃解作「他人之性」，即由「自化」而「化他」，由圓滿實現自己的內在道德性進而為能使他人圓滿實現其內在道德性。「能盡人之性」，然後才能使萬物的本性圓滿實現，才有助於使天地間萬物生長變化的培育，能夠有助於使天地間萬物生長變化的培育，則可以與天地同等並列，合而為三，這一境界也就是天人合一的最高境界。

四、牟宗三如何以「四因說」中的「目的因」來詮釋《易傳》？

《易經》中乾[15]、坤[16]兩卦最重要。牟宗三認為可以用亞里士多德的動力因與目的因來貫通《易傳》的乾元和坤元，乾卦卦辭「元亨利貞」所表示的是一個萬物始生終成的過程，內中就把動力因與目的因顯出來。「元亨」表示始生，講的是「大哉乾元！萬物資始」，乾卦所代表的是「創生原則」，但牟先生明言此「創生」與基督教所講的「創造」有別。[17]「利貞」則表示終成，這個「利貞」要落在「各正性命」來講。乾彖所謂「乾道變化，各正性命」，講的就是「萬物每一個東西同在乾道變化中正其性命，正其性命就是定其性命……定其性命就是成其性命……在乾道變化中，粉筆成其為粉筆，成其為粉筆就有粉筆的性、粉筆的命。……就人而言，人在天道變化中有人的性、也有人的命。」[18]「至哉坤元，萬物資生，乃順承天」，坤元使「萬物資生」，這個「生」就是要將「性」與「命」顯出來、朗現出來。在「利貞」、「各正性命」那個地方坤元就進來了。坤元就是使萬物各自凝聚成其為一物的目的因（final cause），所以坤卦屬於「保聚原則」，也叫做「終成原則」。[19] 不能只有乾元來創生，若沒有坤元來凝聚，萬物就不能完成其為萬物，萬物就不能「各正性命」。

不過，按照儒家從孟子到宋明理學家的理解，牟宗三認為「各正性命」和「性成命定」中的「性」和「命」就不應只從「氣性」方面去解，更應從帶有道德意義的「義理之性」來了解，若脫離了道德的根據（moral ground），就講不成萬物的「各正性命」，跟著萬物所要完成的目的也就落了空。因此，牟宗三落到儒家思想來貫通目的因與《易傳》，他所講的目的因與其說是亞里士多德的宇宙論的目的因，不如說其實是康德道德神學依圓滿的善而建立的目的論或道德底形而上學，當然牟宗三仍認為康德有所缺欠，因而只能成就道德底形而上學而不是牟氏自己所講的道德的形而上學(這點下文再會討論)。牟宗三所講的「各正性命」和「性成命定」所要完成朗現的「人性」是實踐圓滿道德目的之「性」。這種「性」是一種自覺的內在道德性，是一種「義理之性」，它是一種合符「理」的「理性」，是屬於實踐理性、道德理性之「義理之性」。如果用康德的講法，就是按照無條件律令而行的定言命令(categorical imperative)，因此從「義理之性」講的「命」就不是命運的「命」，而是無條件的道德命令。「各正性命」就是要體現、實踐、完成這被道德義理所貫注的命令。牟宗三強調這種實踐道德義理的命令就是一種修養德性的工夫，也是一種學的工夫。「利貞」就是落在這種依靠道德實踐與修養中把道顯出來、把坤元表現出來的朗現去蔽的過程。[20]

五、小結：牟宗三透過構築道德的形而上學來論人性的自由和超越

毫無疑問，當牟宗三挪用亞里士多德的「目的因」來貫通儒家的《中庸》和《易傳》時，他的講法乃前後一致，沒有兩樣，始終最要緊的都是要貫徹其一向所主張的道德的形而上學(moral metaphysics)。眾所周知，為中國儒家思想證成一套道德的形而上學是牟宗三一生的目標。即是說，他窮一生精力要做的是想打通道德實踐領域與形上本體界之路。他認為在西方云云哲學家當中，惟有康德從實踐理性切入本體論或形而上學這種進路接近自己的看法。然而，牟先生批評康德

仍有不足之處，他認為康德最多只能為道德作形上解釋，康德最多只能建立一套道德神學或道德底形而上學(metaphysics of morals)，而不能建立一套像儒學般的道德的形而上學。問題正在於康德像其他西方人一樣，總是「有限歸有限，無限歸無限」，總是只將「無限」、「超越」及「絕對的自由」歸給上帝。認為只有上帝才有智的直覺，故只有上帝才能直接把握物自身，卻把人囿於有限的領域，否認人如上帝般有智的直覺。

但牟宗三認為中國儒家思想對人的看法很不同，從感性知性的見聞之知而言，他不否認人是有限的；但從德性之知、從人也有智的直覺(又稱本心仁體或良知明覺)方面而言，他認為人卻又是無限的、是超越或自由的。這智的直覺或本心仁體固然是神聖的，有限的平凡眾生自不必然是神聖的，但若能「體現此神聖的本心仁體的即是聖人……現實的一般人……亦有此神聖的本心仁體以為其自己之性體。他一旦朗現之，他亦可至聖境。」[21] 本來所有的人本體上都具備這無限及神聖的「智的直覺」，不過往往卻被感性所遮蔽而使這「無限性」未能朗現出來，所以牟宗三說聖人乃是真正人性之體現，由此聖人亦比平凡眾生更能體現何謂人的「自由」。

為何說能讓這本心仁體朗現出來就能體現人的「自由」？牟宗三舉孟子所言有關乍見孺子將入於井而申論人皆有惻隱之心此事來解釋智的直覺與自由自律的關係。牟先生說這種惻隱之心的呈現就是所謂「逆覺體證」，他解釋此「逆覺之知」是主動及無條件而發動的。

> 此逆覺而知之之「逆覺」乃即是其自身之光之返照其自己，並不是以一個不同於其自身之識心感性地被

> 動地來認知其自己而又永不能及於其自己之本身也。因此，此逆覺而知之，是純智的，不是感性之被動的。此種逆覺之知即是該知體明覺之光所發的智的直覺之自照。「見孺子入井」是一機緣，「見」是眼見，故是感性的，然在這見之機緣上，本心呈現，這卻不是感性的識心在作直覺之攝取以攝取那孺子入井之事象，亦不是辨解的知性在作概念的思考以思考那事象，而乃是本心呈現自決一無條件的行動之方向。……其實是那「本心」一動而驚醒其自己，故即以其自身之光而逆覺其自己也。……此謂本心之自肯；而吾人遂即隨之當體即肯認此心以為吾人之本心，即神感神應自由自律之本心，此種肯認即吾所謂「逆覺體證」。即在此逆覺體證中，即含有智的直覺。[22]

對牟宗三而言，由於萬物之存在不是在被動的感性知性的識心中被表徵為對象或現象而被認知，而是在這主動的逆覺之知中直覺其存在，按照牟宗三的講法：是「由道德意識所顯露的道德實體以說明萬物之存在。」此「『存在』是對知覺明體而為存在，是萬物底自在相之存在，因此，即是『物之在其自己』之存在。」[23] 即是說，於智的直覺中，由於攝物歸心，物與心不是主客相對，而是「物以在其自己」之自在相而存在，與智的直覺冥冥為一而一起朗現。[24] 故此，那含有智的直覺的本心仁體既是道德的實體，或說是道德實踐的形而上基礎，同時又是萬物的存有論實體，或如上文所說的是萬物的創生原則，是宇宙生成變化的本體根源。[25] 由此含智的直覺的道德實體所開出物之在其自己之存在相，可見這知體明覺之感應真是自由自律的，是無限心的作用。

不過值得留意的是，當牟宗三這樣從智的直覺處來感通萬物之在其自己之存在相時，物就再不是現象，也不是被識心判斷及認知之客觀對象，此與本心仁體冥合而為一的無對象相之物，就不再是在時空條件下所被感性知性把握及認知之現象。甚至當論及「如何直覺自我」時，牟宗三認為自己跟康德的看法有分別，他這樣説：

> 康德以為如果我們真能以內部直覺來直覺「自我主體」，只能當作現象而直覺之，即只能在時間條件下而感觸地直覺之，而此便不是該主體之自我活動而只表象其自己者……因此，「自我主體之在其自己」是永不能被直覺，因而被呈現的。[26]

當然牟宗三認為自我能以智的直覺來直覺或反照主體自身之在其自己，而不是將自我看為一種現象而被感知，即是説，自我並非在**時間**條件下被表象為對象而被認知。很明顯，在這種由智的直覺所開出的道德的形而上學，或牟宗三所稱的「無執的存有論」，[27] 當中所論及人的本心仁體所呈現的無限與自由必然是「無時間性」的無限與自由，因為智的直覺必不在時空條件下來創生或呈現物之在其自己之存在。牟宗三以下一段説話充份反映這意思：「在自由自律的無限心之圓覺圓照下……一切存在皆是『在其自己』之存在。圓覺圓照無時空性，無生滅相，『在其自己』之存在當然亦無時空性，無流變相。」[28]

基於此，當牟宗三借用亞里士多德的「目的因」來闡釋儒家《中庸》和《易傳》中的人性觀時，他所講的「目的因」首先不是從「將來」這時間的向度來理解，而是朝著具有無限的、「非時間性」的永恆意義的道德實體這方向去講。牟宗三所關注的是那蘊藏在道德主體之內的智的直覺所能體現的無限、超越與自由，人的自由正在於良知明覺這仁體不用在時空條件底下所能創生或呈現物之在其自己之存在。

正如《中庸》所言：「唯天下之至誠為能化」，能實現此道德形而上的實體，能順應而顯出「誠」之道德價值性，就能使人與天地萬物一體感通，能成為宇宙本體創造之根源而化育萬物。因此，對牟宗三而言，人只要憑著這智的直覺(或無限心)就能直透生命本源，超拔人生，追求生命終極價值(仁)的實現，人之為人正正在於要把這先存的本質(良知、無限心或智的直覺)實現出來，人才完成作為人的**目的**。如此，便開出一條既內在又超越之路，毫無疑問，牟宗三所構築的內在超越之路必然開出一套主體形而上學，他只會扣著人這個道德主體來講超越與自由，離開了人內在的良知明覺，便不能談真正的超越與自由。這種在人的自身之內能最終達致或呈現的「圓善」境界正是充分體現人的自由的最高境界。

六、從根頓對現代人文主義自由觀的批評説起

毫無疑問，牟宗三的道德的形而上學所構築的自由觀代表了一種典型的人文主義的觀點。雖然根頓從來沒有討論過牟宗三的學説，但我們可以從他對西方現代人文主義自由觀的批評，間接推想到他跟牟宗三對「自由」的看法極可能存在下列三方面的分歧。

第一，牟宗三從人這個道德主體的自身之內所擁有的智的直覺(或良知明覺)去講人的超越與自由，而且主張人要主動地抓緊並發動這智的直覺，使其能完成上通下達、內外感

通的目的，從而體現道德主體的超越與自由，如此便實現及完成人作為人的目的。由此可見，「自由」是蘊藏於生命之內，是人之所以為人固有的本質。但根頓正正反對現代人文主義那種高舉人這個主體可以抓緊及擁有「自由」的講法，對這種自由觀，他有如此的批評：「它（自由）不再被視為一份被人接受的禮物，卻被看為人要抓緊並追求的一份私有財產。」[29] 固然牟宗三跟西方人文主義者對「自由」有不同的看法，前者從「義理之性」的本體論角度論「自由」，後者則較從法理制度或「權利」的角度看「自由」，往往將「自由」當作一種每個生命個體天生而擁有的一份私有財產來看待，因而維護、保障及爭取個人種種的「自由」是每個人天生的人權。不過雙方卻有一個共通之處，就是大家都將「自由」看為蘊藏於人生命之內固有的本質。但根頓指出基督教福音所講的「自由」不是一份天生的私有財產，卻是一份**來自他者的被賜予的禮物**。

第二，根頓認為西方那種源自柏拉圖二元論式的理性主義所開展構成的主體形而上學，帶領著西方現代文化進入個體主義的高峯時期。他又批評這種主體形而上學的自由觀乃是一種立根於自我中心的自由觀，自由就是將一切往內收攝回歸主體的活動。這種自由是一種以我為主、「抽離他者的自由」(freedom from others)，是一種具有濃厚個體主義色彩的自由，但根頓認為這種個體主義不但不能為人帶來真正的自由，反而帶來另一種形式的奴役與獨裁。主要原因是主體形而上學和個體主義其實是傳統一元主義(monism)的翻版。個體主義只會「鼓吹發展一種教義或系統，就是要求他者從屬於主體或個體我，或成為主體或個體我的工具：我們也許這樣說，這就是一種有限個體的一元主義。」[30] 這個以自我為中心的『一』「不會促使人際關係的實現，也不會促使我們置身於世界之中，因而它只是欺騙性地和壓制性地在運作。」[31] 在個體主義的勢力底下，「一個人如果要成為人，他者無論作為人也好、物也好，也必然成為這個人逃避或管治的對象。」[32] 故此，這種個體主義式的自由反而是一種對他者「支配、操控的自由。」[33] 固然牟宗三在其道德的形而上學內的自由觀未必是一種極端的個體主義，因為儒家的「仁」「義」思想始終關注人與人之間的人倫關係。但無可否認牟宗三在解説儒家心性之學的時候，他並非將道德的形而上基礎安立在身外，而是將其貫注於人的生命中的一種內在道德價值的呈現，所以他這種強調德性之知的道德的形而上學跟西方哲學家(如笛卡兒、休謨等)所強調理性感性的見聞之知的知性的形而上學仍有相似之處，都離不開以人這個主體作為形而上的根基。因此自由始終是一種往內收攝回歸主體的活動，始終都是一種以自我為首出，是一種自我主體具有優位性及主導性的自由觀。

第三，由於牟宗三認為人亦具有無限心(或稱智的直覺)，並且只要憑著這無限心就能直透生命本源，超拔人生，很明顯他是從人的無限性去體現人的自由。其實這種承認人既是有限亦是無限的講法在西方哲學界亦有出現，正如根頓指出，不少前蘇格拉底的哲學家一早就接受人的理性靈魂在某程度上分享著神性，於是認定人的理性靈魂便是人與諸神之間本體上貫通的橋樑，亦是人與諸神之間知識論上的接觸點。一旦確認人的理性靈魂有這種地位及功能，隨時隨地便可透過人的理性來著手對世界進行解魅(disenchantment)的工作，人這個抽象的理性思維主體便可以代替上帝成為宇宙萬物一切秩序的知識論甚至本體論的基礎。當上帝被替代(the displacement of God)之後，表面上似乎意味著人可以從外在權威的束縛中解放出來，人的自主性與自由終於獲得勝利。

但根頓卻大力反對從人具有神性或無限性這角度來印證人的自由，首先他肯定神人之間具有不可逾越的界限，無限歸無限，有限歸有限，人只具有偶然性和有限性，儘管人想代替上帝而實現自我主體的無限化，但根頓卻向我們提出這樣的忠告：「上帝的被替代不會亦沒有為眾人帶來自由和尊嚴，卻使我們臣服於另一些新的和不知名的形式的奴役。」[34] 不但如此，根頓更形容這種自我主體無限化的做法其實是一種「成為我們所不是的嘗試。」(the attempt to be what we are not)[35] 意思是自我無限化或神性化之後的人再不是真正的人，根頓甚至認為這種生命上的矛盾性正是現代性的矛盾對立(the contradictions of modernity)的根源。[36]

七、真自由——在與他者的關係中成為獨特者

跟牟宗三和麥梅利一樣，根頓同樣嘗試從本體論的角度扣緊「終成」這個觀念來思考「自由」這問題。按照麥梅利的講法，若要成為自由的人，只要實現一個目的，就是在行動中呈現其真本性及成為他自己之所是。根頓的想法跟麥梅利的想法很相似，根頓這樣說：「自由是指到我能活出我自己的獨特性(particularity)，自由能促使我成為真正及獨特的自己，並讓我能夠在行動上活出我那真正及獨特的自己。」[37] 在根頓心目中，「獨特性」就是麥梅利所講的「真實」(reality)，也就是「自由」。不但人如此，世界萬物也是如此，整個被造世界都是朝向一個目的而存在，而這目的也就是上帝創造的目的。這個目的不是別的，乃是要實現或完成其各自獨特的真實本性，即是要完全成為其所是(to be fully himself or itself)，這也就是根頓特別用「終成」或「完全」這個帶有終末性意味的觀念所想表達的意思，即讓到整個受造世界在終末的將來完

全實現如其所是之意思，惟有這樣，人和世界萬物才是自由的。

當然我們仍然要問：「完全成為其所是的『是』(being)是一個包含甚麼內容的『是』？」如何讓這個「真正的存有」(true being)或真本性呈現出來？對牟宗三來說，這種人的真本性是一種自覺的內在道德性，是一種「義理之性」，可以透過內在於人的良知明覺或智的直覺朗現出來，所以真本性是可以靠德性主體的自力而完全朗現的，不用他者他力的幫忙。根頓的看法不同，在講完上述一段關於「自由」與「獨特性」的關係後，他馬上為「自由」的定義補充下面一段重要的說話：「自由是跟他者對我這獨特的存有所作出的，並與我這獨特的存有在一起相干的，好使我無論在所是和所行或阻止我在所是和所行上，都能夠成為獨特的自己。」[38] 根頓和牟宗三最大的分別就在於此，對根頓而言，「真本性」、「獨特性」或「自由」之所以能夠實現，實有賴於他者行動的介入，他者是「獨特性」或「自由」得以實現的必要條件，所以根頓如此說：

> 人就是那些與他者建立自由關係的人……自由的意思不應以抽離他者的自由這類帶有統治性意味的概念去理解。它應被解釋成與他者建立一種自由且互相建構的關係，也是一種在世界之中存在的方式。[39]
>
> 我們不能讓我們自己擺脫他者而存在。假若有一名副其實的關於自主性的學說，而這學說內自主性的意思是指到按照我們存有的定律而存活的話，則這套學說必須包括哈迪(Daniel Hardy, 1989)所提到的

> 我們的社羣性這觀念：意即我們在關係中的存有可被視為我們那受造真實性(created reality)的決定性因素。[40]

很明顯，根頓認為惟有在跟有別於自己的他者之關係中才能使真實的人性(即真自由)得以實現，換言之，人惟有存在於社羣中，被社羣中的他者賦予獨特性，才能展現真本性，才有真正的「自由」。這個他者可以包括其他人和其他物，但更重要的當然是那神聖的他者——三一上帝，三一上帝是人和世界得以自由的本體論基礎。正如根頓所言：

> 當我們從他者之中脫離出來而成為個體之時，我們沒有自由。或者當我們身處獨裁主義之中卻強迫大家成就自由之時，我們也沒有自由……然而，類比於三一神中的位格，當我們自由地享受各自將對方看待為獨特的人而彼此的生命互相建構之時，我們就有自由。[41]

故此，惟有按著三一上帝形像被造的人性才是真正的人性，能實現上帝形像的人才算是自由的人。由此便帶出在創造行動中三一上帝和人(包括世界)所建立的關係是一種怎樣的關係這問題。

八、上帝在空間上的超越性與人(及被造世界)的自由

根頓基本上承接巴特高舉上帝作為完全的他者(the Wholly Other)這觀點。在巴特心目中，上帝是超越的、自足的和完

全自主的，祂不受在祂以外的他者任何的制約，所以上帝是自由的。根頓認為巴特這種上帝觀有其道理，他更認為巴特對上帝的自主性、超越性，以及上帝的自由的強調，不但不會妨礙，反而有助於建立上帝和世界的關係，他說：「巴特的上帝……是徹底地具有超越性，為的是要徹底地臨在。」[42] 即是說，上帝本身的超越性和自由導致上帝的創世行動就是一個自由的行動，而這種自由的創世行動又跟世界本身的自由息息相關。如根頓所言：「創造應該被理解為一種賦予他者存有的行動，包括賦予存在的空間：意即成為他者及獨特者。」[43]「空間」(space)是一個很重要的觀念，上帝在創世行動中所同時呈現上帝本身的自由及超越性有一很重要的目的，就是為上帝與被造世界之間賦予一個「空間」，這「空間」促使兩者之間存在那不可取消的本體上的分別性及不可逾越的鴻溝，無限歸無限，有限歸有限，在這「空間」的兩端只有本體上具有不可逾越的差異性的創造主和被造物，沒有其他層級的存有，以致在這「空間」中反而保持各自的獨特性及他異性(otherness)。且看根頓以下兩段解說：

> ……完全不用倚賴世界，上帝乃自由地創造了一個能成為其自己之所是的世界，即是說，按照它自身之所是的秩序而彰顯其自由。透過三一論這教義的幫助，我們只可以設想在上帝與世界之間存在一種在他異性中的關係，而不可能在任何其他途徑上可以有更好的設想。世界不是上帝，而是自己本身，卻按照它自身之所是的標準而成為世界。然而，這卻是上帝所賜的禮物，這位上帝乃是按照世界成為它自己這種方式去創造和維持著它的。[44]

> ……在不同種類的存有之間那惟一有意義的區別(一個技術性的講法就是本體上的區別性)乃是創造主和被造物之間的區別，在介乎創造主和被造物中間的「空間」內，並不存在任何半神和半受造物的居間形式或其他形式的存有。上帝藉著祂的子和靈的能力去保存並跨越這空間，透過祂們促使世界成為它自己之所是……由於被造世界是透過上帝的中介性和位格性的關係所建立，因此整個宇宙(指有別於上帝的所有事物)能被創造成為真正的自己，成為一個跟上帝相異的界域。[45]

故此，上帝在空間上的超越性不但說明上帝的他異性、獨特性和自由，也由此肯定了人及整個被造世界的他異性、獨特性和自由。

九、上帝在時間上的超越性與人的自由——聖靈是創造的終成因

上文一段仍然只就著一個空間性的觀念來講上帝的超越性，並由此申論人及被造世界的自由，但根頓更關注的是要從時間上來講上帝的超越性，並由此申論人及被造世界的自由。若要談到上帝在時間上的超越性，他認為不能不從聖靈論入手。同時「主的靈在那裏，那裏就得以自由。」(林後三17)這節經文又令他不能否認以下的事實——若要討論人和世界的「自由」，就不能不從聖靈的存有與行動來思考，他如此說：「在神學內關於自由的爭論基本上是關乎聖靈是誰及祂如何運作的爭論。」[46] 總而言之，「時間上的終末」、「超越」、「聖靈」和「自由」這幾個觀念彼此有密切的關係，這些觀念的關係亦

可從下面根頓一段說話反映出來：「惟有那他異性(otherness)使我們得自由，那他異性就是聖靈終末的超越性(eschatological transcendence)，亦即是其不會縮減至任何屬人層次的不可約化性(irreducibility)。」[47] 故此，下文的焦點便集中討論根頓如何從三一架構主導底下的終末聖靈論去處理「自由」的問題。

談到「聖靈是誰？」這問題，根頓認為整個西方神學都有將聖靈非位格化和「內歛化」(internalising)的傾向，意思是太過將聖靈視為內在於人的一股非位格化的能力或力量(force)，從而強調聖靈在人生命之內的內住和臨在，聖靈一旦「內歛化」而成為某個人或某一文化的一股內在力量時，聖靈與世界(包括人)之間、或無限與有限之間本來存在的那種本體區別性(ontological distinction)便很容易因著過度的同一化而被取消，由此而帶來的結果便是使到世界文化或人因著這種神性的內在力量的充滿，而不知不覺間便將自己的生命神性化而使生命可以不斷向上超越與提昇。[48] 這種由外而內，再由內而向上超越的路，跟啟蒙運動所鼓吹的主體性哲學、個人主義或自由主義所走的路，或與牟宗三的道德的形而上學所走的路，其實大致上同出一轍。針對上述的問題，根頓對聖靈的存有作出以下的描述：

> 祂是上主的靈，是三一上帝中那獨特卻並不分離的位格。首先祂是那他者，在永恆裏從聖父而出：用愛任紐的術語來說，是上帝雙手的其中之一。西方(無論教會或現代性)的錯失乃在於對聖靈真正的他異性的抵御，以及對祂真正的無限性與自由的抵御，而試圖將祂的作為制度化(institutionalize)或同

化在一些有限的現實或工作之上。[49]

父是所有存在者的源頭：是來源的超越(a transcendence of origination)。子是上帝臨在於世界之中的方式，祂在此世之中並非為自己作見證，只是為父作見證。靈就正如很多時被描述的，是上帝終末性的超越，是祂的將來，祂作為神並以解放世界的他者之角色臨在於世界之中，按照父神預先所決定而透過子來成就與實現的計劃，帶領世界朝著目標前進。[50]

在上述兩段說話裏，根頓對聖靈的存有作出很明確的肯斷，他重申聖靈並非一股非位格化的能力或力量，而是上主的靈，是那位從聖父而出卻又有別於聖父的另一位獨特的位格及他者，從而凸顯聖靈的超越性（或他異性）而不是內住性。

不過值得留意的是，根頓選擇從三一上帝的經世活動來思考聖靈的超越性或他異性這課題。他追隨愛任紐的觀點，主張聖靈是聖父的創世行動得以實現及完成的其中一隻手，聖靈是聖父創造行動的中介者(the Mediator)。[51] 同時當他說聖靈「是上帝終末性的超越，是祂的將來」時，他其實是繼承該撒利亞的巴西流的講法，主張聖靈是創造得以完成的終成因(the Perfecting Cause)。[52] 由此可見，根頓是從聖靈作為整個被造世界的終成因這觀點出發，從時間的向度，從上帝終末的將來來講上帝的超越性，並由此而申論人和被造世界的獨特性和自由。

為何一定要從時間的向度來思考呢？因為對根頓來說，「創造的意思就是上帝促使被造世界在時間中存在，而且是在時間中或藉著時間去引導世界朝向圓滿而實現，就好像一位藝術家要完成一件藝術作品一樣。」[53] 留意這句説話的意思並非單單指到創世記所記載上帝在六日內那一次過完成的創造行動。對根頓來説，三一創造主的創造行動不僅是一件遠古發生的歷史事件，創造工作是持續不斷地在歷史時間裏發生，而且是朝向終末性的將來才完成的。根頓特別用「終成」或「完全」(perfect)這個帶有終末性意味的觀念來闡釋他的創造觀，他對「終成」或「完全」這詞彙有如下的解釋：

> 創造是十分好的：即是完全的，但在這裏完全並非一個靜態的觀念。……我們也許可以説新生的嬰孩是「完全」的，不過還是會説他將會成為另一些東西；當然不會成為不再是他自己的另一些東西(例如不會變成一隻豬)，卻會變成一個成熟的人，是一個在時間裏被造而邁向完全的人。……故此，創造在「起初」時就已經具有一個終末性的取向。從起初開始，被造世界就有終局與目標。[54]

根頓的創造觀將存有與時間(being and time)扣上緊密的關係，生命必然在時間中發生變化，人和世界必然在時間中存在，存有與時間形影不離，時間成為存在得以發生的必要條件，在時間中成為其所是的存有就是最真實的，因此「我們不用抽離時間去找尋真實世界，而是找尋那本身**已內蘊於世界中**的秩序。」[55] 根頓又如此寫道：

> 聖父上帝透過時間並在時間裏使祂的創造完滿實

> 現，即是聖父透過聖子和聖靈促使個別獨特的行動、事件和事物，無論從一小塊一小塊的陶器到高貴卓越的自我犧牲的行動，統統都如其本應所是的成為其自己，因而也就能夠成為萬物最終各自完滿實現其自性的獨特的預嚐(anticipations)。[56]

因此，上帝的創造就不單只是一個從無到有的過程，同時更是一個促使萬有能夠各自完滿實現其自性的過程，而在這個萬有最終各自完滿實現其自性的創造過程中，並非好像亞里士多德所講，是靠本來內蘊於各被造物的內在自身力量而使其真本性從潛在性(potentiality)邁向實然性(actuality)的過程，而是倚靠另一個他者，是那超越時間卻並非跟時間對立，是那位帶著將來終末性的應許臨到這時間的世界的神聖他者——聖靈，這應許就是促使萬有在終末的將來最終各自完滿實現其自性或獨特性，這當然也是上帝創造的目的，所以說聖靈就是使創造完滿實現的終成因。由於終末的聖靈最重要的創造性行動是促使萬有各自完滿實現其自性或獨特性，故此聖靈就跟人之所以為人的獨特性或萬物之所以為萬物的獨特性有著顯著的關係。如根頓所說：「由於聖靈能使萬有各自獨特地成為他們受造所應成為之所是，因此聖靈是現實世界的多樣化和多元化的原理(principle)。」[57] 再加上上文所說，「自由」的意思就是「完全成為自己真實之所是」，故此我們便可以說終末的聖靈會為萬有帶來真正的自由，這也就是聖經所言「主的靈在那裏，那裏就得以自由」的意思。

根頓又指出新約非常強調以終末性的向度來看聖靈的工作與行動。例如保羅曾說過：「祂又用印印了我們，並賜聖靈在我們心裏作憑據。」(林後一22)「憑據」原文是「訂金或預繳部分款項」(down-payment)的意思，意即聖靈當下的在場乃為將來的日子到來前先作預工並擔保將來的日子必定來到。保羅另外又提過：「我們這有聖靈初結果子的。」(羅八23)即是説到終末的日子聖靈所結全部的果子就會成熟。在使徒行傳中五旬節聖靈降臨的事件被描繪為約珥先知終末性預言的應許。另外在下列經文中又提到聖靈在當下已經預先作出上帝在終末的日子才會有的行動：包括審判(約十六8；路三16～17)；得贖或得著兒子的名分(羅八章)；賜下各樣屬靈的恩賜(包括最大的恩賜——愛)(林前十二至十四章)。[58] 上述幾段描述聖靈終末性行動的經文都有一個共通點：就是聖靈在當下此世為將要臨到的終末日子先作預工(anticipation)，既為預工，終末就不會對此世持完全否定的二元論的態度。根頓正要透過這些經文批判一種二元論式的時間觀及終末論，在上帝的經世活動中，聖靈的工作或行動原來並非要貶抑當下這個具體的時空世界而高舉非時間性的他世彼岸，而是「在時間中實現將來要臨到的日子所需的各種條件。」[59] 聖靈成為此世時間與終末永恆貫通的中介者，在此時此地，聖靈已不斷對墮落的受造世界進行轉化與更新的工作，藉以迎接那應許在終末的將來整個受造世界全然成聖的完全實現(perfection)。

十、聖靈是耶穌體現其真正人性的終成因

回到人的自由的問題，按上文的講法，真正自由的人就是一個能夠合乎上帝創造目的的人，即是要成為一個能實現上帝所要求的真人性的人，這真正的人性在那裏可以找得到？在人的自身生命之內？不！聖經告訴我們：「基督本是神的像。」(林後四4)惟有基督才有上帝真正的形像，也

惟有耶穌基督才是完全的人，具有完全真正的人性。因此，如果說人乃是按照上帝形像被造，而基督又是上帝最完全的真像，何況對根頓而言，創造又是在時間裏持續進行並朝向終末的將來才完成的話，則我們這個扭曲了上帝形像的罪人(即不自由的人)，便要透過上帝在基督裏的恩典，使我們與基督聯合，在基督裏成為新造的人，效法基督具有完全真人性的樣式，得以實現上帝在創造的目的中期待我們最終要成為的具有真正人性的人。當然這個成為上帝真正形像的自由人的過程，需要倚靠那位塑造人生命並賜新生命的聖靈從外而來的幫助，而在終末的時候才完全實現。如聖經所言：「我們既有屬土的形狀，將來也必有屬天的形狀。」(林前十五49)「主就是那靈；主的靈在那裏，那裏就得以自由。我們眾人既然敞著臉得以看見主的榮光，好像從鏡子裏返照，就變成主的形狀，榮上加榮，如同從主的靈變成的。」(林後三17～18)

不過以上的講法還是基於以下的立論才能成立，就是我們首先必須回答兩個問題：第一，說耶穌具有完全真正的人性是甚麼意思？第二，耶穌如何成為真正的人？對根頓來說，必須扣著聖靈作為創造的終成因這種觀點才能處理上述兩條關於耶穌的完全人性的問題。且看以下一段文字：

> 如果聖靈是創造的具終末性的終成因，從這種說法的角度而言，我們必須怎樣言說耶穌的人生經歷呢？正如我們之前所討論過的……聖靈獨特的工作是藉著基督去使創造得以完全。基於此，聖靈跟耶穌有關的任務就是要成為祂的人性的終成者(the perfecter)。[60]

根頓一定不會贊成牟宗三聲稱人能夠以其智的直覺來體現人自身的無限性與自由這種主張，因為他甚至認為道成人身的上帝（即耶穌基督），也並非倚靠那種原本潛藏於自身之內的智的直覺來完滿實現其自性或將其真人性呈現出來，而是倚靠來自聖靈這位他者的他力，存在於一種跟這位他者共存的含有他異性的關係中，被聖靈這位格建構而成為其自身之所是。正如上文所言，聖靈扮演著使耶穌的人性完全實現的終成者（the perfecter of Jesus' humanity）的角色。聖靈作為這樣一個終成者最重要的任務是要完全實現耶穌的人性，令耶穌成為「一個與我們本體相同的人，只是他沒有犯罪。這句話其中部分的意思，是表明他像我們般是獨特的，是一個被決定的人，正是被他所來到的世界之歷史和社會，以及遺傳基因所決定的人。」[61] 而聖靈作為耶穌人性的終成者的任務正是要賦予耶穌這種獨特性，所以聖靈就是使獨特性得以實現的靈。此外，值得留意的是，聖靈作為耶穌人性的終成者這工作是在耶穌身處這個時間世界中，在其隨時間變化的人生經歷中發生的。

十一、總結

從表面上來看，牟宗三和根頓的相近之處，就是兩人都從最終能實現或完成的真實人性之所是這個目的來談論人的自由，但這個兩人表面上共通的地方正是彼此最相異之處。簡單來說，兩人對「甚麼才是人的真本性？」及「如何讓真本性呈現出來？」兩條關於人性觀的問題在根本處已有截然不同的看法。牟宗三將整個問題的形而上基礎安立在人這道德主體之上，不能離開人這道德主體的德性之知的澄明朗現這種內在超越性來談人的真本性及自由。但根頓從根本處即不能離開那位神聖的他者－上帝來談人的真本性，就算道成人身的耶穌的真正人性與自由，都並非倚靠內在於祂自己有一智的直覺而得以自我實現，甚至耶穌也要藉著聖靈這有別於自己的他者作為其真正人性的終成因，何況我們這羣有限的人哩！這異於我的他者已為我立了一個界限，這界限所製造的空間或距離，可使我對自己作出限制避免將自我無限化而將他者吸納和同化，這種位格性空間（personal space）的觀念便是能使各自是其所是的先決條件。換言之，根頓從自我的自限而騰出位格性的空間來講人的自由，這一種自限的自由，跟牟宗三從自我的無限性及超越性來講人的自由又是很大的差別。

此外，牟宗三和根頓另一個分別處在於前者所講的自由屬於一種非時間性的自由，而後者則強調必須在時間的向度下才能講人的自由的實現。當牟宗三借助亞里士多德的目的因的觀念來闡釋其道德的形上學的時候，由於他所講的「目的因」不是從「將來」這時間的向度來理解，而是朝著具有無限的、「非時間性」的永恆意義的本心仁體這形上實體的方向去講，「目的」因而並非一個時間性的觀念，卻只是一個本體論或形而上學的概念。亦基於此，由這種智的直覺所呈現的無限與自由必然是「無時間性」的無限與自由。然而，根頓所講的終末性的「終成」，則是一個時間性的觀念，而且這終末將來的時間不是人的時間，而是屬於聖靈這終成因的時間，這種屬天的時間所帶來的是終末性的超越，是一種「舊事已過，都變成新的了」的超越，是使人成為「新造的人」的超越，[62] 這也就是最終要完成的真人性，也是人最大的自由，這自由亦是上帝在基督裏藉著聖靈在終末的將來終成的真自由。

註釋：

1 本文曾於二〇〇五年香港神學教育協會週年大會的學術研討會中發表，承蒙鄧紹光博士對拙文提出具啟發性的批評意見，本文參考其意見後作出部分修改。

2 John Macmurray, *Freedom in the Modern World* (London: Faber & Faber Limited), 167.

3 Macmurray, *Freedom in the Modern World*, 170～171.

4 牟宗三主講，盧雪崑錄音整理：《四因說演講錄》(台北：鵝湖出版社，1997)；牟宗三主講，盧雪崑錄音整理：《周易哲學演講錄》(上海：華東師範大學出版社，2004)。亦參考氏著，《現象與物自身》中關於「自由」的看法。

5 牟宗三主講：《四因說演講錄》，頁21。

6 牟宗三主講：《四因說演講錄》，頁19。

7 牟宗三主講：《四因說演講錄》，頁18～20。

8 牟宗三：《四因說演講錄》，第一講，頁7～13。

9 牟宗三清楚地將「道德的形而上學」(Moral Metaphysics)和「道德底形而上學」(Metaphysics of morals)區分出來，前者主要的研究對象是形而上學本身，以道德價值的進路切入探究本體界。後者則是對道德問題作形而上的研究。

10 《易傳》乃是戰國以來對《周易》(即《易經》)作系統性解釋的著作，共十篇，又稱十翼。《易經》是儒家的經書，且居五經之首，足見易學與儒學之緊密關係。牟宗三認為易學可分兩路講：「就易經之卦爻象數而講成自然哲學是往下講……但就作為孔門義理的易傳而講儒家的道德形上學，則是往上講。」「至於就經文而正視易傳，把易傳視作孔門義理，以形成儒家的道德形上學，這是吾後來的工作。」參牟宗三：《周易的自然哲學與道德函義》(台北：文津出版社，1988)，頁6。對於《易傳》屬於儒家哲學傳統的看法，陳鼓應提出截然不同的觀點，他認為《易傳》的哲學思想屬於道家，與儒家無關。參陳鼓應：《易傳與道家思想》(北京：三聯書店，1996)。

11 牟宗三：《四因說演講錄》，頁21。

12 牟宗三認為西方人從生理、心理、物理的角度去講人性就是接近這個「氣性」傳統的講法。參牟宗三：《四因說演講錄》，頁36。

13 牟宗三：《四因說演講錄》，頁23。

14 牟宗三：《四因說演講錄》，頁24。

15 乾彖對乾卦有以下的解釋：「大哉乾元！萬物資始，乃統天 … 乾道變化，各正性命，保合太和，乃利貞。」朱熹將「乾元」注釋為「天德之大始，故萬物之生，皆資之以為始也。」

16 坤彖對坤卦則有以下解釋：「至哉坤元，萬物資生，乃順承天。坤厚載物，德合無疆；含弘光大，品物咸亨。」朱熹的注釋為：「此以地道明坤之義，而首言元也。至，極也，此大義差緩。始者氣之始，生者形之始，順承天施，地之道也。」

17 牟宗三主講：《周易哲學演講錄》，頁12。

18 牟宗三主講：《周易哲學演講錄》，頁13～14。

19 牟宗三主講：《周易哲學演講錄》，頁12。

20 牟宗三：《四因說演講錄》，頁21～47。

21 牟宗三：《現象與物自身》(台北：學生書局，1990)，頁91～92。

22 牟宗三：《現象與物自身》，頁101。

23 牟宗三：《現象與物自身》，頁92。

24 牟宗三：《現象與物自身》，頁98～99。

25 牟宗三在《從陸象山到劉蕺山》中亦如此說：「良知明覺是吾實踐德行之根據，就物言，良知明覺即天地萬有之存有論的根據，故主觀地說，是由仁心之感通而為一體，而客觀地說，則此一體之仁心頓時即是天地萬物化生之源。」參氏著：《從陸象山到劉蕺山》(台北：學生書局，1979)，頁241。

26 牟宗三：《現象與物自身》，頁103。

27 牟宗三扣著良知明覺這仁體來講「無執存有論」，但他亦明白見聞之知的重要性，尤其是講一個社會需要發展民主與科學的時候，就不能不講感性和知性，而「良知的自我坎陷」就能使德性之知轉成見聞之知，從無執轉到執，所以從「良知的自我坎陷」來講，就是「執的存有論」。

28 牟宗三：《現象與物自身》，頁112。

29 Colin E. Gunton, 'The Spirit as Lord: Christianity, Modernity and Freedom', Andrew Walker (ed.), *Different Gospels* (London: Hodder and Stoughton for the C.S. Lewis Center, 1988), 75.

30 Colin E. Gunton, *The One, the Three and the Many* (Cambridge: CUP, 1994), 32.

31 Gunton, *The One, the Three and the Many*, 31.

32 Gunton, *The One, the Three and the Many*, 71.

33 Gunton, 'The Spirit as Lord: Christianity, Modernity and Freedom', 76.

34 Gunton, *The One, the Three and the Many*, 29.

35 Gunton, 'The Spirit as Lord: Christianity, Modernity and Freedom', 76.

36 根頓所稱的現代性的矛盾對立是就著下列出現在西方現代社會的現象而言：既有成功的一面又有庸俗與破壞性的一面；既相信進步又瀰漫悲觀消極的氣氛；既鼓吹自由民主又深藏專制暴弱的意識。參 Gunton, 'The Spirit as Lord: Christianity, Modernity and Freedom', 74, 76.

37 Colin E. Gunton, 'God, Grace and Freedom', Gunton ed., *God and Freedom: Essays in Historical and Systematic Theology* (Edinburgh: T&T Clark, 1995), 122.

38 Gunton, 'God, Grace and Freedom', 122.

39 Gunton, *The Promise of Trinitarian Theology*, 11.

40 Gunton, 'The Spirit as Lord: Christianity, Modernity and Freedom', 83.

41 Gunton, 'The Spirit as Lord: Christianity, Modernity and Freedom', 83～84.

42 Colin E. Gunton, *Becoming and Being: The Doctrine of God in Charles Hartshorne and Karl Barth* (Oxford: Oxford University Press, 1978), 195.

43 Gunton, *The Promise of Trinitarian Theology*, 113.

44 Gunton, *The Promise of Trinitarian Theology*, 147.

45 Gunton, *The Christian Faith*, 11.

46 Gunton, 'The Spirit as Lord: Christianity, Modernity and Freedom', 81.

47 Gunton, 'The Spirit as Lord: Christianity, Modernity and Freedom', 82.

48 參Gunton, 'The Spirit as Lord: Christianity, Modernity and Freedom', 81；另參 Gunton, 'God the Holy Spirit: Augustine and his successors', 105～108.

49 Gunton, 'The Spirit as Lord: Christianity, Modernity and Freedom', 81.

50 Gunton, 'God the Holy Spirit: Augustine and his successors', 122.

51 愛任紐在其針對諾斯底主義的著作《反異端》(*Against the Heresies*)中寫道：「神也不需要天使來創造祂所預定要造的，因為祂親手創造。因為道與智慧那就是聖子與聖靈，常與祂同在。祂藉著聖子與聖靈，自自然然造了萬物。祂也對聖子與聖靈說：『我們照著我們的形像，按著我們的樣式造人。』(創一26)神親自從祂自己取來受造物所有的本質，造成萬有所有的樣式和世上所有美的意匠。」(《反異端》第四部二十章一節)又說：「因為人由神的手，即是聖子和聖靈，照著神的形像受造，乃是整個的人，而不是部分的人。」(《反異端》第五部六章一節)

52 巴西流在《論聖靈》中如此說：「聖父是一切受造物的根源性原因；聖子是創造性原因；聖靈則是那終成因。」引自 Colin E. Gunton, 'The Spirit Moved Over the Face of the Waters: The Holy Spirit and the Created Order', *International Journal of Systematic Theology*, vol. 4, no. 2(2002), 195。

53 Colin E. Gunton, *The Triune Creator: A Historical and Systematic Study* (Edinburgh: Edinburgh University Press, 1998), 12.

54 Gunton, *The Christian Faith*, 19.

55 Colin E. Gunton, *Yesterday and Today* (Grand Rapids: Eerdmans, 1983), 122.

56 Gunton, *The Christian Faith*, 119.

57 Gunton, *The Christian Faith*, 14.

58 Gunton, 'God the Holy Spirit: Augustine and his successors', 119～120。

59 Gunton, *The Promise of Trinitarian Theology*, 50.

60 Colin E. Gunton, *Christ and Creation* (Grand Rapids: Eerdmans, 1992), 50.

61 Gunton, *Christ and Creation*，41.

62 參林後五17。

第三部

根頓原作選譯

知識與文化

——朝向一個具體的知識論

根頓著　蔡錦圖譯

現代文化的特性

現代文化的多元主義（其中不少是在不同地方出現的）是一個迷思，這是從流行和惡化的角度來理解此字的（至少就西方而言）。表面上，現代生活多姿多采，但在表面之下，同質（homogeneity）的壓力卻實際上抵銷了它們。[1] 祈克果可能是首先提醒和描述現代生活的齊一化的人。他的生活和寫作都注重個人和歷史的特點——那是源自他對道成肉身這獨特事件的信念——有意識地抗衡上述的齊一化。在我們的時代中，他的預言大部分已經應驗了。文化的齊一化（levelling）和同質化（homogenization）的踐行者是大眾傳播媒體，以及它們所服務的那些人，那是大眾產品的經銷商。這過程的明顯象徵，是這些經銷商經常表示（對上述傾向保持默認或可能試圖隱瞞）要「個人化」（personalize）其產品，從而嘗試說服顧客，可是實際上所提供的非常個人化的特殊性（particularity）已被侵蝕。事實上，他們惟一的關注，只在於將個體視為一個消費者。

祈克果指控他當時的教會默許了（即使沒有積極合謀）這等甘於損失特殊性的齊一化過程。對他來說，問題的根源可以追溯至黑格爾的哲學，按照其哲學，在歷史中存在的獨特事物始終會被納入在理性的普遍化抽象之下。知識論——關於我們如何認識事物的理論——和在社會的生活實踐——我們如何一同生活——的發展攜手並進。獨特性迷失在抽象觀念中，個體人迷失在大眾社會中。黑格爾思想的這一面是源自啟蒙運動，以及在這之前希臘理性主義的模式，啟蒙運動由這希臘理性主義的模式中以其不平衡的方式建立起來。今天，普遍同意這個趨勢已經開花結實了。猖獗的個人主義(經常並正確地受到譴責)隱藏著一個更深層和更平衡的過程，在這過程中，多元主義的印象只不過是表面的，它只是壓抑個體性所佩帶的面具。

這些對我們文化的評論，雖然是有點泛泛之論，但我相信亦不會偏離社會普遍趨向的真貌太遠。結合這些評論的是一些信念——往往是不能辨別和毫無疑問的前設——關乎甚麼要知道的。某些問題在第二章中已由瑪麗·米奇利(Mary Midgley)處理，她說出了這等設想對我們生活方式的影響。然而，本章的特定目標是要處理潛在的知識論向度，並且揭示我們對於我們如何認識人物和事件的假設和前提。當然，過分著重社會的理智決定因素，乃是學術思維的弱點，彷佛我們所有問題都是源自哲學的錯誤。然而，沒有作出這樣的宣稱，它卻可以某方式繼續肯定知識是我們的社會和文化發展的一個重要元素，而且這對那些宣稱只藉理性而活的一個〔啟蒙運動〕的繼承人尤其重要。幸運的是，我們現在開始察覺到啟蒙運動知識論留給我們文化的這個有害遺產。我將會在本章中嘗試致力描述現今的狀況，而不用訴諸於已經標示路向的不同註釋者，但我必須引用他們其中一個提到知識論及文化之間的直接關係，作為討論的開始。

我們感激波蘭尼的，不僅在於他指出了啟蒙運動如下的假設：即知識和全權主義意識形態(totalitarian ideology)之興起彼此之間的關聯，更在於開啟了我們的概念的基本轉變，以致可以擺脱這些關聯。[2] 波蘭尼在認識者(the knower)和被認識者(the known)之間發展了一個**關係性**(*relational*)而不是一個客觀化(objectivizing，或譯對象化)的概念；換言之，他強調我們對人或事的認識，首要的是我們與其的關係，然後才是我們對他們的認識。理性的、概念性的知識，總是透過相識(acquaintance)而產生，這樣便反映了我們人類在宇宙的處境之特性。由於我們是作為宇宙的住客而認識我們的宇宙，而且因著我們是與它有具體的關係，我們透過運用我們的智力和其他能力，可以開始發展我們某些知識的描述。即使是較理性和抽象形式的知識也不例外，它們都不離我們每天與現實互動的具體模式。相對之下，它們〔不同形式的知識〕彼此間有一連續性，因為它們是源自一個具體的關係。內住(indwelling)就是其中一種具決定性的概念。我們不是站在現實世界之外，好像從一個上帝似的遠距離去思量實在(reality)——「客觀主義」(objectivism)，而是我們居住在世界中，成為其中一部分去思量這世界。所有知識均來自關係，也是關係所起的的一種作用。

杜倫斯教授建議，內住的隱喻是源自它在約翰福音中的用法，當中聖子居於聖父之內，信徒居於基督之內，而聖靈居於他們之內。若然的話，那麼在我們面前的，已經是福音對我們文化在歷史中影響的一個例子。這帶來了另一個有趣的推測。經常有人認為，現代科學的發展是由於基督教的創造論而可能的。那可以説是福音對文化的影響的一個非凡例子。可以説，那些似乎十分「世俗」的學科，其基礎是神學性的多過他們所經常以為的。不過，這樣的一個論點會帶領我們往何處去？我們可以發現福音對現代文化發展的歷史性果效的例子。然而，福音的歷史性果效已經完成其工作，它們現今會否變得多餘？我們在本章所關心的不是要追溯歷史的因果性（historical causality）（不論那是多麼有趣），而是探尋福音對於知識論，那就是，對於我們的知識的理論或科學，以及其基礎與假設，究竟有多少貢獻。

宗教哲學的多元主義與化約主義

我們提過，現代文化（當對多元主義提出要求時）傾向把特殊性齊一化，並且把人類的種種經驗同質化。相同的趨勢同時可以見於那些把宗教和宗教知識理論化的人，而這需要稍微詳細地說明，那是十分重要的。我們將會透過參考希克（John Hick）的作品來說明，他是最清晰和最卓越的講解者之一。

希克的宗教理論（就像其他多元主義的理論）在許多方面都恰好是其主張的反面。[3] 或許，它最好被理解為啟蒙運動理論的一個版本，那是潛在於所有宗教中的理性宗教之一，按這理性宗教，其他宗教都可以被評價和淨化。希克進路的一個特徵，便是其對特殊性的否定或有效地取銷。他寫到基督教的許多事情，包括一種對基督教的簡化閱讀，這削弱或軟化了它讓人感到冒犯的特點，特別是贖罪的教義。這是一個宗教同質化的例子，它最想要做的是將不同信仰約化成一種最小公分母。

類似針對希克的論題的一般論點，已經常被提及。我們在此所關心的，是他的理論系統所強調的知識論理論。正如他所說的，那是康德主義的一種形式（頁240ff.）。康德的知識論（就像希克想發展論述宗教經驗的知識論一樣）是一種可以將人類認知的各種形式歸納入一個共通結構中。這就像柏拉圖的知識論，認為所有人類思想所產生的概念是與世界的本相相符應的。然而，康德(儘管他差不多完全相信牛頓科學解釋實在部分的能力)在認識世界本相的可能性一事上，比柏拉圖更不可知。世界在其本身是不可知的，但透過一些方法，它會在認知者的感官上產生影響，然後其思維藉著康德所謂的一種普遍和不變的概念結構，整理這些現象成為一種可理解的形式。那是說，思維提供概念，若沒有這些概念，就不能合理地對經驗加以整理。概念對於每一理性思維是同一的，而且它們是我們將秩序加諸於那些呈現其自己於我們經驗之中的雜多(manifolds)的現象之上。只有一條認識世界的路徑，那就是思維把概念秩序強加於其他未知的實在之上。

康德的哲學在其根本處有一非常強的懷疑論傾向，因為它認為不是我們可以認識我們所居住的世界，而是我們的心思可以在有限的方法下，整理世界的表象，這世界實際上是有別於認知者和不可知的。這種知識論，並非建基於我們跟那我們所身處又為我們宣稱能認識的世界的關係之上，而只是把它視為一件東西，一件與我們保持必然的距離的機械性對象而已。它至終把所有知識縮減為一個單一的模式。人所共知的是，康德崇敬牛頓，或許在其物理學所開拓的新世界的角度下可以被理解，不過結果可以是化約主義(reductionism)，可以迫使所有知識的形式變成單一的模子。假如有一個宣稱未能符合機械物理學的模式，這樣一個觀點就可能要被視為沒有被確立的理由。艾爾(A. J. Ayer)最近的訃告已經提醒我們這處於教義之下的意識型態，使得倫理學、美學和神學實質上是沒有意義的，因為它們不能符合一套教義式和先驗式的標準，這標準指出關於世界的本相，孰真孰假。我們必須說，康德的知識論是錯誤的。希克(十分倚重康德）作出謹慎而有保留的宣稱，認為「康德的主要論題（識別出思維對感知環境的特性所作的正面貢獻）已經大大地在認知心理學和社會心理學，以及在知識社會學的現代著作中，被肯定為一個經驗性的論題」。[4] 不過，這個論題的中心，正如以上所述和被希克所修正者，事實上在哲學的許多方面備受攻擊，包括倫理學、[5]科學哲學，以及許多後維根斯坦式（post-Wittgensteinian）哲學。[6]

希克在他的宗教知識論中十分倚重康德，藉此回答下述問題：「我們怎樣認識上帝？」那是集中於康德區分「實相本身〔the Real *an sich*〕與實相作為不同人類羣體的各類經驗與思考」（頁236）。[7] 結果，這只是一個淺薄的多元論者：根本其實是約化論者（reductionist）。它集中於資料性的內容，而不是人與世界或與上帝之間的關係。按照希克，我們經驗實相（the Real）正如康德學派經驗世界一樣，「通過從外在的實在把資料輸入，由思維根據其本身的範疇圖式而被詮釋……」（頁243）。再一次，就像康德的知識論，實質上它似是而非（paradoxical），因為它聲稱資料是來自實相的，但同時實相不能提供任何關於自身的實際知識。它甚至把不同的宗教形式並置一起，但不同形式的宗教既有把實相想成是有位格的，也有想成非位格的。藉著建議兩個不同的概念是互補的，希克排除了人類可以就這個世界的本質提出核心問題的可能性，不論這世界是有位格創造或非位格過程的產物。這是把問題約化為不是關於實在的，而是關於人如何經驗世界的方法。我們甚至會透過矛盾的方式經驗真實，儘管如此，我們正在經驗的仍然是這個實相。希克下了合乎邏輯的結論：「我們不能（正如我們所見的）說，實相本身已經透過它自己的彰顯，顯示它所擁有的特性。……不過它仍然是這些特性的本體性基礎(noumenal ground)」(頁247)。那是說,我們知道那些現象(我們所感知的東西)會以某種底層的實在作為其基礎,不過我們不能找出關於那實在的特性的結論。在這樣的一個基礎上,如果從假設上(*ex hypothesi*)沒有關於實相的知識,就難以見到我們怎樣知道有一個在現象底下的實在存在了。

在這個觀點上,我們所擁有這等對上帝的知識,就把祂當成是一個知識的客體(an object of knowledge),可以被我們思量,多過作為一個存有(the Being),我們可以與之互動,並且可以與之關聯。我們的語言是**從外**描述一個超驗的(transcendent)、實質上是不可知的實在。信心(完全不是指個人信靠的一種表達)成為一種差不多完全是理性主義者和客觀主義者的概念。希克認為,在閃族傳統中(那是信心的主要來源):「一般認為信心是命題式的信念,那是不用確證的(unwarranted),或只需以證據來部分確證的」(頁158)。這樣的定義有啟蒙運動的語調(因著它對證據的要求),而忽略了最近提出的論據,就是把甚麼當作證據是主要取決於所檢查的主題。信心的觀點與命題在大體上特性相符,這樣的看法非常類似啟蒙運動的觀點,即有一個真正的宗教(理性的宗教),在這亮光下,不同宗教的所有獨特性,除了是一個中心真理的不同版本之外,最終是沒有關係的。事實上,希克的宗教理論可以說是把啟蒙運動瓦解為唯心主義(idealism)。

多元主義、一元主義與想像

我們已經稍為深入探討過希克的宗教知識論,原因不是為了爭論,而是因為當我們查考希克所採取的方法以達至其立場時,我們就可以開始分辨可行的選擇。這裏的關鍵是在於，在知識論中，任何事物都是取決於所定的標誌。一個定位或表達的微小變化，往往會導至一個最終廣闊意義的改變——在混沌理論（Chaos Theory）中這是被稱為蝴蝶效應（the butterfly effect），據此，原初條件的微小區別，可以產生整體的龐大差異。同樣地，當希克向他自己的宗教理論邁進的時候，他是極為傳達他的起點：感知(perception)為「經驗為」(experiencing as)。我們沒有感知一棵樹，我們只是經驗到某一稱為樹的對象。好像在認識那些樹的情況中，實際上它們沒有任何自由，去左右我們怎樣經驗它們。雖然我們有時犯錯，但普遍而言，一般的感知都是直接的事情（頁140ff.）。

然而，下一步是認為宗教經驗是一種「經驗為」，在其中我們經驗實相的方法是有更多自由的：

> 在批判實在論（critical realism）的形式中，我主張在宗教的知識論中，解釋的元素比在感官認知中應扮演更大的角色——因此，相對於那在問題中具有更大和更有價值的實在，我們維護了認知的自由（頁175）。[8]

上述情況是，感知的理論在某程度上將某些比重（雖然相對細微）放在主體的貢獻上，陷入一個徹底的宗教認知的唯心理論，在其中主體實際上貢獻了所有知識的內容。這種唯心論的溜向，首先是透過著重思維在普遍經驗中所扮演的角色，然後是強調其在宗教經驗的詮釋上之重要性。在經驗一棵樹作為一棵樹中，思維是有作用的，卻是不多。在宗教中，主體的貢獻變得較大，結果實際上沒有為宗教教導提供任何認知的內容；只有這樣，所有宗教在不同的詮釋下，得以某些不具體的方式，指向單一**未知**的實相。(故此，當「批判實在論」認為我們對實相一無所知的時候，實在難以想像它為何可以恰當地有此名稱。)

一個人可以承認，康德式論題認為經驗實有賴於思維所提供的概念才能被詮釋，然而當原初條件被理解的方式出現變化，其結果可能會帶來一個非常不同的知識論。在此，我回到在原初條件的微小改變所造成的巨大分別上。換言之，那是有可能就康德派對事物的觀點作出重大的讓步，然而在一個不同的處境中，卻出現了一個徹底不同的知識論。或許這方面的最佳例子可以見於愛因斯坦的信念，即科學概念「是人類智力的自由創作」，[9] 顯然這是嚮應了希克的上述觀念。然而，愛因斯坦與康德之間的立場是有差異的，結果完全不同，以至愛因斯坦相信我們的概念以某種方式**如世界之所是**(*as it is*)地描述世界，而康德則認為它們只是將**呈現在思維裏的世界**(*presented to the mind*)來描述世界。其中一點差異可見於以下的事實，即按照愛因斯坦的觀點(與康德不同)，這些概念「既不能被智力的本質或任何其他樣式的先驗證成」；它們也不能「從感官經驗歸納得到」。[10] 我們沒有方法證明選擇一組觀念比另一組更正當的，不論是在邏輯的根據上或感觀的經驗上。它們是**自由**的受造物，並不是思維結構的一部分，也不是以理性來定性這個世界的。我無意在此視愛因斯坦為一個普世的權威。我引用他，只是為了提出一個成功的現代知識論例子，它並非可以被套入以下任何一個由啟蒙運動思想家所倡議的模式中，不論是所謂理性主義者和經驗主義者，或康德式的「中間路線」。無論如何，愛因斯坦的知識論就像康德一樣，容許概念由思維所供應。

另一個差異，可以在說明概念如何成形，以及它們如何被證成的描述中找到。在此，柏拉圖與康德的進路之間的對比是有啟發性的。柏拉圖的理論認為，概念是在永恆中、時間進程之外被認識的，而哲學的任務是藉著一個回憶的過程回想它們。康德認為，它們是非時間性地被寫進人類的心思中。他們兩人都沒有給思維在發展概念中有任何自由。柏拉圖和康德一樣，從不變的結構和概念中尋找哲學的確定性。那正是他們的失敗之處。我想指出，這些思想的錯誤，是把僅在知性上對人類理性作出的貢獻，從如下的廣闊觀念中抽離出來：一個植根於時空中似的實在關係。它們尤其忽視想像力(imagination)對知識論的貢獻。

想像力是我們不難使用的用語之一，卻是難以作出簡單的定義。在詞源學上，恰當來說，它必然與形像創作有關。當思維產生世界的形像時，那是就最能顯明其工作。這功能是十分顯著的，那是註定容易落入把語言當作為以某些直接的方式直接地把世界影像化或圖像化。即使如此，它也有其價值，它提醒我們想像乃是再現那物質的世界，而且可以說，再現了我們與世界之關係的具體化的特性。它顯示，我們一切的思想是始自我們跟物質世界的具體相識，我們被安頓在這世界中，而且我們是其中的一份子。世界上是沒有脫離肉體的理性的(discarnate rationality)。這跟純粹理智的目標構成對比，這純粹理智是從柏拉圖到康德，並在他之後直至現代的約化主義的。沒有非具體的知識(disembodied knowledge)，因為我們產生概念的能力是來自我們跟世界的肉身關係(bodily relation)。

最能說明爭論的這一端的，是隱喻在知識提升中所扮演的角色。現今廣泛地接納，差不多所有智性的發展是以隱喻的方式發生的。新知識以新的言說方式發生而出現——舊語言的新用法——這些言說方式是由思維與現實的互動所塑造的。我並不打算在這裏開展關於隱喻最新思考的詳細解說，雖然現今有相當多文學作品顯示隱喻不只是裝飾，而且更是一種必須的方式來清楚表達實相的情況——若用博伊德(Richard Boyd)的話表達，那是「在其接縫處切割世界」。[11] 根據我們的目標，重要的是指出隱喻——自由和自發想像的產品——不是透過反映(imaging)而得出的映像(image)，或更確切地說，是間接地反映出映像。隱喻是由世界的另一部分解釋這一部分的工具，那是一個由字詞指涉與描述的記號，字詞並非直接反映，卻是藉著想像性地超越語言的反映力量。

然而，那不是說，想像性的功能只限於那些明顯呈現為映像或它們的衍生物。最深奧的數學系統以或這或那的方式成為想像的產品。那是愛因斯坦訴諸於自由的論點之一部分。在產生它的意念中，思維因著一個創造性跳躍而超越了它以往的成就。當然，那是與物質的世界仍然有關連的，正如黎曼(Riemann)在十九世紀對曲線空間的幾何學的發展一樣；不過，純數學卻是從物質存有獨特的特性中抽象而成的。當我們說到想像在純數學、哲學性、推測性或音樂性組合時的使用，我們是指到人類智慧的創造力，這些創造力所產生的(有時是自發的，有時殫思極慮)作品，是不能預先預料到的。哥拿烈治認為，在這方面，想像力追隨創造者而反映其工作。在此我們需要記住，在一切人類的創造力中，聖靈所給予的靈感概念和自由空間的觀念(以托爾金〔J. R. R. Tolkien〕的用語「次創造」〔sub-creation〕較能描述)。在此我們也要回到愛因斯坦的論點，就是觀念是自由創造，意即它們是可讀的，既不是來自人類的思維，也不是直接源自真實。**然而，在或這或那方法下，自由創造被發現為反映存有的結構**，正如黎曼幾何學(Riemannian geometry)的方式，它獨立發展，卻為愛因斯坦的物理學提供了一個數學工具。那是說，所有知識都是創造者聖靈的禮物。

因此，本段論證的結論是人類的理性想像見證了關於存有的奧祕的基本真理。在此所建議的，既不是柏拉圖主義者，也不是康德主義者的取向，開始接納存有的神秘性和開放性。想像力見證著一個事實，即人類認知是限於地上的，同時在這有限中，它有能力去超越這界限。柏拉圖主義者和康德主義者，還有經驗主義者，他們的知識論一樣，透過在純理性上或有限範圍內(在其中，也只有在其中，才有安全和肯定的知識)無用的嘗試，試圖逃避或避免那界限性。[12] 它們是注定失敗的嘗試，追求無誤，那是只有神才可以得到的，而且在否定神的自由聖靈在所有人類發現的中心位置上，也是註定失敗的。這樣說不是要在原則上反對這些知識論理論所代表的事業，因為我們一定要推斷和試圖説出甚麼是我們人類境況的普遍特質。那是我們人類理性的本質。所有類型的理性主義的錯誤，就是它們否定一切我們人類的科學和思想系統的物質基礎、特殊性、自由和可錯性(fallibility)。

知識論與位格化的優先性

在這一節中，我試圖指出，我們完全不是要向現代文化形式恭恭敬敬，尋求協助，反之，基督教神學從一個強烈的立場提出一個理性的模式，從而對我們文化所面對的許多難題投下亮光。(我們已經見到，它可以被宣稱實在有助塑造西方的文化。)若要這樣做，我們將會以某種方式訴諸於特殊性，而它是直接與希克教授的理性主義形式的唯心論基礎相反的。原因是，儘管它在發揮其潛力上經常失敗，基督教思想卻有資源去超越現時在客觀主義與唯心主義，以及個人主義與集體主義之間所出現的「對立並存」(coincidence of opposites)的交替。

基督教神學是建基在歷史中的，這便為一種將別殊與普遍、想像／具體與理性的整合多於疏離的知識論提供了基礎。科克倫(Charles Norris Cochrane)在研究基督教與古典思想的關係時也曾提到這一點。基督教神學由於結合了精神與物質，便為科學提供了基礎，那是頹廢的古典主義所不能做到的。[13] 正如黑格爾後來承認的，這樣整合的基礎可以在基督論中找到。上帝與人是在一個獨特的歷史事件中被連結在一起的，而這歷史事件正好作為一種特殊(歷史性)與普遍(上帝)的知識論上的綜合的基礎。黑格爾的方案是在福音的基礎上對現代文化作出更新；是本書關心福音與現代文化關聯的一個重要的先驅。按照黑格爾的觀點，特殊要立即被維護和高舉至一個處於哲學性的綜合中較高和普遍的水平；基督教福音改變了西方文化。正如我們見過的，祈克果有很好理由發現這個方案是會失敗的。綜合(synthesis)不但沒有高舉特殊(particular)，反而是廢掉了它，之所以如此，乃在於試圖除去那些正正需要想像性地表象的特色，而這種想像性的表象(imaginative representation)正正能使特殊成為其所是。對於這種情況若要作出神學評論，可以說基督論已被某類理性主義的聖靈論所淹沒。聖父、聖子和聖靈沒有維持祂們作為位格的實在，聖父與聖子卻只不過是理性之靈(the rational Spirit)在走上最後自我實現之路的某些階段而已。

在此，我們回到本章開始時的論點。現代文化的問題是它對特殊性的廢除，尤其是消除了獨特的人。於是，我們對黑格爾的批評問題，就讓我們集中問：哪裏可以找到一種知識論——一種關於認識的普遍理論——它能維持特殊者的實在，並以此作為這種知識論的起始點，以致最終不會把特殊者廢除？所需要的是一種知識論，那是藉著避免把特殊者廢除，以致將人類個性及其獨特價值和尊嚴整合到其自身之內。那被集體主義（個人特殊性的消滅）和個人主義（否定個人存在是在於與他者的具體關係）所破壞的乃是位格（person）。黑格爾認為正確的起始點是基督論，因為在此我們找到特殊者與普遍性兩者的存在。然而，我們如何避免落入他所跌進的陷阱？答案是把我們的方法建基在一個不同的三一神學上。正如我曾經指出，黑格爾的三一論基本上是以形態論式（modalistic）為方向的，在其中他的三位一體的三個位格並沒有終極的實在，而是按照某種意義的神聖存有的模態，彷彿它們是一個以神性本質作為底基的附帶現象（epiphenomena）。在這方面，黑格爾可算為西方傳統的一個真正代表，即自奧古斯丁時代以來已經發現它難以避免某種形式的形態論。

最能表明福音對知識論具獨特貢獻的事例，莫過於以具有創意和想像的理性為例，這種理性本質上仍然建基在具體性和特殊性之上。再一次，輕易地，我們可以藉著一個相反的觀點來建立我們的取向，並透過這種觀點，來對照我們自己的看法。希克在幾處地方表達了他對啟蒙運動個人主義的情義：

> 實相本身不能說是位格性的。因為若然如此，就會假設實相是永恆地與其他位格人有關。當這是自然可以想像之時，它構成了一個純粹的推測，而不是對可用資料的最經濟性解釋。由於這些包含了事實，就是只有我們所知道的位格（即是人類）是存在

的，……大約已有五萬年，但這就不能為實相預備一個永恆對話的伙伴。……(頁264)

這樣的主張不只假定了一個最核心和有趣的神學問題，也讓我們可以涉入另一個現代的神學趨勢，那似乎甚至比希克教授所代表的更具挑戰。我將會同時處理兩者。

第一個問題關乎是否正確地假定(正如希克教授在上述引文所做的)，我們所知道惟一的位格(persons)就是位格人(human persons)。由於我們已經藉著聖子並在聖靈裏與聖父建立了關係，故此我們能在人類之外認識位格，這豈非就是基督教福音所建基於的信念？因此，我們認識聖父、聖子和聖靈的神聖位格。不過，它是可以被反對的，這難道不是構成了一個從人的位格延伸到神性的位格，或從有限到無限的一個不合理的推論嗎？這裏所用的類比有何本質？在此我們必須回答，假如那是相信如下的看法：我們談及上帝的性情，只是因為我們經歷了人類的性情，然後我們把其投射於上帝，那麼這正是希克教授在上述所作的那種論據的立足點。鑑於某些宗教有一個位格性的神明，而其他則沒有，那可以說，關於神的性情的屬性，似乎並不是建基於一個共識。從宗教歷史的角度來看，鑑於上述理由，我們對於上帝是否具位格性仍是不可知的，正因如此，我們也未能確知離開了人類是否仍能對任何位格有所認識。

然而，若要理解這樣一個觀點，我們就要認識到，在這觀點底下乃是一種相當近期起源的意識形態(縱然在古代已經可以預期)，與此相關的思想家有費爾巴哈、馬克思和佛洛伊德，即關於上帝的語言，一般是源自投射在宇宙之上的那些擴大了的人類特質。在這樣的一個理論中，類比永遠是一個由下而上的閱讀過程。然而，近期普遍質疑這樣一種神學類比的概念，而對其批判是有兩類形式的。潘寧博認為，作為歷史，人的語言是從有限投射至無限的這種講法並非是真正的事實，情況恰好相反。按照他的觀點，位格的概念是源自一種對實在的宗教經驗。[14] 人類把性相歸因於它們，因為它們首先是在它們的神性中確認它。

從語言的本質中提出了一個不同的情況，卻有相同的結論。在一篇重要的文章中，懷特(Roger White)宣稱哲學家和神學家有一個珍貴的傳統，主張在神學性的語言學使用中有優先性。柏拉圖、阿奎那、巴特和維根斯坦等四位不同的思想家，全都對同一主題有不同的看法，那就是一個字詞的標準意義是神學性的，以及它的有限同義詞也是源自它的。假如你想知道一個字詞的意思，你必須首先關心它的超越性的使用(transcendental usage)，然後從此進至它對有限實在(finite realities)的運用。[15] 類比是由上而下工作的。於是，假如這兩個考慮放在一起，並應用於位格的觀念，那麼可以說，把我們對位格的知識限於人類這種做法是錯誤的。我們可以將位格的觀念應用於人類，因為我們稍微知道位格的上帝的本性。

在基督教神學的情況中，可以進一步主張，一種具特殊性的位格的神學，事實上是源自關於福音的思想。按照基督教傳統，我們與上帝的位格性關係，讓我們與創造者復和，藉著祂的「兩手」——聖子和聖靈——為基督徒對上帝的獨特理解構成基礎，這是有別於那些另類的看法；而且實際上它是對如希克教授所推薦的多元主義的公然反抗。然而，假如不用他的用語「純粹獨特的推測」(pure *ad hoc* speculation)，我們更喜歡某些像「以基督徒的崇拜和行動生活為基礎作出想像性和創造性推測」的字眼，我們可以反而認為，不只上帝是位格性的，這樣的一個信仰提供了基礎，以建立一個與別不同的，並且（在我們的文化中）深深需要的位格人的神學（theology of the human person）。

然而，在我們勾畫一個有可能的具體的知識論（那是源自對這樣的一種知識論的肯定）之前，有一個我們已經暗示的進一步趨勢是必須面對的。由於有一些立場是比我們曾經查考的遠更極端，在其中整個知識論的討論變成不相干，因為整個探索是弄錯了的。許多涉及神學的本質的所謂「後現代」討論——實際上還有其他學科和實踐——主張人類文化現象的全然多元性迫使得出如下的結論，即任何智性統一的工作是不可能的。因此，庫比特（Don Cupitt）曾經主張，「後現代性是影像和虛構的流動」，故此「真理是人社羣所產生的，是歷史裏所發展的，是多元和不斷改變的」。[16] 這意味著，完全不是在各種對立知識論之間作出一個抉擇，我們根本是浪費時間來討論知識論。

採取這等立場的一種方法，是藉著尋找它的智性來源，而我在此的討論，可以說有某些支持是來自前章討論的貝比（Begbie）博士。在我們於上文得見的亮光中，庫比特的立場顯然與希克教授的有某些關連，希克教授認為實相基本上是不可知的。假如實相不能被知道，那就最好省掉客觀實相（objective real）的任何概念。庫比特不再拘泥於康德立場的兩個特徵（這兩個特徵卻為希克所接納），這兩個特徵維持它的本質實在論（essential realism）和普遍性；換言之，庫比特不再相信終極（假如乃是不可知的）實在的存在，以及假設人類的認知具有普世的特性。後現代主義乃是康德主義所強調的主體性的一面，正如康德主義所主張的，乃是始於人類經驗的結構，瓦解成為個人主義，停駐於唯我論(solipsism)這界限之上。可以說，其中一個可能實現的結果，就是啟蒙運動對人類的確定性的尋找其實是一種幻想。後現代主義拒絕接納它，因為根本就沒有確定性存在，我們應該滿足於現今被稱為可錯的知識論(fallibilist epistemology)，這觀點認為即使我們察覺到我們可以並經常會犯錯，我們仍有權宣稱我們能認識。反而，後現代主義認為人類文化那些有限和歷史性的本質，沒有資格成為知識。然而，這正是回到人類認知可能涉及甚麼的這一問題。

我相信，庫比特所代表的觀點對於人類文明存在帶來最可怕的威脅。把其邏輯推到極端，它是認為最終我們全都困守於一類自我中心的隔絕中(一種自我中心唯我論的形式)，在其中人與他們的世界之間沒有真正的溝通，因為每一個個體至終與其他任何事物沒有關係。那是一個夢魘般的景象，反映了對自然的可信賴性(儘管對某些古老信念做成震撼，這仍然是西方科學假設的中心)的崩潰。更壞的是，在人類存在的羣體中，對倫理討論和行動的可能性的基礎，出現了信心的破產。那是笛卡兒和康德(以及他們之間的許多人)等人所主張的一個極端結果，他們認為如果我們想發現事物如何地真實，我們就應該轉向內在，轉向個體的經驗、思想和存在的本質。後現代主義的貢獻是説出了這個邏輯，並且顯示現代主義傳統的智性和道德墮落。

正如那段評論所暗示的，庫比特所作的宣稱遮掩了一個事實，就是他對現代文化的取向的解釋並非毫無異議。(他的立場有一個古怪特色，就是宣稱一個是有普世有效的理論，但這理論卻認為不可能有普世的規範或標準。)例如，富勒(Peter Fuller)已經出色地揭露了某些近期藝術的欺騙，[17] 而許多現代哲學，完全沒有接納語言哲學家及其繼承者的結論，而是回到某些類似其任務的傳統視野之中，正如(例如)麥金太爾(Alasdair MacIntyre)和克拉克(Stephen R. L. Clark)的著作所顯明的。事實是，正如甚至是最刺耳的後現代主義者所顯明的，任何討論或著作都不可能不假定了某些人類利益的羣體或某些邏輯的法則，兩者都是要在知識論理論的協助下加以探討的。更且，回到在本章的背景中一直要表達的主題，就是關於我們如何認知的理論會被結合於我們的知識(假如那是知識)，涉及我們是誰和我們所生活的世界的本質是甚麼。假如我們沒有討論知識論，也沒有發展一套有意識地持守的關於要知道甚麼的理論，那麼我們就會假設一個知識論，並且把一個隱藏的形而上學偷運入我們的理論中，即使這些理論本身是否定形而上學的。比較好的做法，是回到我們開始時所提過的我們對意義和真理的聲稱。然後我會以這種知識論簡要的大綱來結束，這種知識論之所以可能，乃是建基在那基礎的基督教宣稱之上，這宣稱是：藉著聖子和在聖靈裏，我們與聖父上帝建立關係，祂是一切的創造者和救贖者。

文章開頭時是這樣開始的，我們可以説，我們的知識論的基礎，是建立在一個具體的關係之上，一種藉著相識而得的知識。取代了資訊過程模式(information-processing model)，我們有的是完全相反的看法：首先在崇拜中(不過在其他關係中也是一樣)有這樣的一個宣稱，基督徒羣體藉著聖靈通過聖子被帶到聖父裏；或(同樣地，卻有稍微不同的重點)通過聖子和在聖靈裏被帶到聖父裏。我們可以説，那是我們在崇拜中所使用的典型字詞，好表達我們信仰中基本的實在一宣稱(reality-claim)。我們毋需要否定其他羣體宣稱他們所做的是在崇拜上帝，基督徒的宣稱是某些相當獨特的東西。

那就是相信世界是被上帝聖父藉著聖子和聖靈所創造和救贖，教會以獨特的行動和生活模式回應，那是她相信合乎她的信仰的。

在這樣的基礎上，我們可以説，正如科學理性地形構我們所居於的物質世界的特性，特別是數學上的形構，而神學就是藉著一種獨特的關係，即基督透過聖靈這中介者而內住的關係，對上帝的特性、人類的實在和世界所作的理性形構。上帝的教義是這等形構的中心：那是使基督徒的宣稱成為其所是的形態。在這樣的基礎上，它實際上是玄思性的，不過演化論和相對論的理論也是一樣的，都是理性想像的產品。換言之，某些關於上帝的普世宣稱是源自獨特的關係，敬拜者在其中找到他們自己，而且他們是藉著使用紀律性的理性想像（disciplined rational imagination）而達至的。那是有紀律的，因為它必不可以跟它所建基的關係相矛盾；但它也是想像性的，因為在聖靈的自由中它發展了這些概念——例如「位格」、「關係」、「共融」——它們促使那些普世的宣稱在此基礎上得以形成，而且它更可成為判斷基督教宣稱的合理性和真理的基礎。

由於想像性臆測的結果是基於崇拜的關係，那麼神學的普世宣稱又是甚麼？可以確定的是，上帝是祂之所是，不是作為一個未知或**只具可能性**的位格性實在（*possibly* personal Reality），而是對祂的存有之最核心之處來説，祂是位格性的（personal）。信心尋求理解，逐漸我們曉得，作為上帝，就是神聖位格之間的共融（communion），祂們的所是在於祂們因著祂們與其他位格的關係。聖父、聖子和聖靈，藉著祂們相互和自由的關係構成上帝的存有，並給予特殊性，而且我們甚至可以説，只要我們把個體性（individuality）授予另一個他者，就能避免了個人主義的陷阱。對教會與文化兩者而言，就何謂上帝，這是一個獨特而豐富的理解。[18] 在其中，在特殊與普遍之間、在一與多之間，再沒有最終的衝突。[19] 這樣一項教義的社會性含義，既明顯也廣泛，是福音對我們的文化的一項真正貢獻。在個人主義與集體主義之間應該沒有最終的選擇，因為兩者都是源自一個共通的錯誤，就是未能同時注重特殊的位格人與他們作為關係中的存有(beings-in-relation)的本質。知識論的含意沒有那麼顯著，不過由於它們是本章的主題，故此必須簡單説明。

重要的是，在此我們有一個知識論，在其中要求知識來自具體的關係，在當中一個人的存在是跟他所知的是誰和是甚麼相關的。柏拉圖主義認為理性是優先的，彷彿那是賜予的：理性不是我們創造的某些東西，而是某些讓我們可以尋找的東西。這對於矯正後啟蒙運動的理性主義之要去主導和掌握的慾望，以及後現代非理性主義之拒絕面對問題，顯得尤其重要。相反地，知識首先是被動地接受的。波蘭尼就試圖指出，所有知識是一種信心尋求認識的形式，信心在此是指到一種與上帝、其他人或世界相關連的形式。然而，這個取向也是康德主義式的，意思是它堅持主動思維的中心性，儘管那是次要和衍生的意思。相應於恩典的優先性(那是被給予的)，就是聖靈所賜予回應的自由(積極的思維)。然而，柏拉圖主義者或康德主義者都沒有拒絕逃離物質世界的任何嘗試，而我們的理性是栽植其中的。我們不能攀離我們的身體，進入某些純粹概念性的理性中。我們人類的境況是難免物質性的、特殊性的、容易犯錯的以及有限的；如果知識一旦試圖避免上述的情況出現，則這種知識就再不是人類的知識，甚至再不是知識了。負面來説，在面對想要成為上帝的一切嘗試時(那是源自希臘和啟蒙運動的理性主義),我們必須站立得穩。正面來說,福音可以給予文化的貢獻,就是形構那內在於我們的受造性(createdness)的應許:受造物體現了由它的創造者和救贖者賜予給它的理性,祂的聖靈釋放人的心思去發現受造物之所是,和將要成為之所是。

註釋:

1 「在當代政治系統中的爭議,差不多總是在保守的自由主義者、自由的自由主義者和激進的自由主義者之間進行。」Alasdair Macintyre, *Whose Justice, Which Rationality?* (London: Duckworth, 1988), 392.

2 波蘭尼的發展的基礎,是以觸角的應用而不是用視覺的象徵去發展我們與世界之間關係的理論。藉著這個方法,他避免了在感知的理解中暗示所含有的距離是一種視覺的形式,而不是接觸或聆聽。參我的 *Enlightenment and Alienation; An Essay towards a Trinitarian Theology* (London: Marshall, Morgan and Scott, 1985),特別是 ch. III。波蘭尼的經典作品是 *Personal Knowledge: Towards a Post-Critical Philosophy* (London: Routledge and Kegan Paul, 1962)。

3 John Hick, *An Interpretation of Religion: Human Responses to the Transcendent* (London: Macmillan, 1989). 以下本文引用本書的頁數將會在圓括號中註明。

4 Hick, *An Interpretation of Religion*, 240. 值特注意的是,在此提及的兩門學科是關乎主觀性的實在,多過是客觀性的實在。若是希克教授從其他科學中尋找證據,他會發現它們沒有多大幫助。

5 Alasdair MacIntyre, *After Virtue: A Study in Moral Theory* (London: Duckworth, 1981).

6 Richard Bernstein, *Beyond Objectivism and Relativism: Science, Hermeneutics and Praxis* (Philadelphia: University of Pennsylvania Press, 1985); R. W. Newell, *Objectivity, Empiricism and Truth* (London: Routledge and Kegan Paul, 1986).

7 希克運用了實相(the Real)的概念,避開了一連串問題。例如,藉著假定宗教靈修的對象是正確的説法,它似乎排除了創造論,如古典的基督教神學認為,兩個存有或存有的範圍**同樣**是可描述為真實的,包括創造者及祂的受造物。

8 那本身是一個相當驚人的認識論假設。有多少宗教信仰者(或許除了那些困於啟蒙運動類別的人)真的相信,他們的信念是由於某種半自動的選擇?

9 Alben Einstein, *The World As I See It*, trans. Alan Harris (London: The Bodley Head, 1935), 134.

10 引自 T. F. Torrance, *Transformation and Convergence in the Frame of*

Knowledge (Belfast: Christian Journals, 1984), 79。

11 Richard Boyd, 'Metaphor and theory change. What is "metaphor" a metaphor for?' in A. Ortony (ed.), *Metaphor and Thought* (Cambridge: Cambridge University Press, 1979), 356～408. 這段內容概括在我的 *The Actuality of Atonement: A Study of Metaphor, Rationality and the Christian Tradition* (Edinburgh: T. & T. Clark, 1988), 27～52 的第二章中。另參 Janet Martin Soskice, *Metaphor and Religious Language* (Oxford: Oxford University Press, 1985)。

12 這樣的洞見，乃是那備受攻擊又被稱為基礎論(foundationalism)的根底。大體上，這是一種信念，即任何主張或一系列主張期望具有成為知識的資格，必須符合預先指明的特定智性判準：符合某些基本原則或概念的系統，或符合某些內在於人類心思或人類對實在的回應之假定的概念結構。啟蒙運動知識論的經驗主義和理性主義流派，康德宣稱已經實現了兩者的協調，他們原是在基礎論中互相對立的學說。兩者的基礎永遠不可能協調這事實，而且那是全然不可預料的，和甚至是無政府狀態(Feyerabend)——其不可避免地依賴想像力——是建基在科學的進步上，這些事實排除了任何一律化的方法。近年也有許多哲學上的攻擊(我認為是令人信服的)針對基礎論。希克試圖從理性上導出宗教的一個本質，當然深深地是基礎論主義者(foundationalist)的嘗試。例如，參頁213f.。

對於基礎論的攻擊，導致對認識論的拒絕，不只是對古典－啟蒙－形式的知識論攻擊，而是對任何形式的知識論攻擊。因為，在它看來，真理在一個系統中的惟一判準是內在於那系統的(其他任何從判準之外來強加的，按照定義都是基礎論主義者，並且因而是普羅克拉斯塔斯式〔Procrustean〕的)，對於某些人來說，餘下的是訴諸於實用判準，或事實上，任何事情都可以，所有的宣稱真理是同樣「有效的」。(有趣的是，這樣一個結論可以引致返回某類希克式的「多元主義」，再一次顯示出，原初情況的少量差異會造成一個知識論的結果的巨大差別。)正好是想像力那明顯的不可控制性——它朝向神話化的試探？——讓它在理性時代深受懷疑。假如我們看它是得到知識的一個工具，它必然是以某些方式涉及理性但卻不屈服於那類理性化傾向。

然而，若是反對基礎論——普羅克拉斯塔斯式被最近知識論視為災難的——是不必否定任何知識論的可能性，也不必限於只是理性與真理的內在判準。事實上，內在判準是重要的，因為除非我們知道一個系統宣稱其對真理的宣稱是甚麼，我們是不可能明確說出哪一類證據是適宜用於維護那些宣稱的。一個系統的內在融貫性及其含義的實用測試，也可能在許多方面關係重大。因此，當基督教在某些方面是不能約化地充滿吊詭的——而且這可以是實情，因為人類墮落和犯罪的限制，即使是出於興趣也好，**任何**嘗試對實在整體地把握，將無可約化地充滿吊詭——但這看法是難以維繫的，如果一方面可以顯出全然矛盾，沒有普遍的融貫性，但另一方面，另類對實在的看法卻認為它們是融貫的。

不過，在此必須強調，一個反基礎論主義者的立場並非只有訴諸於內在的判準，只有那從外強加的限制，不適合宣稱類型它所拒絕才能成立。假如我們看看關於意義和真理的爭論在真實世界中解決的方式——而且在此肯定重要的是，現今有相當多證據顯示，那是啟蒙運動基礎論使人們之間理性地討論差異甚至不可能(麥金太爾〔Alasdair MacIntyre〕)——我們將會見到一個非常廣泛的運作判準範圍。例如，在科學中，正如我們經常被提醒的，一個理論往往是因為它的方程式的簡潔和優美而感到要對其支持——訴諸美學的標準，完全有別於主流的啟蒙運動知識論。在基督教神學中，那是不可能提出一個廣被接受的教義，而沒有稍微涉及聖經和傳統，即使（正如我們相當知道的）對聖經和傳統權威的性質和地位有著很深的差異。對於那些半內在的判準，我們要在不同層面和不同方式的運作增加更多這些半內在判準。它們之間有許多是與其他思想領域互動，使用類似或重疊的概念：哲學、自然和社會科學等等。要點是否定基礎論，不必主張所有思想和信仰的系統是封閉的系統，不能與他者互動。基督教永遠是它四周文化的一部分，雖然同時在其中是一個有特色的存在。對我們來說，問題不在於它是否跟它所處身的〔眾多〕文化有關係，而是如何。

13 Charles Norris Cochrane, *Christianity and Classical Culture: A Study of Thought and Action from Augustus to Augustine* (Oxford: Clarendon Press, 1944).

14 Wolfhart Pannenberg, *Basic Questions in Theology* 2, Trans. G. H. Kehm (London: SCM Press, 1971), 230.

15 Roger White, 'Notes on analogical predication and speaking about God', in B. L. Hebblethwaite and S. R. Sutherland (eds), *The Philosophical Frontiers of Christian Theology: Essays Presented to D. M. MacKinnon* (Cambridge: University Press, 1982).

16 Don Cupitt, *Creation out of Nothing?* (London: SCM Press, 1990), 77, 45.

17 Peter Fuller, *Theoria: Art and the Absence of Grace* (London: Charto and Windus, 1988).

18 我這樣子說，表示我接納教會的三位一體教義的一個特別版本。那是重要取材自教會研究委員會英國會議（the British Council of Churches Study Commission）的近期報告：*The Forgotten Trinity* (London: British Council of Churches. 1989)。我已經在 *The Promise of Trinitarian Theology* (Edinburgh: T. & T. Clark, 1991) 論述那概念，並說明了它的某些可能性。

19 J. D. Zizioulas, *Being as Communion: Studies in Personhood and the Church* (London: Darton, Longman and Todd, 1985).

* 本文蒙趙崇明博士及鄧紹光博士審閱指正，謹此致謝。

* 本文原稱“Knowledge and Culture: towards an Epistemology of the Concrete”，蒙原出版社 Continuum International Publishing Group 允許轉載，謹此致謝。(Reproduced by kind permission of Continuum International Publishing Group.)

附錄

根頓生平大事和重要著作

哥連．伊偉．根頓（Colin Ewart Gunton）

1941年1月19日	出生於英國高徹斯特（Colchester）
1964年	與 Jenny Osgathorpe 結婚，婚後育有兩對子女
1967年	獲牛津大學碩士學位
1969年	獲倫敦大學英皇學院聘任為宗教哲學講師
1972年	獲博蘭林聯合改革宗教會（Brentwood United Reformed Church）按立為牧師
1973年	獲牛津大學哲學博士學位
1975～2003年	獲博蘭林聯合改革宗教會授任為助理牧師
1978年	出版博士論文 *Becoming and Being: The Doctrine of God in Charles Hartshorne and Karl Barth*
1980年	在倫敦大學英皇學院任職系統神學講師
1983年	出版 *Yesterday and Today: A Study of Continuities in Christology*
1983～1984年	在倫敦大學英皇學院晉升為高級講師
1984～2003年	在倫敦大學英皇學院任職基督教教義學教授
1985年	出版 *Enlightenment and Alienation: An Essay Towards a Trinitarian Theology*
1988～1990年	任職倫敦大學英皇學院神學及宗教研究學院院長
1989年	出版 *The Actuality of Atonement: A Study of Metaphor, Rationality and the Christian Tradition*；同年出版其編輯的 *On Being the*

	Church: Essays on the Christian Community
1991年	出版 *The Promise of Trinitarian Theology*；同年出版其編輯的*Persons, Divine and Human: King's College Essays in Theological Anthropology*
1992年	到牛津大學發表班頓講座（Bampton Lectures）；並於同年出版 *Christ and Creation: The 1990 Didsbury Lectures*
1992～1998年	出任神學研究學會（Society for the Study of Theology）主席
1993年	獲倫敦大學神學博士學位；同年到普林斯頓神學院（Princeton Theological Seminary）發表華菲德講座（Warfield Lectures）；同年出版 *The One, the Three and the Many: God, Creation and the Culture of Modernity. The 1992Bampton Lectures*
1993～1996年	任職倫敦大學英皇學院神學及宗教研究系系主任
1995年	出版 *A Brief Theology of Revelation*；同年出版其編輯的 *God and Freedom: Essays in Historical and Systematic Theology*
1996年	出版 *Theology Through the Theologians: Selected Essays, 1972-1995*
1997年	出版其編輯的*The Doctrine of Creation: Essays in Dogmatics, History and Philosophy*；同年出版其編輯的*The Cambridge Companion to Christian Doctrine*
1998年	出版 *The Triune Creator: A Historical and*

	Systematic Study
1999年	獲亞伯丁大學榮譽神學博士學位；同年與韋斯達(John Webster)合辦了國際系統神學期刊(*International Journal of Systematic Theology*)
2000年	出版 *Intellect and Action: Elucidations on Christian Theology and the Life of Faith*；同年出版其編輯的 *Trinity, Time, and Church: A Response to the Theology of Robert W. Jenson*
2001年	出版 *Theology Through Preaching*
2002年	出版 *The Christian Faith: An Introduction to Christian Doctrine*；同年出版 *Act and Being: Towards a Theology of the Divine Attributes*；同年出版其編輯的 *The Practice of Theology: A Reader*
2003年	出版 *Father, Son & Holy Spirit: Toward a Fully Trinitarian Theology*；同年出版其編輯的 *The Theology of Reconciliation*
2003年5月6日	因心臟病在艾色斯郡(Essex)的博蘭林(Brentwood)逝世，享年六十二歲

作者簡介

(姓氏筆劃序)

Graham McFarlane	倫敦聖經學院(現名倫敦神學院)系統神學高級講師
李日堂	播道神學院神學科助理教授
郭偉聯	建道神學院講師、倫敦大學英皇學院哲學博士(候選人)
陳士齊	香港浸會大學宗教及哲學系高級講師
楊慶球	中國神學研究院神學科教授
趙崇明	香港神學院教務長及神學科講師
鄧紹光	香港浸信會神學院基督教思想(神學與文化)教授
謝正金	新加坡三一神學院研究院教務主任及歷史神學與系統神學教授

系統神學叢書

進入聖言思想的殿堂，剖示神學的方法及基礎。

統一與多元的基督教信仰
The Mosaic of Christian Belief: Twenty Centuries of Unity & Diversity

奧爾森(Roger E. Olson)著／李金好 譯／鄧紹光 學術顧問／HK$98

二千年來的基督教信仰就好像充滿統一與多元的馬賽克彩色拼圖，本書藉此舖陳細述基督教各項教義。

聖潔神學
Holiness

約翰・韋伯斯特(John Webster)著／陳永財 譯／HK$48

科學與宗教引論
Science and Religion

麥格夫(Alister E. McGrath)著／王毅 譯／HK$88

基督教三一論淺析
The Trinity

奧爾森(Roger E. Olson)、霍爾(Christopher A. Hall)著／蔡錦圖 譯／HK$63

基督教神學淺析
Theology: The Basics

麥格夫(Alister E. McGrath)著／蔡錦圖 譯／HK$63

追尋真理的激情——融貫一致的福音信仰
A Passion for Truth: The Intellectual Coherence of Evangelicalism

麥格夫(Alister E. McGrath)著／陳家富 譯／HK$88

基督教靈修學
Christian Spirituality: An Introduction

麥格夫(Alister E. McGrath)著／趙崇明 譯／HK$98

今日基督教教義
Understanding Doctrine: Its Purpose and Relevance for Today

麥格夫(Alister E. McGrath)著／陳伯安 譯／HK$58

被釘的神——新約的獨一神論與基督論
God Crucified: Monotheism and Christology in the New Testament

包衡(Richard Bauckham)著／李樹德 譯／HK$48

靈風愛火——再思聖靈論
Flame of Love: A Theology of the Holy Spirit

潘嘉樂(Clark H. Pinnock)著／楊子江 譯／HK$88

馬丁路德神學研究

楊慶球 著／HK$63

聖經研究叢書　探索與鑽研神的話語，傳承真理。

基道釋經手冊
Introduction to Biblical Interpretation
(Revised and Updated)
威廉·克萊因(William W. Klein)、克雷格·布魯姆伯格(Craig L. Blomberg)、羅伯特·哈伯德(Robert L. Hubbard, Jr.)合著／邵樟平 學術顧問／蔡錦圖 主編／HK$258

記號——耶穌的先知式和預示式行動
The Signs of a Prophet: The Prophetic Actions of Jesus
何蒙娜(Morna D. Hooker)著／郭靈飛 譯／HK$58

序章——開啟福音書的鑰匙
Beginnings: Keys that Open the Gospels
何蒙娜(Morna D. Hooker)著／郭靈飛 譯／HK$38

不是一個人走的路——路得記研讀(附閱讀指引)
Ruth and Naomi
愛倫·沃爾德(Ellen van Wolde)著／張淑儀 譯／HK$73

跨界福音——後現代世界裏的基督徒見證
Bible and Mission: Christian Witness in a Postmodern World
包衡(Richard Bauckham)著／李金好 譯／HK$48

啟示錄神學
The Theology of the Book of Revelation
包衡(Richard Bauckham)著／鄧紹光 譯／HK$88

政治中的聖經——從政治角度閱讀聖經的原則與範例
The Bible in Politics: How to Read the Bible Politically
包衡(Richard Bauckham)著／廖惠堂 譯／HK$83

新約研究透視
黃錫木 著／HK$128

緊扣時代 服事教會

以文字傳揚基督真道

讀者意見表

衷心多謝你購買本社書籍。本社一直致力以出版事工服事教會，幫助信徒扎根於神的話語，促進靈命增長。為使我們的出版更能滿足你的需要，請填寫下列各項資料，並寄回或傳真予本社。

所購書籍：____________________

本書最吸引你的地方：
□作者 □適切性 □文筆 □設計 □實用性
□其他：____________________

購買本書地點：
□基道書樓 □基督教書店 □非基督教書店

性別：□男 □女 職業：____________________

信仰：□基督徒 □非基督徒

年齡：□ 16 歲或以下 □ 17～25 歲 □ 26～35 歲
□ 36～55 歲 □ 56 歲或以上

學歷：□中三或以下 □中五 □預科
□大學 □研究院

□我欲更多了解基道出版社的事工及考慮支持，請寄給我下列資料：
□機構簡介 □新書資料 □基道會員通訊
□《基道文字事工通訊》

姓名：____________________ 電話：____________________

地址：____________________

____

傳真：____________________ 電子郵件：____________________

其他意見：____________________

____

多謝賜教！

意見表可以傳真（2687-0281）或直接郵寄以下地址：
香港沙田火炭坳背灣街26號富騰工業中心1011室
基道出版社編輯部收